공공기관
경영평가

공공기관 경영평가 2017년

발행일   2017년 12월 29일

지은이   최 은 석
펴낸이   손 형 국
펴낸곳   (주)북랩
편집인   선일영   편집   권혁신, 오경진, 최예은, 오세은
디자인   이현수, 김민하, 한수희, 김윤주   제작   박기성, 황동현, 구성우
마케팅   김회란, 박진관, 김한결
출판등록 2004. 12. 1(제2012-000051호)
주소   서울시 금천구 가산디지털 1로 168, 우림라이온스밸리 B동 B113, 114호
홈페이지 www.book.co.kr
전화번호 (02)2026-5777   팩스   (02)2026-5747

ISBN   979-11-5987-925-8 93350 (종이책) 979-11-5987-926-5 95350 (전자책)

이 도서의 국립중앙도서관 출판예정도서목록(CIP)은 서지정보유통지원시스템 홈페이지(http://seoji.
nl.go.kr)와 국가자료공동목록시스템(http://www.nl.go.kr/kolisnet)에서 이용하실 수 있습니다.
(CIP제어번호: CIP2017035254)

(주)북랩 성공출판의 파트너
북랩 홈페이지와 패밀리 사이트에서 다양한 출판 솔루션을 만나 보세요!
홈페이지 book.co.kr • **블로그** blog.naver.com/essaybook • **원고모집** book@book.co.kr

경영실적보고서 작성을 위한 가이드 북

2017년 판 공공기관 경영평가

최은석 지음

북랩 book Lab

2017년은 정신없는 한 해였다. 촛불시위로 어수선하던 정부는 신정부 출범으로 안정을 되찾았지만, 신정부가 제시하는 다양한 정책과 과제로 공공기관들은 힘겨운 한 해를 보내야 했다. 컨설팅을 의뢰하는 공공기관과 정신없이 한 해를 보내다가 보니 이 책의 개정도 늦어졌다. 독자 여러분께 진심으로 송구한 마음을 전한다.

이 책은 공공기관 경영평가에 관한 책이다. 이 분야에서는 참고할 만한 책이 많지 않다. 그럼에도 불구하고 매년 개정판을 내는 데에는 두 가지 이유가 있다.

첫째, 기획재정부와 공공기관 경영평가단에서 평가편람을 개정했기 때문이다. 공공기관이 평가를 받는 기준은 해마다 조금씩 수정된다. 그리고 기획재정부가 공언했듯이 2018년에는 대규모의 변화가 있을 전망이다. 또 바쁜 한 해를 맞게 될 것 같다.

둘째, 공공기관 경영평가를 받는 기관들이 경영평가 노하우에 대해 많은 문의를 해 왔기 때문이다. 특히 경영평가를 담당하는 직원들이 매년 교체되는 현실을 감안해 공공기관 경영평가를 직원들에게 쉽게 이해시키고, 기초부터 차근차근 준비할 수 있게 설명해 달라는 요구가 있었다. 그래서 본 개정판에는 2017년도에 그런 내용으로 강연했던 자료를 추가했다. 부족한 조언이 될지는 모르겠으나, 모쪼록 2017년도 공공기관 경영평가를 준비하는 과정에 조금이나마 도움이 될 수 있기를 희망한다.

이번 2017년 판을 준비하는 과정을 함께해 준 JCDA 파트너즈의 동료들에게 감사를 전한다. 특별히 연말 바쁜 일정에도 불구하고 이 책의 출판을 적극적으로 도와주신 북랩 관계자들에게 감사의 말씀을 전한다.

2017년 12월, 춘천에서

최은석

　10년 전쯤 어떤 맥킨지 출신 컨설턴트가 쓴 『브리프케이스』란 책을 읽었다. 그리고 나도 언젠가는 프로젝트를 통해 얻은 경험을 글로 기록해 보리라 다짐했다. 다짐을 실천으로 옮기기까지 10년이라는 세월이 흘렀다. 일에 치여 자신을 되돌아볼 여유가 없었던 것도 원인이지만, 많은 것을 깨닫게 되면서 섣불리 정리해 보려던 시도가 얼마나 어리석은가를 깨달았기 때문이기도 하다. 여전히 아는 것보다 알아 가야 할 것이 많다. 하지만 더 늦기 전에 어느 정도 정리해 두어야겠다는 생각이 들어 이 책을 쓰게 되었다. 그 이유는 다음 세 가지이다.

　첫째, 공공기관 경영평가의 역사는 지난 10여 년간의 나의 역사이기 때문이다. 말콤 글래드웰이 이야기한 '1만 시간의 법칙'에 따르면 정상에 세 번 이상 올라갔어야 할 시간이다. 그렇게 되지 못한 데에는 여러 가지 원인이 있겠지만, 무엇보다 공공기관 경영평가란 게 재미가 없었다. 그래서 무엇인가 스스로를 자극하기 위한 일이 필요했다. 사실 경영평가에 처음 관심을 갖게 된 것은 더 오래전이다. 서울대 최종원 교수님 연구실에 있을 때부터이다. 가끔 문을 잠그시고 누가 찾아오면 없다고 하라고 하셨는데, 그럴 때면 꼭 공기업에서 누군가 찾아와 교수님의 행선지를 물었다. 언제든지 누구든지 따뜻하게 상담해 주시던 분이 왜 그러시는지 그때는 이해하지 못했다. 또 한 가지 기억나는 것은 평소 보지 않으시던 책들이 책상 한편에 쌓여 있었던 것이다. 공기업들이 제출한 보고서였다. 경영평가가 끝나면 그 책들을 버리셨는데, 졸업 후에는 내가 일하는 공공기관 직원들과 함께 가지러 갔다. 당시에는 지금처럼 전년도 경영실적보고서를 파일로 공유하지 않았기 때문이다. 그동안 교수님께 너무 많은 도움을 받았다. 이 책에는 내가 교수님께 도움을 받은 이야기가 나온다. 항상 지식의 원천이자 빛이 되어 주시는 교수님께 진심으로 감사의 마음을 전해 드리고 싶다.

　둘째, 계속해 만날 수 없는 기존의 고객과 언젠가 만나게 될 미지의 고객을 위해 이 책을 쓰게 되었다. 100여 개 기관이 매년 공공기관 경영평가를 받고, 200여 개 기관이 공공기관 경영평가와 유사한 제도로 기관평가를 받는다. 개별 기관의 정원을 300명으로 가정한다면 직·간접적으로 매년 십만 명 정도의 사람이 공공기관 경영평가의 영향을 받는다.[1] 이 책을 집어 든 당신도 예외가 아닐 것이다. 대부분의 공공기관에는 나처럼 같은 일을 계속하는 직원이 없다. 그래서 기관 내부적으로 발생하는 지식의 단절에서 여러분의 고통을 조금이나마 줄여드리고자 한다. 2004년에 만났던 한국도로공사의 김기찬 부장님은 7년 동안 경영평가 업무를 담당했었는데, 지금까지 만나본 고객 중 김기찬 부장님만큼 오랜 기간 이 업무를 지속해 온 경우는 없었다. 2004년 정부산하기관 경영평가를 출범시킬 때 한국도로공사의 김기찬 부장님, 한국공항공사 엄용범 부장님, 한국토지공사 조남홍 부장님 세 분이 각자가 지니신 내공을 내게 나눠 주셨다.

셋째, 매년 12월 고객사를 대상으로 경영평가 강의를 진행해 왔는데, 주어진 1~2시간 안에 내가 알고 있는 모든 것을 전달하기 어려웠다. 이 또한 능력 부족 때문이겠으나, 이 책을 통해 내가 경영평가에 대해 고객들에게 이야기하고 싶었던 내용을 고스란히 담아 보고자 했다. 물론 모든 이야기를 담을 수는 없었다. 이 책을 쓰고 있는 시점이 12월이라 2015년도 경영실적보고서를 준비하는데 늦은 감도 없지 않다. 그러나 아직도 기획재정부 방침이 확정되지 않았기 때문에 바꿔어야 할 내용도 있을 것이다. 공공기관 경영평가와 관련된 나의 이야기, 아니 당신의 이야기는 계속 바뀌게 될 것이다. 바뀌는 이야기 속에서 주인공이 되고, 정상에 우뚝 서기를 기원한다.

이 책이 나올 때까지 많은 도움을 주신 분들에게 지면으로나마 감사의 마음을 전한다. 먼저 나를 컨설팅의 길로 이끌어 준 행정자치부 서주현 과장, 엘리오앤컴퍼니 박개성 대표님께 감사를 드린다. 또한 16년간 내가 몸담아 왔던 갈렙앤컴퍼니의 동료들에게도 감사의 마음을 전하다. 특히 재미없는 이 책을 열심히 읽고 교정을 봐 준 나의 동기 이창희 팀장에게 특별히 감사를 드린다. 책을 마칠 수 있게 응원해 준 어머니, 아내, 딸 현서, 그리고 JCDA 파트너즈의 허정우 대표와 동아일보 고승연 기자님께도 감사를 드린다.

2016년 1월, 춘천에서

최은석

---

1 공공기관 경영평가는 기획재정부가 '공공기관운영에관한법률'에 의거해 매년 지정되는 기관을 대상으로 한다. 여기에 적용을 받지 않는 중앙부처의 산하기관, 지방자치단체 소속 지방공기업 등은 공공기관 경영평가에서 제외되지만 유사한 평가체계를 통해 기관평가를 받는다.

이 책은 공공기관 경영평가에 관한 새로운 형태의 교본이다. 그동안 공공기관 경영평가에 대한 연구는 정부와 평가위원 입장에 치우쳤다. 반면에 이 책은 공공기관 입장에서, 공공기관이 고민하는 문제와 해결해야 할 문제를 중심에 두고 있다. 공공기관 경영평가에 대한 다양한 일화를 통해 그동안 놓치고 있던 혹은 앞으로 놓칠 수 있는 문제를 알 수 있다. 공공기관 경영평가를 다루는 공무원, 학자, 공공기관 임직원들이 반드시 읽어야 할 책이다.

서울대 교수·한국공기업학회장, 전 공공기관 경영평가단 단장**_최종원**

공공기관 경영평가는 담당자들에겐 골칫거리이다. 그들은 잦은 보직순환으로 경영평가에 대한 지식과 역량을 축적하기 곤란해 전체를 이해할 수 없다. 그런데 그 결과가 미치는 영향은 너무 커 부담스럽다. 이 책은 경영평가로 인해 머리가 복잡한 기관의 담당자들에게 평가를 잘 받는 법은 물론 기관의 발전에 도움이 되는 길도 제시하고 있다.

엘리오앤컴퍼니·가립회계법인 대표, 전 기획예산처 정부개혁실 행성팀징**_박개성**

한국의 공공부문 지출은 GDP의 50%에 육박한다. 공공기관이 제공하는 서비스는 국민 생활에 큰 영향을 미친다. 공공기관이 얼마나 합리적으로 경영하는지를 중요하게 들여다봐야 하는 이유다. 공공기관 경영평가는 이러한 공공기관이 운영의 효율성을 높이고 경영 성과를 향상시키도록 유도하는 효과적 수단이다. 이 책에는 공공기관 경영평가가 무엇인지 A부터 Z까지 차곡차곡 담겨 있다. 공공기관들이 미래를 대비하며 어떤 고민과 노력을 하고 있는지도 알 수 있다.

동아일보 경영교육센터장·기자**_한인재**

이 책은 공공기관 경영평가에 관한 책이다. 그냥 막연하게 이 책을 집어 들었다면 그냥 덮는 게 좋다. 공공기관 경영평가를 5년 이상 경험해 봤어도 이 책을 덮는 게 좋다. 당신이 아는 것 이상을 얻을 수 없을 것이다. 이 책은 '공공기관 경영평가'라는 새로운 도전과제를 처음 맡게 된 공공기관의 직원들, 공공기관 경영평가단에 처음 참여하게 되는 평가위원, 혹은 경영평가 관련 업무를 담당하게 된 기획재정부나 주무부처의 공무원을 대상으로 했다.

이 책은 크게 세 편으로 구성되어 있다.

1편에는 그동안 공공기관 경영평가와 관련해 내가 경험했던 일들을 기록했다. 컨설턴트의 신변잡기 정도로 생각하면 좋겠다. 공공기관 경영평가가 워낙 재미없기 때문에, 조금 덜 딱딱한 이야기를 먼저 다루고자 했다. 그러나 소설 같은 걸 기대하지는 마시기를. 컨설팅을 수행하면서 그때그때 기록해 둔 메모에 기초해 작성했기 때문에, 매우 단편적인 상황들만 보게 될 것이다. 부족한 내용을 현재 시점에서 일부 보완하고자 했다.

2편은 경영평가 실무에 관한 이야기다. 공공기관 경영평가는 보고서 작성, 면담, 실사, 중간평가 및 최종결과 조정 등의 과정을 거친다. 이 중 실무자에게 가장 어려운 부분이 보고서 작성이다. 2편은 이러한 보고서 작성에 초점을 맞추었다. 경영실적보고서 작성 업무를 처음 맡았다면 특히 도움이 될 것이다.

3편에는 공공기관 경영평가와 관련해 필자가 강연했던 내용을 담았다. 공공기관 경영평가를 준비하는 분들에게 알려 드리고 싶은 노하우 몇 가지가 나온다. 이미 알고 있는 이야기일 수도 있다.

1편에는 두 가지 사례(브리프 케이스)가 나온다.

첫 번째 사례는 현행 공공기관 경영평가의 전신인 '정부산하기관 경영평가의 출범'과 관련된 이야기다. 당시 건설교통부(현 국토교통부) 프로젝트를 수행하면서 기획예산처(현 기획재정부) 분들과 함께 일을 하게 되었다. 경영평가 제도의 기초를 만들어 가면서, 기획예산처 입장에서 생각하고 바라볼 수 있게 되었다. 특히 기획예산처 산하기관정책과의 사무관들과 밤늦게까지 경영평가 제도의 장기적 개선 방안을 고민했던 경험은 나에게 매우 소중한 자산이 되었다. 기획예산처는 공공기관 경영평가단을 통해 계속해 평가제도를 개선하기 위해 노력해 왔다. 당시 기획예산처와 내가 고민했던 사항을 비교해 보면서 향후 공공기관 경영평가 제도의 변화 방향을 가늠해 보는 것도 흥미로울 것이다.

두 번째 사례는 모 공사에서 '공공기관 경영평가 체계 수립 프로젝트'를 수행한 이야기다. 이 프로젝트는 순수하게 컨설턴트의 입장에서 고객의 문제를 바라보고 해결하는 데 초점을 맞추었다. 평가자(기획재정부)도 피평가자(기관)도 아닌 제3자의 관점에서 경영평가를 이해하고, 고객이 효과적으로 경영평가에 대응할 수 있는 방안을 고민했던 사례이다. 당신이 소속된 기관이 공공기관 경영평가 대상 기관으로 올해 처음 지정되었다면 반드시 읽어 보아야 한다.

2편에는 경영실적보고서 작성에 필요한 다양한 정보를 담았다.

첫째, 경영실적보고서 작성의 기준이 되는 '개별 지표와 세부평가내용'에 대한 내용이다. 공공기관 경영평가에서는 계량지표와 비계량지표가 사용된다. 이 중에서 비계량지표는 경영실적보고서에 제시된 성과를 기준으로 평가된다. 경영실적보고서의 작성 수준이 평가 결과에 절대적 영향을 미친다. 이러한 경영실적보고서는 공공기관 경영평가편람 상에 명시된 개별 지표와 개별 지표를 구성하는 세부평가내용에 맞추어 작성해야 한다. 경영실적보고서 작성을 처음 담당하는 사람이라면 이 부분을 숙지하여 자신이 작성해야 할 보고서의 내용과 작성 방향을 충분히 이해해야 한다.

둘째, 비계량지표를 평가할 때 사용되는 '비계량지표 평가 매뉴얼'에 대한 내용이다. '비계량지표 평가 매뉴얼'에는 평가위원이 숙지해야 할 비계량지표의 평가 기준과 방향이 제시되어 있다. 평가 매뉴얼을 이해하는 일은 평가를 잘 받는 방법을 이해하는 것과 같다. 경영실적보고서 작성을 처음 담당하는 사람은 세부평가내용과 평가 매뉴얼에 제시된 내용을 모두 이해한 뒤에 보고서를 작성해야 한다.

셋째, '경영실적보고서 작성지침'에 대한 내용이다. 경영실적보고서 작성 시 모든 공공기관은 이 지침에 따라 보고서 분량, 작성 형태 및 순서, 글자 크기 등을 지켜야 한다. 전담반에 처음 참여하는 사람이라면 이 부분을 숙독해야 한다. 이 부분은 전체 보고서 작성자들이 따라야 할 내부 기준을 정립하는 데 활용할 수 있다.

넷째, '경영실적보고서의 구체적 구성방법'에 대한 내용이다. 전담반에서 자신이 작성할 보고서 분량을 할당받은 뒤부터 구체적으로 업무를 처리하는 절차와 방법을 다룬다. 고스트 팩(Ghost Pack)의 구성, 참고자료집 작성, 내부평가보고서의 활용 방법 등은 경영실적보고서를 작성해 봤던 사람들에게도 도움이 될 것이다.

다섯째, '좋은 보고서의 요건'에 대한 설명이다. 1년 동안 고생을 해놓고 정당한 평가를 받지 못한다면 매우 억울하다. 그러나 실제 기관마다 보고서 작성을 담당하는 직원들의 역량 차이로 인해 이러한 일이 발생하고 있다. 경영실적보고서 작성 시 보고서 작성자가 유념해야 할 몇 가지 사항을 설명해 이러한 억울한 일을 줄이고자 했다. 보고서 작성 수준이 낮은 기관일수록 도움이 될 것이다. 또한 이 부분은 기관 내부에서 보고서의 검토 내지 검수 업무를 수행하는 경영진과 관리자들에게도 유용할 것이다.

여섯째, 그동안 정부(평가자), 기관(피평가자), 그리고 컨설턴트 입장에서 얻은 지식과 경험을 통해 만들어 낸 체크리스트이다. 체크리스트는 매년 업데이트를 하는데, 이 책에서는 자신만의 체크리스트를 만드는 방법을 소개한다. 공공기관 경영평가를 총괄하는 부서 내지 전담반을 총괄하는 업무를 담당한 사람에게 도움이 될 것이다.

3편에는 세 가지 강연 내용이 나온다.

첫 번째 강연은 '공공기관 경영평가에 대한 이해'이다. 그동안 현장에서 접했던 많은 공공기관들의 사례와 평가담당자들과의 인터뷰를 통해 얻은 노하우를 중심으로 공공기관 경영평가의 특징을 설명했다. 공공기관 경영평가에 처음 참여하시는 분들이 공공기관 경영평가에 익숙해지는 데 특별히 도움이 될 것이다.

두 번째 강연은 '쟁점이슈와 대응과제'이다. 2016년과 2017년 사이에 다수 공공기관에서 경영평가를 지원했던 경험을 토대로 지표별로 관리해야 할 사항들을 제시했다. 경영실적보고서를 처음 작성하는 사람이라면 반드시 숙지해야 할 것이다.

세 번째 강연은 '경영실적보고서의 효과적 작성'이다. 앞에 제시된 두 가지 강연과 달리 세 번째 강연의 내용은 순수하게 보고서 작성방법에 맞추어져 있다. 이 부분은 2편 5장의 내용을 확대해 보완한 것이다. 보고서를 효과적으로 작성하지 못해 어려움을 겪고 있다면 도움이 될 것이다.

이 책과 관련해 궁금한 점은 언제든지 답변해 드릴 준비가 되어 있다. 여러분들의 질문과 궁금한 점이 나에게는 또 다른 자산이 될 것이다. samuel@jcda.co.kr로 문의해 주시면 성실히 지원해 드릴 것을 약속한다.

CONTENTS

PART 1 ▶ **브리프 케이스(Brief Case)**

PART 2 경영평가 실무

브리프 케이스
(Brief Case)

브리프 케이스

'브리프 케이스(Brief Case)'란 직장인들이 가지고 다니는 서류 가방이다. 그 안에는 각자에게 필요한 물건이 담겨 있다. 필요로 하는 물건은 업무의 수만큼이나 다양하다. 나는 컨설턴트다. 대체로 컨설턴트에게는 노트북이 필수품이다. 그래서 나의 브리프 케이스 안에도 노트북이 담겨 있다. 그러나 노트북이라는 전자제품보다는 그 안에 담겨 있는 정보가 중요하다. 컨설턴트들이 말하는 브리프 케이스는 통상 '현재 담당하고 있는 프로젝트에 도움이 될 만한 사례'를 의미한다. 과거 유사한 프로젝트를 수행했던 경험이나 사례야말로 가장 도움이 되는 물건이다.

나는 이 책에서 당신에게 두 가지 브리프 케이스를 열어 보이고자 한다. 동료들에게도 알려 주지 않는 비밀을 공개하는 것이다. 아마 이 책을 보고 있는 당신은 공공기관 경영평가라는 골치 아픈 존재와 씨름하고 있는 사람일 것이다. 이 책에서 공개하고자 하는 브리프 케이스에는 공공기관 경영평가와 관련해 내가 고민했던 과제와 경험이 담겨 있다. 어떤 형태가 되었든 당신에게 도움이 될 것이라 생각한다. 아마 당신만큼 깊이 있게 고민하지 못했을 수 있다. 그러나 다양하게 고민했다. 『로마인 이야기』에서 시오노 나나미가 했던 말이 생각난다. "사람은 자기가 보고 싶어 하는 것만 본다." 그러나 나는 다르게 생각한다. 사람은 자기가 경험한 것만큼 볼 수 있다. 공공기관 경영평가에 한해서는 말이다. 이 책에서 다양한 관점에서 겪었던 경험을 통해 당신이 보지 못했을 공공기관 경영평가의 이야기들을 들려주고자 한다.

1장에서는 '정부(평가자)의 입장'에서 공공기관 경영평가를 바라본다. 2000년에 입사해 맡게 된 첫 프로젝트가 '정부산하기관 혁신방안'을 수립하는 일이었다. 이 과제를 통해 정부산하기관의 유형을 분리하고, 정부산하기관관리기본법의 초안을 마련했다. 법령이 제정되기까지 3년이 걸렸다. 정부산하기관 지정과 경영평가 제도 도입이 추진되면서 내가 할 일도 많아졌다. 그 과정에서 어떻게 하다 보니 기획예산처(현 기획재정부)에서 경영평가 출범을 지원하게 되었다. 당시 기획예산처에서 고민했던 과제들 중 많은 부분이 여전히 개선 중이다. 이 사례를 통해 당신은 경영평가에 대해 정책입안자들이 어떤 고민을 했고, 공공기관 경영평가 제도가 어떻게 바뀔 수 있는지를 알게 될 것이다.

2장에서는 '컨설턴트의 입장'에서 공공기관 경영평가를 바라본다. 지금도 매년 기획재정부가 공공기관을 지정한다. 이 중에는 경영평가를 처음 받는 기관이 있다. 2장에서는 2006년에 경영평가를 받기 위해 주요사업 지표를 개발하고, 경영평가에 대응하기 위해 내부 변화관리를 지원했던 프로젝트를 소개한다. 2004년부터 2013년까지 비슷한 프로젝트를 여러 개 수행해 왔다. 하지만 사례로 소개하는 2006년 프로젝트가 가장 기억에 남는 것 같다. 공공기관 경영평가 대상으로 처음 지정된 기관이라면 이 사례가 도움이 될 것이다. 그리고 나처럼 공공기관을 대상으로 컨설팅을 수행하는 연구자가 있다면 참조할 수 있을 것이다.

나는 당신이 공공기관 경영평가를 담당하는 공무원 혹은 평가위원이면 좋겠다. 또는 공공기관에서 경영평가를 담당하는 직원이면 좋겠다. 나처럼 공공기관 경영평가와 관련된 컨설팅 사업을 수행하는 컨설턴트였으면 좋겠다. 어떤 입장이어도 좋다. 다만, 상대방의 입장에서 그들의 고민을 한 번 더 생각해 주었으면 한다. 서로의 시각과 관점을 이해하면 생산성이 높아진다. 갈등과 오해가 줄어들어 변화관리에 불필요한 에너지가 소모되지 않기 때문이다. 내가 누구 편이냐고? 나는 컨설턴트다. 스포츠로 치면 심판이다. 따라서 당신을 응원하게 될 팬들의 편이다.

Chapter 1

정부(평가자)의 입장

1. 국가를 위하여?

(1) 불시착

법무부에서 장관님을 모시고 최종보고 하는 날이다. 그런데 다른 곳으로 가고 있다. 어젯밤 갑자기 건교부(건설교통부의 약자, 현 국토교통부) 프로젝트에 내가 투입되었다는 통보를 받았다. 건교부 소관 7개 산하기관에 대한 경영평가 체계를 수립하는 프로젝트라고 들었다. 용역 계약도 7개 기관과 별도 진행되고, 지표의 개발과 교육도 7개 기관별로 추진해야 한다고 한다. 별명이 머신이지, 내가 진짜 머신인 줄 아는지…. 혼자서 프로젝트를 수행하게 되었다. 대표님 두 분과 외부에서 자문을 하신다는 박사님 두 분. 상전이 네 분이나 된다. AT커니(Kearney) 출신 매니저를 하나 뽑아서 투입한다더니, 입사를 포기했다고 한다. 어젯밤에 먹고 남은 타이레놀 두 알을 삼켰다. 입이 쓰다.

그날 하루 건교부 산하 7개 기관에서 온, 몇 명인지도 모르겠다, 고객들과 첫 만남을 가졌다. 그리고 한국도로공사, 한국공항공사, 한국주택공사에서 파견 나온 부장님 세 분을 소개받았다. 담당 사무관은 기관에서 파견 나온 이 세 분과 앞으로 일하라고 지시했다. 제안서 내용을 중심으로 작업 계획에 관해 설명하고 나자, 예산처(기획예산처의 약자, 현 기획재정부)에서 추진되고 있는 상황과 일정에 대해 서로 질의가 오갔다. 그리고 불만들이 쏟아졌다.

처음에는 상황이 이해되지 않았다. 질의에 대한 답변도 세 분 부장님께서 처리했다. 요지는 예산처가 설명회 일정을 미루면서 각 기관에서 어떻게 준비할지 몰라서 혼란스러운 상황인데, 이런 상황에서 용역을 추진하는 게 의미가 있냐는 것이었다. 많은 공방이 오간 뒤 일단 예산처 일정과 무관하게 진행할 수 있는 부분을 중심으로 과제를 추진하기로 했다. 세 분의 부장님들은 결국 '정부투자기관 경영평가'와 유사한 형태가 될 것이니까 주요사업지표를 만드는 데 총력을 기울여 달라고 했다.

(2) 적진 투입

우려가 현실이 되었다. 예산처의 일정이 지연되면서, 많은 기관이 더 큰 혼란에 빠졌다. 나는 국내외 벤치마킹과 각 기관의 전략 리뷰를 토대로 사업지표 도출을 마친 상태였다. 예산처의 방침만 확인하면, 프로젝트를 정리해 마칠 수도 있었다. 결국 건교부와 협의해 예산처를 방문하기로 했다. 예산처가 생각하는 경영평가 및 지표 설계의 기본 방향, 그리고 무엇보다 기관의 유형 분류에 대한 내용을 인터뷰하기 위해서였다.

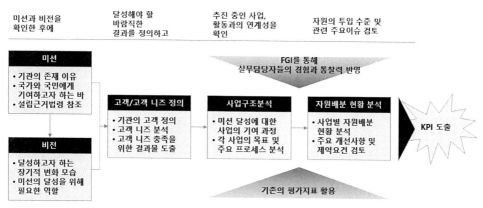

[그림 1-1] 건설교통부 산하기관의 주요사업지표 개발 프로세스

산하기관정책과의 K사무관, J사무관, 그리고 C사무관이 인터뷰에 참석했다. 그리고 인터뷰 중에 과장님까지 가세하셨다. 문제는 내가 어느 순간부터 인터뷰를 당하고 있었다는 점이다. 주로 현재 건교부에서 진행되고 있는 프로젝트와 내 이력에 관해 물었다. 예산처에 인터뷰 오기 전 도로공사의 김기찬 부장님께서 당부하셨던 말씀이 떠올랐다.

> "최 위원 능력 있는 거 알아. 그런데 능력 있는 사람은 많아. 우리는 필요하면 능력 있는 사람을 또 살 거야. 능력 자체가 기회를 만드는 게 아니거든. 마음먹는다고 준비된 시기는 오지 않아. 기회가 왔을 때 잘 활용하라고. 예산처를 도와주면 우리 부처 기관들이 편안해질 거야. 혹시 뭔가 요청하면 기꺼이 주라고. 건교부는 내가 알아서 이야기할게."

나만 모르게 사전에 이야기된 게 있나 의심이 들 정도였다. 나는 산하기관정책과에서 1시간 넘게 건교부에서 추진한 프로젝트를 설명했다. 지표의 개발 방법, 평가 기준, 그리고 정부투자기관 경영평가에 대한 분석 결과를 토대로 개발한 이니셔티브 풀(Pool)에 대해서도. 탈탈 털었다. 갑자기 교수님 두 분이 나타나셨다. 동국대 곽채기 교수님과 가천대 김완희 교수님이셨다. 곽채기 교수님께서 인사를 건넸다. 곽채기 교수님과 내가 아는 사이라는 걸 알고 나자 과장님께서는 더 좋아했다. '뭐지, 이 불길한 예감은…' 하는 생각이 들자, 인사를 하고 일어서려 했다. 과장님께서 그냥 앉으라고 했다. 그 자리에서 현재 진행 중인 경영평가 준비사항을 들을 수 있었다. 산하기관정책과 직원들과 두 분 교수님께서 이런저런 대화를 했다. 인터뷰 때 확인했던 것 이상의 정보를 얻었다. 회의를 마칠 즈음, 과장님께서 입을 여셨다.

　　"두 분 교수님, 그리고 뭐라고 불러야 하죠? 최은석 컨설턴트님?"
　　"최 위원이라고 하시면 됩니다."
　　"아, 두 분 교수님, 그리고 최 위원님, 국가를 위해 일해 주서야겠습니다."

순간 내 귀를 의심했다. 두 분 교수님의 표정도 마찬가지였다.

　　"오늘부터 딱 일주일만 우리 사무관들을 좀 도와주셨으면 합니다. 예산은 없어요. 그냥 국
　　가를 위한 마음으로 저희를 좀 도와주셨으면 합니다."
　　"…"

'김기찬 부장님께서 말씀하신 게 이거였나?' 하는 생각이 들었다. 두 분 교수님도 곤혹스럽기는 마찬가지였다. 그러나 어쩌겠는가? 두 분 교수님과 나는 각기 사무관 한 명씩과 나누어 작업에 들어가야 했다. 정부산하기관 경영평가 설명회를 준비하기 위한 작업이 진행되고 있었다. 그러다 어느 순간 정신을 차리고 보니, 나 혼자였다. 사무관들이 저녁 먹으러 가자고 했다. 그날 작업은 다음날 새벽 두 시가 되어서야 끝이 났다. 장장 12시간이 넘는 인터뷰(?)였다.

2. 내가 만난 사람들

(1) 장지인 교수(정부투자기관 경영평가단 단장)

건교부와 각 기관에 양해를 구해서 일과 시간에는 건교부와 각 기관을 방문해 과제를 수행했고, 일과 후에는 예산처로 출근했다. 산하기관정책과에서 설명회 준비 작업을 도왔다. 그리고 내가 얻은 정보를 예산처와 건교부 양쪽으로 전달했다.

예산처에서 고민하는 몇 가지 문제를 풀기 위해 당시 정부투자기관 경영평가단 단장을 맡고 계신 중앙대 장지인 교수님을 찾아뵈었다. 인터뷰 한 번으로 정부투자기관 경영평가에서 얻은 경험과 노하우를 전수받을 수는 없겠지만, 정부산하기관 경영평가 제도를 설계하는 데 어느 정도 도움을 받을 수 있을 거라는 생각이 들었다.

장지인 교수님, 아니 단장님께서는 연구실에서 반갑게 맞아 주시더니 갑자기 칠판에 무엇인가를 적기 시작하셨다. 인터뷰 목적을 아셨기에 내게 필요한 내용을 중심으로 아예 강의를 해 주셨다. 분명 인터뷰가 아니라 강의였다. 정부산하기관 경영평가에서 주의할 점을 지적해 주셨다. 특히 아직 구체화되지 않았던 기관장에 대한 평가를 설명해 주셨다. 정부투자기관 경영평가단의 경우도 계속 논란이 있었던 부분으로, 기관평가와 기관장평가를 단일화해 부담을 완화할 계획이라는 점도 말씀해 주셨다. 평가를 받는 기관 입장에서 제도를 설계하지 않으면 많은 혼란이 있을 것이라고 주의를 주셨다. 특히 건교부 외에는 주무부처들이 아직 많은 관심을 갖고 있지 못하다며 걱정을 하셨다. 누구나 한 번은 첫 경험을 치르는데, 경영평가도 첫 경험과 같아서 치러 봐야 안다고 하셨다. 재미있는 표현이다. 고객들에게 써먹으려고 필기해 두었다.

(2) 전영환 교수

같은 회사에 다니는 전종윤 선배가 프로젝트에 대한 고민을 듣더니 중앙대를 방문하면 전영환 교수(현재는 서울대에 재직)를 꼭 찾아가 보라고 했다. 미국에서 기관평가에 관한 연구로 박사학위를 받았다고 했다. 그날 미국에서 진행되어 온 공공기관 경영평가에 대한 이야기를 들을 수 있었다. 벤치마킹을 통해서는 알지 못했던 내용이었다. 그중에서도 GAO(General Accounting Office, 현재는 Government Accountability Office로 명칭이 변경되었다) 스토리는 감동적이기까지 했다.

미국은 1993년 영국의 정부개혁을 벤치마킹해 GPRA(Government Performance Results Acts)를 제정했다. GPRA의 핵심은 중앙부처를 포함해 모든 기관이 전략계획서, 성과계획서 및 연례보고서 작성을 의무화한 것이다. 이 과정에서 GAO는 많은 기관과 지표 개발에 대해 고민을 했다. 비전 및 지표 개발 워크숍 등을 추진하고, 지표에 대한 모니터링과 검토를 시범사업에 참여한 기관들과 다년간 추진했다고 한다. 예산처가 수행하던 방식과 달리 천천히 그리고 매우 체계적으로 준비 과정을 거쳤다. 가장 큰 차이점은 지표에 있었다. 기존 정부투자기관 경영평가지표는 말콤 볼드리지나 한국품질경영대상 등에 쓰이는 일반지표에 치우쳐 있었다. 반면 GPRA 적용을 받는 기관들의 평가지표는 기관의 비전과 미션을 토대로 도출된 핵심 사업 위주의 지표로 구성되어 있었다.

전영환 교수님은 정부산하기관 경영평가에서도 결국 사업지표를 어떻게 개발하고 관리하느냐가 관건이 되지 않겠냐는 조언을 해 주셨다. 경영보다는 사업을 열심히 하는 게 기관의 본분이므로 이 두 가지가 구분되어야 하고, 각각에 대하여 별도의 동기부여가 이루어질 필요가 있지 않겠냐는 의견도 주셨다. 여쭤 보고 싶은 게 많았지만, GAO가 사용했던 방법과 지표 Pool에 관한 자료를 받기로 하고 연구실을 나섰다.

(3) 곽채기 교수

곽채기 교수님과는 대학원 때 정정길 교수님, 최종원 교수님과 같이 프로젝트를 했었다. 후배들에게 항상 조언을 아끼시지 않으셨고, 무엇보다 꼭 필요할 때 나타나셔서 술을 사 주시는 좋은 선배여서 잊어버릴 수가 없다. 학교 근처 녹두거리에서 만나 크게 두 가지를 조언해 주셨다.

먼저 예산처에서 수행하던 업무에 대해서는 정부투자기관 경영평가를 가져와 활용하는 게 좋겠다는 조언을 주셨다. 내가 아는 정부산하기관들의 사례를 토대로 적용하기 어려운 점을 이야기했다. 재무관리와 관련된 부분이 특히 문제였다. 곽채기 교수님은 투자기관과 산하기관의 차이는 생각보다 크지 않다고 했다. 내가 지닌 관점에서 보기 시작하면 모든 기관이 서로 다르고, 그런 관점에 매몰되어 있으면 유형을 나누기 어렵다고 지적해 주셨다.

건교부 프로젝트에 대해서도 조언을 주셨다. 경영평가에서는 비계량평가가 중요한데, 보고서 작성이 많은 비중을 차지한다고 했다. 보고서를 효과적으로 작성할 필요가 있고, 정부투자기관을 많이 벤치마킹해야 한다고 조언해 주셨다. 건교부의 경우 투자기관이 많이 있고, 기관 간 교류가 많으니까 상호 벤치마킹을 하는 데 문제가 없을 것이라는 점도 알려 주셨다. 어떤 기관을 벤치마킹하는 게 가장 효과적이냐고 여쭈었더니, 같은 부처 내 기관을 벤치마킹하는 게 보고서 구성과 흐름을 파악하는 데 도움이 된다고 하셨다. 보고서의 전체 틀은 한국전력공사나 KOTRA를 벤치마킹하는 게 좋다고 하셨다. 다소 스타일이 다른 이 두 기관이 경영평가에서는 쌍벽이라는 말씀도 들려주셨다. 그리고 뇌리에서 사라지지 않는 마지막 조언 하나가 있었다.

"평가 기준에 들어가면 기관 입장에서는 지켜야 해. 최 선생도 알겠지만, 공기업이나 산하기관이나 다르지 않지. 정부에서 가이드라인을 주면 지켜야 해. 부작용이 나지 않게 하는 것도 중요하지. 그리고 정부에서 중요하게 생각하는 것을 담아야 할 필요도 있어. 양자가 조화 내지 균형을 이룰 수 있게 도와주는 게 우리 같은 전문가들의 몫이지. 혹시 꼭 필요하다고 생각되는 게 있으면 예산처에 알려 줘. 나중에는 변경하거나 새로 삽입하는 게 쉽지 않아. 잘 생각해 보라고."

(4) 사무관들

처음 인터뷰 때 만났던 K사무관, J사무관, C사무관 외에도 산하기관정책과에는 다른 직원들이 많이 있었다. 그러나 이 세 사무관과 주로 대화를 나누었고, 같이 경영평가 출범을 위한 작업을 했다. 나한테 예산처에 와서 같이 근무하면 어떻겠냐는 제안도 했다. 내년에 계약직으로 사무관을 채용하는데 자기들이 꼭 추천하겠다고 했다. 며칠 전 나를 크게 야단치셨던 과장님도 사무관들에게 뜻을 비치셨다고 한다. 아직은 컨설팅이 재미있어서 어려울 것 같다고 말씀드릴 수밖에 없었다. 같이 일했으면 좋았을 것 같다는 생각도 든다. 나는

10여 년이 지난 지금도 그때 만났던 세 명의 사무관처럼 열정이 넘치는 공무원들을 본 적이 없기 때문이다.

K사무관은 1명이 오건, 10명이 오건 기관에서 찾아오는 직원들을 일일이 맞아 주었다. 어떤 기관에서는 노조원들이 우르르 몰려 왔다. 너무 터무니없는 이야기를 하는 경우도 있었는데, K사무관은 절대 흥분하지 않았다. 뒤에서 듣고 있는 내가 귀가 벌게질 정도였는데 말이다. 온화하게 듣고 대화한 뒤에는 항상 냉정하게 판단하던 모습이 아직도 눈에 선하다.

J사무관은 굉장히 친근했다. 키가 작은 사람들의 동질감이라고나 할까? J사무관은 마지막까지 평가내용에 반영될 단어 하나하나를 확인했다. 어느 날 나에게 ERP가 뭐냐고 물었다. 한참을 설명한 뒤 자세한 설명이 필요하면 SAP이나 오라클에 계신 분을 소개해 드리겠다고 했다. J사무관은 그럴 필요는 없다며, 경영평가 때 ERP 구축과 관련된 사항을 넣으면 산하기관들에 어떤 영향과 변화가 있을지 궁금해서 물어본 것이라고 했다. 나는 ERP를 구축하려면 적어도 몇 십억 원이 소요되는데, 산하기관이 이를 도입해 추진하는 것은 무리라고 덧붙였다. 결과적으로 2004년도 평가 기준에서 ERP 구축과 관련된 내용이 빠질 수 있었다. 곽채기 교수님 덕분이다.

C사무관은 가장 이야기를 많이 나누었던 사무관이다. 새벽 두 시쯤이면 같이 퇴근을 했는데, 본인이 항상 택시비를 냈다. 업무 외로 나한테 신세를 지면 안 된다는 게 산하기관정책과 분위기였던 것 같다. 그해 말, C사무관은 J사무관과 같이 나에게 다시 상담을 했다. 예산처가 청렴도 평가에서 최하위를 기록해 위에서 대응방안을 마련하라는 지시가 떨어졌다는 것이다. 경영평가를 시작했으니 당연한 일이었다. 이 책을 읽고 있는 당신도 알 것이다. 청렴도 평가는 상대방이 권위적인 느낌을 주었는가에 따라 결과가 달라진다. 예산을 나눠 주는 기관이 평가까지 시행하는데 위압감을 안 줄 수가 있겠는가. 그래도 난 C사무관처럼 한 번도 남에게 피해를 주지 않으려고 하고, K사무관과 J사무관처럼 항상 자신에게 부여된 업무에 대해 고민하는 공무원들이 있기에 우리 정부에 희망이 있다고 믿는다.

3. 즉문즉답卽問卽答

*"너의 가장 큰 장점이지만, 단점이기도 한 게 있다. 지나치게 확신하지 마라. 특히 100% 완
전하지 않은 상태에서 누군가에게 확신을 심어 줘서는 안 된다. 잊지 마라."*

지도교수님께서 언젠가 내게 지적해 주신 말씀이다. 문제는 나의 장점이자 단점이 불치
병 같아서 고치기가 어려웠다는 점이다. 컨설팅이라는 업무에 도움이 되기는 했다. 고객은
확신에 찬 나를 신뢰했고, 나는 확신을 심어 주는 방식에 익숙해져 갔다. 하지만 교수님께
서 해 주신 충고를 늘 염두에 두었다. 그래서 힘들었다. 모르는 분야는 책을 찾아서 읽었
고, 전문가들을 찾아가 조언을 구하는 일이 많아졌다. 아마 대학에 남아 계속 공부를 했다
면 그렇게 못했을 것이다. 예산처에서도 똑같은 일을 벌였다. 산하기관정책과 사무관들은
궁금한 게 많았고, 나는 망설이지 않고 대답해 주었다. 그러면서도 혹시 오류가 있지 않을
까 기록을 했다. 잘못된 조언은 수정해 다시 알려 주어야 하지 않을까 하는 우려에서였다.
일주일 남짓한 기간이었지만 산하기관정책과의 사무관들과 나누었던 대화는 그 후 내가
유사한 프로젝트를 수행하는 데에도 많은 도움이 되었다.

(1) 경쟁의 장場

질문: 대부분의 기관이 유형에 민감한 상태입니다. 기관의 유형을 나눌 때 어떤 점들을
고려할 수 있을까요?

대답: 기관 유형을 분류하기 전에 고려해야 할 것이 있습니다. 전제조건이죠. 기관의 유
형을 분류하는 것은 평가를 받는 기관들에 '공정한 경쟁의 장'을 열어 주기 위한 목
적이 큽니다. 네트워크나 인프라를 구축하는 기관과 서비스를 제공하는 기관 간에
는 엄청난 차이가 존재합니다. 동원할 수 있는 예산과 인력의 규모가 완전히 다르
죠. 기관이 보유한 자원의 규모나 인적자원의 역량 수준을 기준으로 구분하는 게
좋을 것 같은데 쉽지는 않죠. 건교부에서 연구했던 경험 그리고 장지인 단장님이나

곽채기 교수님 등을 인터뷰했던 내용을 정리해 보면 이런 형태로 몇 가지 기준을 생각해 볼 수 있습니다.

[표 1-1] 기관 유형을 분류하기 위한 기준

질적 측면	양적 측면
이해관계자(1차/2차 고객)	직원 수
별도 평가 적용 여부	자산 규모
사업 특성	연간 매출
주무부처	재정 의존도
전략적 판단(VIP 관심사항 등)	재정 지원 규모

질문: 너무 많은 것 같아요. 같은 부처끼리 묶으면 어떨까요?

대답: 그럼 주무부처가 평가하는 형태가 됩니다. 예산처가 통제권을 잃게 되죠. 보통 특정 부처 내에서는 국·실, 그리고 과 단위로 선호직위가 있습니다. 직제와 무관하게 각 부서에서 지닌 파워에 따른 순위가 있죠. 예산처도 그렇지 않으가요? 산하기관도 마찬가지입니다. 주무부처가 평가하면 관장하는 과 간에 힘의 알력이 작용해 공정한 평가가 되지 않을 가능성이 큽니다.

질문: 기관 유형을 분류할 때 다른 주의할 점도 있나요?

대답: 일단 동일 유형에 너무 많은 기관이 포함되면 안 될 것 같습니다. 나중에 평가자들에게 엄청난 부담이 되거든요, 객관적인 평가를 하려면 평가자 부담을 사전에 고려해야 합니다. 기관들의 특성을 거꾸로 먼저 살핀 뒤에 분류 기준을 명확하게 나누는 것도 좋은 방법일 것 같습니다. 컨설턴트들은 MECE(Mutually Exclusive, Collectively Exhausted)라는 표현을 쓰는데, 기준에서 누락이나 중복이 발생하면 기관들의 불만이 있겠죠. 장지인 단장님께서 그러시던데요. 첫 경험은 일단 해 봐야 안다고. 일단 첫해 평가를 한 뒤에 맞지 않으면 수정하면 되니까 너무 신경 쓰지 말라고 하시더군요.

질문: 유형을 분류할 때 양적 측면과 질적 측면 중 어느 것을 기준으로 삼는 게 더 좋을까요?

대답: 두 가지 기준을 다 사용할 수밖에 없습니다. 같이 몇 가지 기준을 만들어 보시죠.

질문: 말이 나왔으니까 고려해 봐야 하는데, 기관의 부담을 줄이면서 공정한 경쟁을 유도하려면 어떻게 해야 할까요?

대답: 저는 개인적으로 처음부터 공정한 경쟁의 장을 조성하는 건 불가능하다고 봅니다. 기관마다 보유한 자산과 직원이 너무 차이가 나거든요. 단기에는 차이가 크게 벌어질 겁니다. 하지만 사람이 하는 게 그렇듯이, 금방 배울 겁니다. 놔두시면 부족한 기관이 따라올 겁니다.

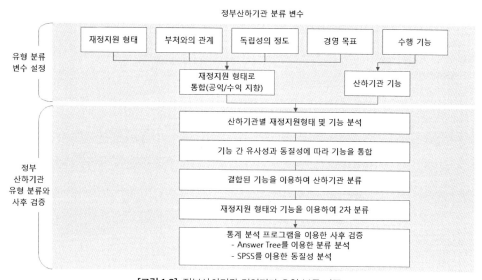

[그림 1-2] 정부산하기관 경영평가 유형 분류 기준

질문: 그래도 우리 입장에서는 뭔가 기관의 부담을 줄여 주기 위해 노력해야 하는 데 말이죠. 좋은 아이디어 없을까요?

대답: GAO처럼 예산처가 산하기관을 하나 두세요. 연구원 같은 게 있으면 1년 내내 기관의 업무 특성을 파악하고, 거기에 맞는 지표를 개발할 수 있을 것 같습니다. 기관마다 지표의 난이도가 다를 수 있거든요. 아, 그리고 곽채기 교수님께서 그러시더군요. 가급적 정책지표를 많이 활용하면 안 된다고…. 매년 꼭 사용할 필요가 있다고 판단되는 경우로 한정하라고 말이죠. 예를 들어 올해는 주 40시간 한 가지 정도 반영하는 거죠.

질문: 계량지표 비중을 더 확대해야 할까요?

대답: 그렇죠. GPRA 적용기관은 전부 계량지표로 평가를 받습니다. GAO가 몇 년간 기관들과 검증하는 작업을 거쳤다는군요.

질문: 나중에 경영평가단이 그 일을 하면 되겠군요.

대답: 그것도 좋은 생각입니다. 각 분야의 전문가들을 활용하면 충분히 좋은 지표를 만들고 개선해 나갈 수 있을 겁니다. 개인적으로는 예산처에 별도 사이트 하나를 만들어서 기관의 성과를 모니터링할 수 있게 만들면 좋을 것 같습니다. 정부산하기관 포털사이트를 만드는 거죠. 계속해 고민이 나타나면 외부에서 전문가들이 도움을 줄 수도 있을 것 같습니다. 기관끼리 서로 돕고 학습하면서 시너지를 만들어 가는 거죠.

질문: 지금 비슷한 게 논의는 되고 있어요. 아직 운영 방식을 확정하지 않았지만, 만약 그런 사이트를 예산처에서 운영한다면 어디에 초점을 맞추어야 할까요?

대답: 단계별로 다를 것 같아요. 단기에는 온 국민이 볼 수 있도록 정보를 개방하는 데 초점을 맞출 필요가 있어요. 예산이나 회계 기준부디 고처야 할지도 모르죠. 제가 있던 연구원도, 제가 컨설팅했던 기관도, 완전 달랐거든요. 아마 맞게 입력했는지, 제때 입력하는지를 놓고도 몇 년은 갈등할 겁니다.

질문: 어떻게 해야 제때 입력할까요?

대답: 공문을 내리시면 금방 회신하잖아요. 가장 빠른 방법이죠. 다른 하나는 정기적으로 업데이트하게 하고, 나중에 그걸 평가하는 방법이 있을 수 있습니다.

질문: 지표에 또 넣어야 하나요?

대답: 아닙니다. 이미 만들어 놓은 경영공시 제도와 연계하시면 충분할 것 같습니다.

질문: 장기적으로는 뭘 하죠?

대답: 장기적으로는 이해관계자와 언론이 참여할 수 있도록 해서 사회적 학습이 일어나면 좋을 것 같습니다. 주무부처의 감시도 좋지만, 기관 외부에서 다양하고 건전한 비판 세력들이 많아지면 기관의 경쟁력이 비약적으로 올라갈 겁니다. 고객이 참여하는 모니터링 제도를 운용해 보시면 좋을 것 같습니다. 기관 내부 직원들을 대상으로 예산처니 감사원과 연계해 내부고발제도를 활성화하는 것도 좋겠고요. 나중

에 보고서에 포장만 하고 속이는 기관이 발생하지 않도록 다양한 제도적 장치를 만들어야 할 것 같습니다.

질문: 몇 개 기관에서는 노조를 동원해 반대를 하기도 하는데, 기관 직원들의 관심과 호응을 유도할 방법은 없을까요?

대답: 현재 산하기관들은 기관 내부에 부서 단위 평가 체계가 있는 경우도 있고, 그렇지 않은 경우도 있습니다. 나중에 부서 단위로 이루어지는 평가와 정부산하기관 경영평가를 연계시키는 일이 필요합니다. 평가받는 걸 좋아하는 사람은 없죠. 하지만 사람들은 평가받는 대로 움직입니다. 경영평가에 대한 이해도를 높이기 위해 반드시 내부평가와 연계를 모색해야 합니다.

질문: 평가를 해도 공기업만큼 줄 수 있는 인센티브가 없는데 어쩌죠?

대답: 산하기관에 경영평가 성과급을 지급하려면 범부처 차원에서 급여체계를 정비하는 일이 필요합니다. 대부분 보수표에 명시된 기준에 따라 연차가 오르면 급여가 자동으로 인상되는 구조로 되어 있습니다. 보수체계는 나중에 별도로 고민하셔야 할 부분인 것 같습니다.

질문: 그렇게 되면 노조하고 갈등이 불가피할 텐데 특별한 대책이 없을까요?

대답: 기다리면 됩니다. 노조도 대세를 거스를 수 없을 겁니다. 당분간은 국민 입장에서 모든 걸 보고 판단하시는 게 좋을 것 같습니다. 대의大義야말로 가장 강력한 무기입니다. 다만, 세부기준과 절차를 만드는 과정에서 기관의 의견을 들을 수 있게 다양한 장치를 마련할 필요가 있습니다. 특히 현재와 같이 각종 지침을 내려보내기보다 시스템으로 같이 확인하고, 점검하고, 공유할 수 있는 인프라가 있으면 좋겠습니다. 아까 이야기한 포털이 그 역할을 하면 좋겠습니다.

(2) 성장의 장場

질문: 평가체계와 관련해 기관에 도움이 되도록 개선해야 할 것이 있을까요?

대답: 개인적으로 평가지표의 수 또는 프레임워크보다는 실제 콘텐츠가 무엇인가가 중요하다고 생각합니다. 공통지표를 포함해 지표의 개발과 검증에 많은 노력을 기울여

야 합니다. 스턴스튜어트라는 컨설팅 회사는 EVA 지표 하나를 개발해 대박을 쳤죠. 공기업과 산하기관 특성에 맞는 지표 개발이 촉진되면 좋을 것 같습니다.

질문: 어떤 지표가 앞으로 중요해질까요?

대답: 글쎄요. 영국이나 미국의 최근 사례를 보면 주로 재무지표가 중요해지는 것 같습니다. 재정 긴축과 부채 관리가 핵심 이슈인 것 같습니다. 영국과 미국은 수익 창출과 비용 절감에 많은 비중을 두기 시작한 것 같습니다.

질문: 기관들이 평가 결과를 이해하고, 경영평가가 실제 경영 개선으로 이어지려면 평가단의 역할이 중요할 것 같아요. 평가단은 어떻게 구성하면 좋을까요?

대답: 가장 쉬운 방법은 정부투자기관 경영평가단처럼 경영평가 전문가들에게 일괄 위탁하는 방법이 있습니다. 학회 같은 곳에 1년 단위 과제로 주는 것도 방법이죠. 다른 하나는 각 지표의 분야별 전문가 Pool을 구성해 매년 예산처가 평가위원을 선임하는 방법이 있습니다. VIP(공무원들이 대통령을 지칭하는 용어)께서 '참여'를 강조하시니 다양한 이해관계자 집단에서도 평가위원을 받는 방법도 있겠죠.

질문: 주무부처들이 가만있을까요? 건교부부터도 반발할 것 같은데?

대답: 주무부처 의견도 들어주시면 되죠. 평가위원을 추천하라고 하시고, 기본 이력사항과 전문성을 검토하신 뒤 최종 결정은 예산처에서 하시면 될 것 같습니다.

질문: 사실 경영평가를 통해 산하기관들의 역량이 높아져야 하는데 걱정입니다. 역량이 낮은 기관을 도와줄 수 있는 방법이 있을까요?

대답: 나중에 경영평가 결과 뚜껑을 열어봐야 알겠지만, 먼저 최하위에 속한 기관과 정말 역량이 낮은 기관은 구분되어야 할 것 같습니다. 물론 둘 다 컨설팅이 필요합니다. 경영 역량을 단기에 높여 주려면 누군가로부터 컨설팅을 받아야겠죠. 다만, 최하위 점수를 받은 기관은 평가한 교수들에게, 정말 역량이 낮은 기관은 컨설팅 회사나 출연연구기관에서 역할을 분담해 지원하는 게 좋을 것 같습니다. 경쟁력 있는 기관이 다른 기관의 멘토 역할을 해 주는 것도 필요합니다. 건교부는 투자기관들이 산하기관들을 돕고 있습니다. 곽채기 교수님도 이 방법을 추천하셨습니다.

질문: 기관이 스스로 할 수 있게 하는 방법은 없을까요?

대답: 평가단이 경영실적평가보고서를 잘 써야 합니다. 이를 위해 평가단과 평가위원에

대한 교육에 예산처가 신경을 써야 합니다. 평가가 끝나면 평가단에 대한 온갖 잡음이 나올 겁니다. 장지인 단장님께서 평가보고서에 구체적 개선 방안이 담기면, 기관들이 보고 따라 할 수 있다고 하시더군요. 다만, 현재 정부투자기관 경영평가를 보면 쉽지는 않을 것 같습니다. 경험이 없는 산하기관 경영평가단에 그 정도를 기대하기는 어렵겠죠. 제 생각에 단기에는 편람에 투자하는 게 효과적일 것 같습니다. 처음부터 '이렇게 일해라'라고 구체적으로 가이드라인을 주는 것입니다. 현재는 프레임워크에 신경을 많이 쓰는데, 프레임워크보다는 내용에 충실하면 좋겠습니다. 프레임워크는 필요하면 나중에 지원해 드릴 수 있습니다. 혹시 맥킨지라는 컨설팅 회사 들어 보셨어요?

질문: 네, 맥킨지는 들어 봤습니다. 맥킨지 한국보고서를 열심히 읽었거든요.

대답: 마음 같아서는 맥킨지가 경영평가제도를 설계하게 했으면 좋겠습니다. 비용이 문제 되지만 않는다면 말입니다. 얼마 전 봤던 보고서에 맥킨지가 무료로 중소기업들을 대상으로 경영진단을 할 때 사용하는 프레임워크가 있었습니다. 자체적으로 진단해 문제를 개선해 갈 수 있게 단계가 표시되어 있더군요. 아마 연말이면 과거 투자기관 경영평가를 중심으로 비슷한 프레임워크를 만들어 산하기관들에 제공할 수 있을 것 같습니다.

질문: 좋은 생각인 것 같은데요. 우리에게도 제공해 주실 수 있죠?

대답: 반드시 그렇게 하겠습니다.[2]

(3) 미래의 장場

질문: 앞으로 경영평가는 어떻게 바뀌게 될까요?

대답: 두 가지 시나리오를 예상해 볼 수 있을 것 같아요. 시나리오를 선택하는 것은 어차피 BH(Blue House, 공무원들이 청와대를 지칭하는 용어)가 될 것 같습니다. BH가 요구

---

2 그해 말, 전경련회관에서 '정부산하기관 경영평가 워크숍'을 열면서 예산처에서 사무관들과 나누었던 자료(C-MAG)를 제작해 공개했다. 지금이야 별로 중요한 가치를 못 느끼겠지만, 그때는 많은 기관으로부터 감사를 받았다. 이 프레임워크에 대해서는 2편에서 설명한다.

하는 정책지표가 많아질 경우 기획예산처가 중심이 되어야 하고, 순수하게 사업을 중심으로 드라이브를 걸면 주무부처가 주도적인 역할을 하겠죠. 제 생각에는 각 부처에 권한을 일임하고, 부처에서 자율적으로 국정을 주도해 나가도록 내버려 둘 VIP는 없을 것 같아요.

질문: 감사원에서 산하기관 경영평가와 관련해 뭔가 조짐이 있는 것 같은데, 어떻게 될 것 같아요?

대답: 누가 감사원장으로 가느냐에 따라 다르겠죠. 하지만 아마 감사원이 예산처가 수행해 왔던 역할을 감당하지 못할 겁니다. 미국과 한국의 상황이 완전히 다르거든요. GAO처럼 국회에 소속되어 예산편성과 결산에 영향을 미칠 수 있게 기능 재편이 이루어지지 않는 이상 힘들 것 같습니다. 그리고 공기업이나 산하기관 입장에서도 마찬가지입니다. 예산처는 예산이나 정원을 결정하지만, 감사원은 징계나 처벌에 의존합니다. 그게 예산처와 감사원의 차이죠. 감사원과 같이 징계나 처벌에 치우치면 단기에는 효과가 있어도 장기적으로 효과를 거둘 수 없습니다. 기관에 제공할 유인이 없거든요. 결국에 공기업과 산하기관을 움직이는 건 재정 지원입니다. 예산처의 본연의 업무이자 미션이죠. 예산처가 업무를 더 잘 수행하기 위해서도 평가제도를 가지고 계셔야 합니다.

질문: 감사원뿐만 아니라 주무부처와도 갈등이 많은데, 앞으로도 걸림돌이 많지 않을까요?

대답: 건교부 프로젝트를 수행하면서 느낀 점을 이야기해 드리죠. 제가 봤을 때 우선 법령, 고시, 지침 등 각종 규정을 정비하는 일이 필요합니다. 기관에서 스스로 자원확보를 위해 공기업 수준으로 사전 규제를 정비해야 합니다. 또한 주무부처가 너무 많은 입김을 불어넣지 못하게 다양한 제도적 장치를 완비할 필요가 있습니다. 어쩌면 공공기관의 미래 경쟁력은 거버넌스 자체를 어떻게 바꾸느냐에 달려 있다고 보아도 과언이 아닙니다. OECD 사이트에 가시면 영국, 미국, 호주, 뉴질랜드 등 각국의 공공부문 거버넌스 혁신 사례가 논의되고 있는 걸 볼 수 있습니다. 시차가 있으니까 몇 년 뒤에는 우리도 대대적 변화를 준비해야 할 것입니다.

질문: 뭘 준비해야 하는데요?

대답: 예산 및 회계 기준도 정비하고, 각 기관의 이사회 구성에도 변화를 주셔야죠. 아마 경영평가체계도 전면적으로 수정해야 할지 모르겠습니다.

질문: 내년에 경영평가제도 정비할 때 사업을 중심으로 해서 외부 전문가를 많이 참여시키면 어떨까요?

대답: 사업전문가는 곧 이해관계자일 가능성이 큽니다. 오히려 기관의 부담, 나아가 재정 부담을 초래할 가능성이 있습니다. 공기업에서 사업과 관련된 제도 개선을 추진하면 업자 간 분쟁이 발생합니다. 누군가 부당하게 이익을 취할 가능성이 생기죠.

질문: 사업과 관련된 비용 절감에 많은 비중을 두어 평가할 수도 있지 않을까요?

대답: 현재 경영평가에 반영된 지표 중 상당수가 이미 비용 절감에 초점을 맞춘 것입니다. 사람을 줄이거나 비용을 줄여야 좋은 점수를 받는 지표가 있습니다. 나중에 각 기관에서 개발하는 지표도 그렇게 될 것 같습니다. 대부분이 투입지표죠. 이런 지표는 장기적으로 문제를 초래합니다. 최저가 입찰이 그렇습니다. 단기에는 이익이 될지 모르지만, 부실 공사가 발생할 가능성이 커지죠. 결국 유지 보수에 많은 비용이 들어가게 되고, 장기적으로 보면 재정 손실이 커집니다. 장기 부실에 대한 책임은 정부에게 돌아오고, 기관 내에서는 선배들의 잘못이 후배들에게 돌아가는 셈입니다.

질문: 평가 부담을 줄여 주기 위해 추가로 고려할 것이 있다면?

대답: 졸업제 같은 게 어떨까요? 지난번에 과장님과 논쟁하다가 야단맞은 내용 중에도 있었는데, 정부투자기관처럼 20년 동안 졸업시키지 못하고 계속 평가받게 잡고 있는 건 무리가 아닐까 싶습니다. 영국은 기관장 임기 중 1번만 평가하는 걸로 압니다. 출연연구기관도 3년에 한 번 정도 평가하는 걸 논의하기 시작했습니다.

질문: 출연연구기관이요? 왜 평가주기를 늘려야 하죠?

대답: 사업 특성상 대부분 단기에 성과가 안 나와서 그렇습니다. 아, 물론 자연과학 분야가 그렇다는 이야기입니다. 인문사회계열에 있는 출연연구기관들은 1년 단위의 단기 과제 중심입니다. 출연연구기관들은 국무조정실에서 이사회 단위로 구분되는데, 아마 이사회별 특성을 감안해 수정이 논의되고 있는 것 같습니다.

질문: 기관장은 어떻게 할까요?

대답: 기관장 선임 시 미리 임기 중 할 일을 정하고, 성과 연봉은 퇴임 시 지급하는 방안도 고려해 볼 수 있습니다. 지금처럼 매년 지급할 필요는 없을 것 같습니다. 목표가 도전적이지 않을뿐더러, 기관 평가 결과와 차이가 없습니다. 나중에 전문경영인 Pool을 구성해 잘한 사람들이 문제가 있는 기관들에 가서 경영자로서 계속 역할을 발휘하게 하는 방법도 있습니다. 정치인들보다는 전직 관료와 기관 출신 임원들로 Pool을 구성해 전문경영인으로 육성하면 많은 변화를 가져올 수 있을 것 같습니다.

4. 이륙

(1) 경영평가 설명회

2004년 5월 20일, 서울지방조달청 청사에서 '정부산하기관관리기본법에 의한 산하기관 경영평가 방법 및 기준'에 대한 설명회가 있었다. 설명회에 필요한 프레젠테이션 자료는 내가 만들었고, 책자로 인쇄되어 당일 기관들에 배포되었다. 뭔가 또 하나가 마무리된 것 같아 기분이 좋았다.

각 기관에서 온 실무자들의 질문과 대답이 이어졌다. 우리가 예상하지 못했던 질문은 없었다. 많은 기관이 여전히 갈팡질팡하고 있었지만, '산하기관 경영평가'호號가 이미 출발했다는 사실을 다들 알고 있었다.

(2) 업자의 길

설명회가 있고 한 달 후, 산하기관정책과에서 연락이 왔다. 평가단에 참여할 수 있게 자리를 준다는 것이었다. 한 번 거절했던 일도 있고, 평가위원을 하고 나면 프로젝트를 하지 못하게 될 것 같아 다시 사양을 했다. 회사 대표들이 어떤 대답도 해 주지 않았기 때문이다. 그래서 그냥 본업에 충실하기로 했다. 직장인이 다 그렇지 않은가? 할 수 있는 일도 없고, 할 수 없는 일도 없다. 회사 방침이 정하는 대로 따라야 하니까 말이다. 이 글을 쓰는 시점에 와서야 좀 자유로워졌다. 회사라는 굴레를 벗었기 때문이다.

가끔 나보고 평가단에 들어가라고 권하는 고객들이 있다. 현행 경영평가체계를 뜯어고치거나 변경하는 일이라면 기꺼이 응할 용의가 있다. 그래서 산하기관 경영평가가 출범한 1년 뒤 경영평가체계 개편을 위한 연구용역 과제가 나왔을 때 제안에 참여했다. 보기 좋게 떨어졌지만 말이다. 당시 모 컨설팅 회사 출신 과장이 제안평가에 참여했는데, 나는 고객만족도 평가를 없애는 방안을 제안했다. 제안 평가위원으로 참여했던 서울대 김준기 교수님이 우리 회사에 대해 극찬해 주신 것도 효과가 없었다. 그 컨설팅 회사는 아직도 공공기관 고객만족도 평가 업무를 수행하고 있다. 세상일이 마음먹은 대로 되면 얼마나 좋겠는가. 그저 세 사무관과 뜨겁게 즐겼다고 생각하면 만족할 만하지 않은가.

Chapter 2

컨설턴트의 입장

1. 터널 증후군(Tunnel Syndrome)

2006년 3월 8일, 아침 식사를 하면서 TV 뉴스를 보고 있었다. 의대 교수 한 명이 나와 터널 증후군에 관해서 설명하고 있었다. 터널 증후군은 우리 몸에 있는 신경과 힘줄이 외부의 압박을 무리하게 받아 마비가 오거나 저리게 되는 현상이다. 전날 Y부장과 통화를 하면서 나누었던 이야기가 문득 생각이 나서 터널 증후군에 대한 설명과 예방법에 귀를 기울여야 했다. 터널 증후군을 예방하기 위해서는 올바른 자세를 유지하고, 주기적인 운동을 통해 근육의 긴장을 완화해 주어야 한다고 한다. 전날 Y부장, P차장과 한 인터뷰 내용이다.

P차장: 갈수록 근무하기 어려워집니다. 혁신이니 평가니 하는 이야기를 들으면 소름이 돋을 지경입니다.

최은석: 전에 근무하셨던 곳에 비해 어떠십니까?

P차장: 거기 근무하는 동료들도 마찬가지십니다. 혁신이니 평가라는 이름으로 시달되는 지시사항을 처리하느라 업무가 마비될 정도입니다.

최은석: 제일 부담되시는 것은 무엇입니까?

Y부장: 이번 프로젝트에서 다루어지는 내용입니다. 전에 근무하던 기관에서는 직접 경영평가를 받아 본 적이 없어서…. 도대체 무슨 일을 어떻게 해 나가는 것이 좋을지 모르겠습니다.

최은석: 제 경험으로는 임직원이 적극적으로 관심을 갖게 하는 게 제일 중요했던 것 같습니다.

Y부장: 제 생각도 그렇습니다. 경영평가에서 잘못 평가를 받으면 예산이나 사업 등에 불이익이 주어진다는데, 사장님께서는 오히려 부정적인 것 같습니다. 외부에서 실시하는 감사나 경영평가는 의미가 없다고 생각하십니다.

최은석: 다른 기관에서는 경영평가, 고객만족도 조사, 혁신 수준 진단에 거의 목을 매고 있습니다. 제 생각에는 사장님께서도 순위가 매겨지면 생각이 바뀌게 되실 것 같습니다. 사실 관심을 두지 않거나 혹은 특정 부서만 관심을 가지고 있다가 경영평가를 받는 기관들이 아직 꽤 있습니다. 물론 그런 기관은 하위권에서 벗어나지 못하고

있죠. 경영평가에 대한 관심은 성과를 개선하기 위한 노력을 만들고, 그런 노력이 모이면 좋은 성과가 됩니다. 관심이 없으면 노력도 없는 법입니다.

Y부장: 좋은 아이디어라도 있으십니까?

최은석: 글쎄요. 일단 관심을 두도록 경영평가에 대하여 충분히 이해시켜 드리는 일이 선행되어야 할 것 같습니다.

Y부장: 사장님께서 관심을 두게 되시면 간부나 직원들도 관심을 가질 겁니다. 모쪼록 많은 관심을 두시게 잘 설득해 주시기 바랍니다.

2005년도에 처음으로 경영평가를 받으면서 공공기관에서 가장 많이 들었던 불만은 경쟁을 하는 기관의 유형 분류가 잘못되었다는 것이다.[3] "우리가 수행하는 사업과 타 기관이 수행하는 사업은 달라서 같이 평가될 수 없다"는 식의 '특수성 증상'과 함께 "직원이 3,000명인 기관과 100명인 기관이 같이 평가된다는 것은 형평성에 어긋난다"는 식의 '상대성 증상'[4] 이 나타나는 기관이 많았다. 그러나 실제 평가 결과 사업 규모, 기관의 역사, 재정 의존도 등과 경영실적평가에서 얻은 득점치와는 직접적 관련이 없는 것으로 분석되었다. 훌륭한 농부는 밭을 탓하지 않는 법이다.

[표 1-2] 2004년도 경영평가 득점치와 타 변수와의 상관관계(N=84)

	구분	득점치	사업 규모	역사	재정 의존도
득점치	상관계수 유의확률	1.000 0.000	0.022 0.840	-0.039 0.723	0.073 0.510
사업 규모	상관계수 유의확률	0.022 0.840	1.000 0.000	-0.044 0.692	-0.067 0.540
기관 역사	상관계수 유의확률	-0.039 0.723	-0.044 0.692	1.000 0.000	-0.019 0.867
재정 의존도	상관계수 유의확률	0.073 0.510	-0.067 0.540	-0.019 0.867	1.000 0.000

3 실사 과정에서 해당 기관 사업을 검토한 결과를 토대로 유형이 변경된 기관도 있었다.

4 특수성 증상은 '우리 회사에는 효과가 없어. 우리는 매우 특수하거든'식의 사고가 나타나는 현상을 의미하며, 상대성 증상은 '우리는 마이너리그야. 메이저리그 선수하고 비교하면 되냐'는 식의 사고가 나타나는 현상을 가리킨다.

경영평가가 시작된 이후 '경영평가', '혁신진단', '고객만족도'라는 단어를 1년 내내 지겹게 들으면서도 대부분의 기관이 업무를 체계적으로 관리하지 못했다. 어느 부서에 무엇이 있는지 제대로 파악이 되지 않았고, 우왕좌왕하다 보니 노력한 만큼도 평가받지 못한 경우가 많았다.[5] 2005년에 신설된 I공사는 과거 다른 기관이 겪었던 시행착오를 최소화하여, 터널 증후군에 빠지지 않기를 희망하고 있었다. 이를 위해 프로젝트 추진 과정에서 다음과 같은 세 가지에 특히 많은 노력을 기울여야 할 것으로 판단했다.

○ **경영평가 대응의 중요성을 임직원에게 인식시킴**
○ **이러한 인식이 발현될 수 있도록 책임과 역할을 부여함**
○ **반복적 교육을 통해 경영평가 대응 역량을 제고함**

유사한 프로젝트를 수행하면서 느낀 점이 있다면, 기관이 지닌 문제에 대해 솔직하고 진지하게 논의하면 할수록 더 많은 변화를 이루어낼 수 있다는 것이다. 경영평가에 효과적으로 대응하기 위해 내부 워크숍을 진행하고, 임직원을 대상으로 다양한 교육 프로그램을 개발·운영했던 기관은 모두 상위권에 진입했다. 책임과 역할을 부여하여 평가하지 않으면 제대로 실행되지 않는다. 그리고 이해하지 않으면 어떤 것도 실행할 수 없다. 그래서 대화와 교육이야말로 우수한 기관과 그렇지 않은 기관이 나누어지는 원인이 되었다.

---

5 2005년도에 처음 실시된 경영평가에서 고객사 18개 기관의 성적을 비교한 결과 상당수 기관이 본래 기관이 지닌 역량이나 경영 수준에 비해 낮게 평가된 경우가 많았다. 그 주된 원인은 실사 과정에서 보인 임직원들의 무책임한 태도가 1차적이었고, 정부권장정책 이행실적(주 40시간제 성착 노력)에 20점을 부여하여 전체 평가 결과에 왜곡이 초래된 것도 작용했다.

2. Deep Impact

(1) 프로젝트 착수보고회(kick-off)

I공사 2층 회의실에서 열린 착수보고회에는 경영진, 팀장, 그리고 본사 직원들이 참석했다. 경영평가를 행정감사쯤으로 생각하는 직원이 많으니, 경영평가에 대한 위기의식을 불어넣어 달라는 Y부장과 P차장의 부탁이 있었다.

"점심 드시고 한창 졸릴 시간입니다. 기지개 한 번 펴 보시죠?"

여기저기 기지개를 켜는 사람이 많았다.

"경영평가, 정확히 말해 정부산하기관 경영평가에 대한 설명을 듣기 위해 이 자리에 모이셨습니다. 경영평가를 한마디로 정의한다면 무엇일까요?"
"…"
"반응이 없으시네요. 저희가 프로젝트를 진행하게 되는 2달 동안 앞으로 경영평가에 대해 지겹도록 듣게 되실 겁니다. 그래서 오늘은 구체적으로 경영평가가 이런 내용으로 구성된다기보다는 경영평가가 우리에게 이런 영향을 미치게 될 것이라는 점에 초점을 맞추고자 합니다."

[그림 1-3] 영화 'Deep Impact'

"'Deep Impact'라는 영화를 보신 분은 손을 한 번 들어 주시겠습니까? 다섯 분 정도 계시네요. 'Deep Impact'는 지구에 유성이 떨어지면서 살아남게 되는 사람들과 죽어야만 하는 사람들의 이야기를 다룬 영화입니다. 저는 고객들에게 개인적으로 '경영평가는 Deep Impact이다!'라고 설명해 왔습니다. 경영평가 결과가 경영진의 인사, 사업과 예산, 직원 인센티브 등과 직·간접적으로 관련되어 있기 때문입니다. 더 중요한 것은 한 번 부진한 기관으로 낙인이 찍히게 되면 헤어나기 어렵다는 점입니다. 이러한 현상을 'Stigma Effect'라고 하는데, 한 번 꼴등을 하게 되면 외부에서는 그 기관을 계속 부진하게 보게 되고, 스스로도 패배의식에 젖어 부진의 늪에서 헤어나지 못한다는 말입니다. 경영진에게는 이력서에 꼬리표처럼 따라다니는 부담이 되기도 하죠. 경영 실적이나 고객만족도가 얼마나 높고, 낮은가가 경영진의 미래를 보장하는 것입니다."

"그런 이야기는 처음 듣는데요" 하고 팀장 중의 한 명이 이의를 제기했다.

"저희 고객 중에 환경자원공사는 동일 유형에서 고객만족도 1위를 했는데, 사장님께서 환경부 장관으로 입각하셨습니다. 반면에 최근까지 장관 물망에 오르내리다가 고객만족도가 최하를 기록하는 바람에 낙마하신 분도 계십니다."

"다른 이유가 있었겠죠."

"물론 그게 입각과 낙마를 결정한 모든 이유를 설명하지는 못하겠죠. 하지만 2개 기관 모두 실무자들이 그렇게 생각하고 있더군요. 2개 기관 중 한 곳은 여러분이 형님 기관쯤으로 생각하는 P공사입니다."

몇 가지 질문이 이어졌고, 참석자들의 얼굴은 점점 더 굳어져 갔다. 프로젝트의 추진 계획에 대한 보고가 있은 후, 사장의 발언이 이어졌다.

"너무 겁을 많이 줘서 모두 긴장하는 모양인데, 너무 긴장하지 말라고. 평가니, 혁신이니 계속해 오던 거잖아. 뭐 별거 있다고 그렇게 긴장하나?"

"맞습니다. 경영평가를 어렵다고만 생각하시면 위기에 불과하지만, 효과적으로 대응하기 위해 노력하신다면 우리 공사가 대외적으로 위상을 제고할 수 있는 좋은 기회가 되리라 믿습니다."

"앞으로 프로젝트 진행 상황을 보면서, 구체적으로 논의해 봅시다. 다들 수고 많았습니다."

몇 가지 더 이야기하고 싶은 것이 있었지만, 사장이 마무리하는 바람에 더 이상 진행하기 어려웠다. Y부장의 말처럼 사장이 경영평가에 대해 불만이 많은 것 같았다. 프로젝트가 난항을 겪을지도 모르겠다는 우려와 부담감이 밀려왔다. 경영평가 중 상당 부분을 경영진이 직접 담당해야 하기 때문이다. 경영진의 적극적인 참여와 이해 없이는 경영평가에 효과적으로 대응하는 일이 불가능하다.

(2) 예비 진단

이틀 동안 경영평가 대응 수준 진단을 위한 팀별 FGI(Focus Group Interview)가 진행되었다. 동일 유형에 속한 타 경쟁 기관과의 비교를 통해 I공사의 현재 수준을 이해하고, 보다 적극적인 경영 개선 활동을 유도하기 위해서였다. 각 팀의 업무를 짧은 시간에 진단해야 했기 때문에, 체크리스트를 활용하는 방법이 사용되었다. C-MAG(Choi's Management Assessment Grid)로 명명된 이 체크리스트는 유사 프로젝트를 통해 얻은 경험을 함축해 놓은 것이었다.[6]

---

6 C-MAG(Choi's Management Assessment Grid)는 2004년에 개발된 이후 매년 수정이 이루어졌다. 정부투자기관 경영평가단에서 작성한 경영평가보고서를 토대로 비계량평가에 사용된 평가 착안 사항과 평가등급별로 나타난 평가대상기관의 경영상 특징을 등급별로 정의하여, 현재의 수준을 진단함과 동시에 단계적으로 추진해 나가야 할 혁신 로드맵을 설정하는 가이드라인을 제공하기 위해서 개발되었다. 기본적인 아이디어는 2004년, 건설교통부 7개 산하기관의 경영평가체계를 수립하면서 같이 작업에 참여했던 한국도로공사 김기찬 부장, 한국공항공사 엄용범 부장, 한국토지공사 조남홍 부장의 도움을 받았다. 이후 서울대 김준기 교수님의 방법론을 접목해 보완했다. 이에 대한 설명은 2편에서 다룬다.

평가지표	16. 재무관리의 합리성 #1: 중장기 재무계획과 재무관리의 적정성		우수기관(A0)	대한지적공사, 한국교육학술정보원, 한국보건산업 진흥원, 한국산업안전공단, 한국수출보험공사
평가시 착안사항	정성적 기준		사업 전략과 재무 계획의 연계성, 재무지표의 성과평가 반영 노력, 사업별 투자계획 및 경제성 분석 노력, 중장기 자금조달계획 및 부채상환계획의 타당성, 회계기준 및 원가관리체계의 개선 노력	
	정량적 기준		매출액, 매출이익률, 영업이익, 당기순이익, 현금흐름, 이자보상비율 등의 주요 재무지표	

Managerial Rating Scales			
Level 1	Level 2	Level 3	Level 4
• 수익성을 제고하기 위해 다양한 자구 노력을 기울인다. • 중장기 재무계획을 수립하고, 재무관리지표를 설정한다.	• 중장기 사업전략에 연계한 재무전략을 수립한다. • 사업 특성을 감안한 적정한 분석 기법을 활용해 재무분석을 실시하고, 재무계획에 이를 반영한다. • 관리회계시스템을 정비하고 재무지표별 목표 수준을	• 사업전략, 인력운영계획 등에 연계하여 재무 계획을 수립한다. • EVA 등 경영기법을 활용해 기관의 적정한 수익성 유지 여부를 측정·관리한다.	• 재무 전략의 실행을 위해 평가지표를 설정하고, 평가 결과를 주요 의사결정에 활용한다. • 선진 재무관리기법을 도입해 예산절감 등 경영실적을 제고한다. • 사업별 투자계획의 적정성을 평가하고, 수익성을 개선한다.
l공사 → 기관의 비전 및 중장기 전략에 연계한 재무계획의 수립 및 이에 근거한 재무제표 작성이 이루어지고 있지 않음.			
컨공단, BPA, 산재	철도, 제주, 환경	보훈	

TIPS	정부예산(출연금, 보조금)에 의존하는 경우 차별화된 재무계획을 수립하기 곤란(Level 1에 이르지 못함)하다. 자체수익사업을 추진하는 경우는 사업별로 추정 재무제표를 작성하고, 주요 재무비율을 지속적으로 관리·점검해야 한다. 주요 재무비율의 변동 현황에 따라 평가 결과가 좌우되는 경향이 있으며, 이 부분의 실적이 좋으면 종합경영부문의 다른 비계량지표에서도 좋은 평가를 받는 것으로 나타났다.

[그림 1-4] 평가지표/세부평가기준별 예비 진단에 활용된 C-MAG 예시

먼저 인터뷰 대상자들에게 담당해야 할 지표에서 요구하는 사항을 이해시키기 위해 평가지표 및 세부평가기준별로 평가 시 적용되는 착안사항[7]을 설명했다. 동시에 평가등급별로 나타날 수 있는 경영상 특징을 설명했다. 이를 토대로 현행 수준(As Is Level)에서 당기에 개선 가능한 범위와 향후 추진해야 할 개선과제를 설명해 주는 절차를 진행했다. 예를 들어, 회계팀의 경우 중장기 비전과 전략에 연계한 재무계획이 부재한 상황이라 Level 1에도 미치지 못했기 때문에, 당기에 수립 예정인 중기재정운영계획을 상반기에 진행될 예정인 중기경영계획 수립과 병행해 추진하라고 조언을 했다.

팀별 인터뷰 과정이 모두 무난하게 진행된 것만은 아니었다. 일부 팀장의 경우 경영평가를 받는 것에 반감을 가지고 있었다. 그리고 그러한 반감은 우리 프로젝트팀에 고스란히 돌아왔다. '당신이 이야기하고 있는 건 이미 다 알아. 해 봤다고'식의 반응과 '열심히 일하고

<hr>

7 경영평가단에서는 평가지표 및 세부평가기준별로 평가 시 착안사항을 정리하여 '체크리스트'로 활용하고 있다. 체크리스트를 활용하는 목적은 평가자의 주관에서 오는 오류를 최소화하여 평가의 일관성을 유지하고, 피평가기관에 평가지표에서 요구하는 사항을 명확히 전달하여 평가에 대한 오해를 불식시키기 위해서이다. 체크리스트는 피평가기관에 평가 당일 내지 전날에 공개됐는데, 정부산하기관 경영평가단은 정부투자기관 경영평가단과 달리 처음 경영평가를 접하게 되는 산하기관들의 이해를 돕기 위한 목적으로 체크리스트를 사전에 공개했다. 현재는 '비계량지표 평가 매뉴얼'이라는 공식명칭이 부여되어 있다.

있는데 무슨 평가야. 평가 때문에 일을 못 하게 된다는 게 말이나 되냐고. 우리를 그냥 내버려 둬'식의 반응이었다.[8]

> "C-MAG이라고 했나요? 평가에 적용된다고 한 이러한 기준은 이미 다 아는 내용입니다. 뭐 새로운 대안을 제시해 주어야 하는 거 아닌가요?"
>
> "현재 담당하고 계신 팀이 추진하는 활동이 이러한 기준에 합당하게 운영되고 있다고 보시는지요?"
>
> "이미 다 아는 내용이라니까."
>
> "평가를 잘 받는 데 필요한 방법을 원하신다면 100개쯤 제시해 드릴 수 있습니다. 그러나 팀장님께 필요한 게 무엇인지는 모르겠습니다. 경영평가도 사람이 하는 일입니다. 확정된 기준이나 안전한 보증수표 같은 것은 없습니다. 제가 제시해 드리는 큰 방향과 흐름에서 사업 계획이 벗어나지 않고 있다면 크게 무리가 없으실 것입니다. 팀장님께 딱 맞는 비법을 알려 드릴 수가 없어 죄송하군요. 그 정도 능력을 갖추고 있다면 제가 점쟁이를 하지, 컨설턴트를 하겠습니까?"

예비 진단 결과 I공사의 경영평가 대응 수준은 동일 유형에 속한 기관 중 최하위 수준이었다. 더욱이 내년에 처음으로 경영평가를 받게 될 I공사와 달리 경쟁 기관들은 지난해와 올해 경영평가를 통해 더욱 단련되었을 것이라는 확신이 들었다. 경쟁 기관 중 상당수는 기존 고객사였기 때문에 그러한 사실은 쉽게 짐작할 수 있었던 것이다.

---

8 '이미 다 해 봤어(Already Try) 증상'과 '잃어버린 천국 증상'으로 불리는 이러한 두 가지 반응은 변화를 거부하는 관리자들에게서 흔히 나타나는 현상이다.

3. RNR을 찾아서

(1) RNR 워크숍

I공사 2층 회의실에서 각 팀장들이 참석한 가운데 '공통지표에 대한 RNR(역할과 책임, Role and Responsibility) 설정'을 위한 워크숍이 열렸다. 평가에 대한 내부의 관심도 제고와 함께, 경영실적보고서 작성 및 지표별 실적관리를 위한 계획 수립과 이행 등에 대한 역할과 책임을 명확히 할 필요성이 높아졌기 때문이다. 특히 경쟁 기관보다 매우 열위에 있는 상황이기 때문에 태스크포스(Task Force)를 비롯해 I공사 내부에서는 경영평가에 대한 우려가 커지고 있었다.

"RNR은 특정한 부서에 기대되는 업무상의 역할과 책임을 의미합니다. 경영평가에 사용되는 평가지표는 몇 개의 세부평가기준으로 구분되고, 세부평가기준은 다시 세부평가내용으로 세분화됩니다. 또한 세부평가내용에 대해 경영평가단에서 활용하고 있는 착안사항을 매치시켜 보면, 나눠드린 자료에서 보시는 바와 같이 매우 다양한 활동들이 요구됩니다."

"글씨가 너무 작아서 안 보이는군요."

"네, 맞습니다. 굉장히 깨알 같은 내용이 담겨 있습니다. 실제로 오늘 우리가 설정해야 할 내용을 조금 더 세분화하여 설명한 것입니다. 앞으로 팀별로 개인 차원에서 업무를 분장하실 때 활용하시면 좋겠습니다. 오늘은 평가 시 착안사항에 해당하는 부분까지 어떤 부서가 주도적으로 역할과 책임을 가져갈 것이고, 또 어떤 부서가 필요한 지원활동을 해야 하는가를 결정하면 됩니다."

"이것을 설정해 어떤 도움이 되나요?"

"우선 지표별 실적관리에 대한 팀별 책임성이 강화됩니다. 오늘 설정된 RNR은 추후 내부평가제도 설계 과정에서 각 팀의 경영평가 기여도를 산정하는 주요 기준으로 활용될 것입니다."

"그게 실효성이 있습니까?"

"이렇게 생각하시면 됩니다. 오늘 설정된 RNR들은 팀장님들이 자신의 목에 줄을 하나씩 거는 역할을 하게 될 것입니다. 궁극적으로 경영 실적에 대해서는 사장님께서 총괄적인 책임을 지게 되겠지만, 각 지표별 실적은 팀장님들의 몫입니다. 자기 목에 너무 많은 줄을 걸면 나중에 스스로 목을 조르는 결과가 나타날 것이고, 아무것도 목에 걸지 않으려 한다면 우리 공사가 운항하는 배 밖으로 떨어지게 될 것입니다."

"썩은 줄을 잡으면 큰일 나겠군요?"

"맞습니다. 썩은 줄을 잡으면 큰일 나죠. 따라서 만약에 목에 거신 줄이 썩은 줄이라면 서둘러 보수를 하시는 편이 좋을 것 같습니다."

좌중에서 웃음이 흘러나왔고, 다소 가라앉았던 분위기가 고조되었다. 10개 평가지표, 26개 세부평가기준, 50개 세부평가내용에 대한 팀별 RNR 설정이 세 시간 동안 진행되었다. 이 과정을 통해 팀장들은 다른 부서에서 추진하고 있는 사업의 방향과 내용을 보다 구체적으로 알 수 있게 되었고, 경영평가를 위해 상호 협조해야 할 내용 및 지원 사항을 서로 확인할 수 있었다.

(2) RNR 조정회의

귀빠진 날이다. 하루쯤 쉬고 싶은 충동이 있었지만, RNR에 대한 검토 및 조정회의가 있어서 그럴 수 없었다. 아침 9시부터 시작한 회의는 오후 5시가 되어서야 정리되었다. 내부 평가에 반영될 예정인 '경영평가 기여도' 때문에 팀별로 소관 팀의 기여도를 높이기 위한 의견 개진이 이루어졌다.[9]

---

9 경영평가 기여도는 당초 사장의 경영 실적에 대한 단위부서별 기여도를 산정하기 위해 개발된 것으로, 기본적 아이디어는 2005년 인천국제공항공사의 임병기 팀장과 김영일 대리에게서 나왔다. 먼저 전체 지표에 대하여 각 지표별로 요구하는 성과 내지 업무 추진 방향 등에 대하여 주도적 책임(Primary)을 담당하는 부서와 지원 및 협력에 대한 책임(Shared)을 담당하는 부서를 구분한다. 두 번째는 관련된 지표의 득점률을 산정해 담당 지표의 목표 달성도를 산정한다. 이때 목표 달성도는 관련 지표의 득점률을 토대로 산정하며, 복수의 지표를 담당하는 경우는 각 지표의 가중치를 가중평균해 해당 부서가 얻은 지표별 평균득점률을 기준으로 산정한다. 세 번째 단계는 관련 지표의 총 득점치를 산정하여 전사 성과에 대한 부서 기여도를 산정하는 것이다. 전사 성과가 80점이면 모든 부서의 기여도 합계는 80점이 된다. 지표별 득점치를 기준으로 산정하되, 주도적 책임을 담당하는 부서는 해당 득점치의 80%를 가져가고, 지원 및 협력 부서는 나머지 득점치를 관련된 부서의 수로 나누어 가져가서 산정한다. 노력의 정도에 해당하는 목표 달성도와 노력의 크기에 해당하는 부서 기여도의 합계치를 토대로 각 부서의 기여도를 최종적으로 도출한다.

경쟁심이 유발된 탓인지, 공통지표에서 요구하는 평가착안사항별로 팀별로 할당된 역할과 책임에 대해 열띤 공방과 토론이 벌어졌다. 열정이 없으면 변화도 없다고 했던가? 팀장들을 평가하기 위한 기준에 프로젝트 팀이 제안한 '경영평가 기여도'가 반영될 것이라는 사실이 알려지면서 팀별로 적극적인 의견 개진이 이루어졌다.

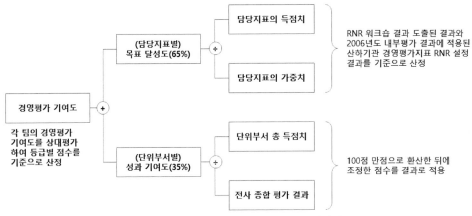

[그림 1-5] 단위부서별 경영평가 기여도 산정방법

4. 기반을 구축하다

(1) CEO가 앞장서다

좋은 평가자라면 피평가자가 목표를 달성한 과정을 면밀히 검토하고, 공정한 기준을 적용하여 평가한 뒤 구체적 근거와 개선사항을 피평가자에게 제시해 주어야 한다. 반면에 좋은 피평가자는 자신에게 부족한 점을 찾아내어 보완하기 위해 끊임없이 노력을 기울인다. 경영평가는 가라앉느냐, 헤엄쳐 나오느냐가 아니라 무엇을 얻었는가에 초점을 맞추어야 한다.

2주 가까이 정부투자기관을 포함해 타 기관의 경영실적보고서에 대한 검토 및 분석 작업이 이루어졌다. 요령부득에서 벗어나 요령 위주로 넘어가기 위한 첫걸음이었다. 직원 중 상당수는 P공사를 형님쯤으로 인식하고 있었고, P공사에서 어떤 식으로 준비해 왔는지에 많은 관심을 가졌다.[10] 이러한 관심은 주요사업부문지표 설계 과정에 그대로 반영되었다. P공사의 2004년도 및 2005년도 경영실적보고서에 대한 검토 작업은 실제로 유사한 사업 구조를 지니고 있는 I공사에 많은 시사점을 제공해 주었다. 그러나 P공사의 경우 경영실적평가에서 중하위권에 머물고 있었기 때문에, 벤치마킹의 가치가 그만큼 낮아질 수밖에 없었다.

예비 진단 이후 가장 크게 달라진 점은 경영평가에 대한 사장의 관심이었다. 혁신이나 평가보다는 주어진 임무에 충실하면 된다는 생각에서 벗어나, 혁신과 평가를 공사에 부여된 임무와 조화시켜 나가야 한다고 인식하게 된 것이다. 또한 I공사가 동일 부처에 속한 P공사나 C공단을 뛰어넘어야 한다는 점을 직원들에게 강조하기 시작했다. 사장의 이러한 변화로 경영평가에 대한 내부의 관심이 높아지기 시작했다.

(2) 경영평가 대응 워크숍

1박 2일 일정으로 사장을 포함한 경영진 5명, 팀장 14명, 그리고 경영평가체계 수립을 위한 태스크포스(Task Force)가 주요사업부문의 KPI 개발 및 경영평가 대응전략 수립을 위해

---

10 주무부처와 경영평가단도 P공사와의 차이점에 많은 관심을 두었다.

워크숍 장소에 모였다. 워크숍에서는 정부경영평가의 변화 추세, I공사의 대응 수준 진단 결과 공유, 유사기관 사례 분석 결과 공유, 그리고 주요사업부문 평가지표(안)에 대한 검토가 이루어졌다. 업무 공백을 최소화하기 위해 금요일 오후부터 시작해 휴무일인 토요일까지 워크숍이 진행되었다.

워크숍 진행을 주도한 것은 경영진이었다. 사장, 감사, 각 본부장은 프로젝트팀이 제시한 분석 결과에 대해 다양한 관점에서 문제를 제기했고, 팀장들과 함께 향후 각 부문의 개선에 필요한 사항을 논의해 나갔다. 주요사업 부문의 KPI 개발 과정에서는 사업의 중장기적 전망에 대한 토론과 함께, 개별사업이 지향해야 할 가치와 그러한 노력이 I공사에 미치게 될 영향에 대한 논의가 이루어졌다. I공사의 비전과 미션에 대한 검토, 고객 니즈 및 현행 사업 구조에 대한 분석 결과와 전망을 통해 중점적으로 관리해야 할 사항이 [그림 1-6]과 같이 크게 세 가지 항목으로 정리되었다. 그리고 항목별로 경영 실적을 평가하기 위한 세부 평가기준과 세부평가내용에 대한 논의가 이루어졌다.

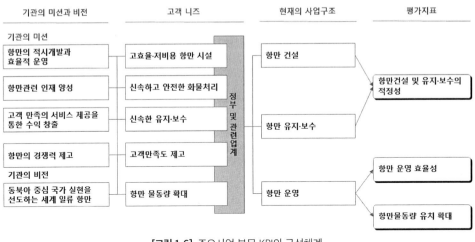

[그림 1-6] 주요사업 부문 KPI의 구성체계

또한 새로이 설정된 주요사업부문 KPI에 대한 단위부서별 RNR 설정이 이어졌다. 워크숍에서 가장 핵심이 된 부분은 주요사업부문 KPI에 대한 팀별 RNR을 설정하는 것으로, '지표에 대한 이해 및 중·단기 지표관리방향 설정', '팀별 역할과 책임 정립'이라는 두 마리 토끼를 동시에 쫓는 작업이었다. 평가지표별로 세부평가기준, 세부평가내용 외에 경영평가단이 평가 과정에서 활용한 평가 시 착안사항을 설명하고, 이를 토대로 각 팀의 역할과 책임의 범위를 논의하는 과정이 무수히 반복되는 지루한 과정이었다. 그러나 참석자 모두가 열띤 분위기 속에서 다양한 의견을 개진했다. 무엇보다 인상적이었던 것은 감사의 날카로운 지적과 각 팀장의 논의 결과에 대한 사장의 종합 능력이었다. 이러한 두 경영진의 능력이 경영평가지표 설정의 타당성을 검토하고, 향후 지표관리를 위해 이루어져야 할 사항들을 합의하는 길잡이가 되었다. 사장, 감사, 팀장들, 그리고 프로젝트팀의 토론 내용이다.

"우리 공사가 설립된 지 아직 1년이 못 되었습니다. 그러나 예비 진단에서 우리가 받은 결과는 너무나 참담합니다. 그렇지만 희망이 없지는 않습니다. 용역팀이 제시해 준 대안을 토대로 차근차근 준비해 나간다면, 경쟁 기관들을 넘어서는 탁월한 성과를 거둘 수 있다고 생각합니다."

"맞습니다. 중요한 것은 어떤 일에 우선순위를 두고 문제를 헤쳐 나갈 것인가 하는 일입니다. 지표별로 용역팀이 제안한 개선 방향에는 공감을 합니다. 그러나 이제 불과 7개월 남짓한 기간에 그 많은 일은 추진해 완료한다는 것은 불가능한 일입니다."

"저도 동감합니다. 우리가 단기적으로 추진할 과제에 대해 논의하는 것이 바람직할 것 같습니다."

"용역팀에 묻고 싶습니다. 우리가 가장 시급하게 개선해야 할 부분은 어디입니까?"

"저희 팀의 판단으로는 가장 취약한 경영관리부문입니다."

"다른 기관과 차별화를 위해 주요사업부문에 초점을 맞추는 것이 타당하지 않을까요?"

"감사님의 지적에 동감합니다. 주요사업부문에서 차별화할 수 있는 무엇인가를 개발해야만 좋은 평가를 받을 수 있습니다."

"일리 있는 지적이십니다. 하지만 주요사업부문에서 차별화된 실적을 거두기 위해서는 다음과 같은 세 가지가 요구됩니다. 첫째, 비전을 재정립하고, 이에 맞추어 사업 전략을 재편하는 일이 필요합니다. 그러나 현재 내부에서 계획 중인 비전 및 전략 수립 작업은 8개월 이상이 소요될 전망입니다. 둘째, 경영평가단에 제시할 수 있는 가시적 성과가 필요합니다. 그러나 이것도 마찬가지로 주무부처에서 제시하는 계획에 맞추어 사업을 재조정해야 하므로 당기에 가시적 성과를 얻을 수 있을지 미지수입니다. 셋째, 전기 실적과 비교해 개선도가 높아야 합니다. 단순히 정부 업무를 위탁하는 기관들과 다르다는 점을 감안하면 가능할 수도 있습니다. 그러나 우리 공사가 추진하는 사업은 경기에 밀접한 영향을 받아 왔고, 유가상승, 원화절상, 중국의 기준금리 인상 등 불안요인이 많아서 이 또한 불투명한 상황입니다."

"경영관리부문의 역할이 클 것 같군요. 또한 우리 공사가 경쟁 기관에 비해 열위에 있는 부분이기도 하고요. 그렇지만 여전히 무엇부터 풀어나가야 할지 방향이 잘 잡히지 않아요."

"내부평가제도의 개편이 당기에 가시적 성과를 거둘 수 있는 항목입니다. 그러나 가중치가 적은 항목이므로 큰 효과를 거두기는 어려울 것 같습니다. 반면에 인사, 재무, 예산과 관련해서는 당기에 이루어질 노력 여하에 따라 많은 변화가 가능합니다. 우선 부문별로 중기경영계획에 연계하여 구체적인 실행 전략을 마련하고, 이를 점검·관리하기 위한 평가지표를 개발하는 일이 필요합니다. 각 부문의 작업이 내부평가제도의 개편과 유기적으로 연계되어 이루어진다면 평가단으로부터 높은 점수를 얻을 뿐만 아니라, 실제로 우리 공사가 사업실적을 제고해 나가는 기반을 강화한다는 점에서도 매우 의미 있는 일이 될 것입니다."

"팀별로 업무분장사항이 다릅니다. 말씀하신 대로 인사, 재무, 예산과 평가를 유기적으로 연계하는 일이 쉬운 일이 아닐 것 같은데, 이를 위해 우리 공사가 취할 수 있는 대안은 없습니까?"

"경영진하고, 팀장들이 이번 워크숍과 같은 기회를 자주 가지면 될 것 같은데. 서로 업무추진상황을 공유하고, 협조사항을 제시하면 좋겠군."

"사장님 의견에 100% 동감합니다. 매월 정기적인 모임을 갖기 어렵다면, 분기에 1회라도 경영 선진화를 위한 토론회를 가지면 단순히 지표를 관리하는 차원을 넘어설 것 같습니다."

"그렇게 합시다. 여기 참석한 팀장 모두가 주말을 다 반납하기로 합시다. 직장이 있어야 내가 있는 거 아니겠습니까?"

사장의 마지막 발언에 참석자 모두가 긴장하는 표정이 역력했다. 그러면서도 경쟁 기관을 뛰어넘을 수 있다는 자신감과 지표별로 할당된 자신의 책임을 완수하겠다는 의지가 타오르는 듯했다.

(3) 경영평가 실무 교육

워크숍 결과를 토대로 각 팀장과 지표관리 실무를 담당할 직원을 대상으로 경영평가 실무 교육이 이루어졌다. 경영실적보고서의 작성 요령과 평가단 실사에 대한 효과적인 대응 방안이 주로 논의되었다. 교육의 시작과 끝은 평가지표의 구체적인 내용과 할당된 팀별 역할과 책임에 대한 내용이었다. 지루하기 그지없는 내용의 반복이라는 점을 강조하기 위해 참석자들에게 "이번 교육은 전화번호부 강의라고 생각하시면 됩니다. 이미 팀장님들은 워크숍을 통해 전화번호부 강의를 한 번 들으신 적 있으시죠?" 하고는 강의를 시작했다. 팀장들의 얼굴에 미소가 번지는 것을 확인할 수 있었다.

경영실적보고서의 작성 요령은 실무담당자들의 많은 관심을 끌었다. 자신에게 고스란히 돌아올 업무 부담을 가늠할 수 있었기 때문이다. 동일 유형에 속한 경쟁 기관의 사례와 타 유형에 속한 기관의 사례는 경영실적보고서 작성 과정에 대한 실무담당자들의 이해도 제고에 기여했다. 특히 높은 평가를 받는 기관과 그렇지 못한 기관 간 차이에 대한 설명은 실무담당자들에게 많은 자극이 되었다. 그 결과 참석자 모두가 다음과 같은 다섯 가지 사항을 다짐할 수 있었다.

○ **경영실적보고서의 작성은 조직과 자신의 업무에 대한 이해를 돕는 학습의 기회이다.**
○ **경영실적보고서의 작성을 통해 차년도 1월부터 추진할 혁신 과제를 발굴한다. 이를 위해 각 팀은 10월부터 차년도 사업 계획과 경영실적보고서의 작성을 동시에 추진한다.**
○ **경영실적보고서 작성에 참여한 인원 모두는 외부로부터 우리 공사가 정당하게 평가받을 수 있는 기반을 마련한다.**
○ **팀에 돌아올 책임만을 생각하는 부서 이기주의를 지양하고, 전사적 관점에서 접근한다. 이를 위해 우리는 내부적으로 지속적인 토론과 협의를 거친다.**
○ **경영실적보고서의 품질이 곧 자신과 동료들의 자존심에 직결된다는 사실을 숙지한다.**

팀장들은 실사 과정에 대응하기 위한 활동에 많은 관심을 가졌다. 경영진과 함께 실사 과정을 직접 주도할 책임이 부여되었기 때문이다. 무엇보다 경영평가에 대한 직원들의 인식을 바꾸는 일이 중요하며, 평가단은 경영평가를 컨설팅의 수단으로 인식하고 있어서, 평가단의 지적과 충고를 학습의 기회로 여겨야 한다는 사실을 강조했다.

> "작년에 이번 프로젝트와 비슷한 일을 했던 경험이 있습니다. 당시 모 공단의 태스크포스 (Task Force)를 담당하고 있던 부장님 한 분이 '참여정부가 끝나면 경영평가도 끝나는 것 아 닌가? 3년만 잘 버티면 되는데, 왜들 호들갑인가?' 하고 물으시더군요. 지금 여기에도 그런 분이 계실지 모르겠습니다."
>
> "…"
>
> "우선 그렇게 되기 어렵다는 것은 정부투자기관의 사례를 통해 알 수 있습니다. 정부투자기 관 경영평가는 20년이 넘게 지속되어 오고 있습니다. 또한 1980년대 이후 경영평가를 통해 공공기관의 사업 추진 성과와 사업의 존속 필요성을 검토하는 게 이미 세계적 추세가 되었 습니다. 현재 참여정부는 투자기관, 산하기관, 출연연구기관의 관리를 통합하기 위해 관련 법령을 정비하려는 노력을 추진하고 있습니다. 그럴 경우 경영평가의 근거가 되는 정부산 하기관관리기본법이 폐지되고, 지금과 전혀 다른 기관들과 경쟁을 하게 될 가능성이 있습 니다.[11] 첩첩산중에 설상가상이 될 가능성이 증폭되고 있습니다."
>
> "아마 여기 참석한 사람 중에는 그런 근거 없는 낙관론을 가진 이가 없으리라 생각합니다. 피할 수 없다면 즐기는 방법을 찾아야죠."

사장의 지원사격으로 직원들의 주의를 다시 한 번 환기시킬 수 있었다. 사장은 경영평가 에 효과적으로 대응하기 위해 가장 필요한 것이 '자신감'이라는 점을 직원들에게 강조했다. 그리고 그러한 자신감은 누가 인정해 주어서 생기는 것이 아니라, 나무에 물을 주듯이 임 직원들이 서로 점검하고, 격려해 가면서 다져지는 것이라는 점을 강조했다. 실제로 I공사는 동일 유형에 속한 경쟁 기관 평균에 비해 사업 규모는 20%, 인력 규모는 11% 수준에 불과 했다.[12] 경영평가에서 경쟁 기관의 대응 수준과 득점치가 중요한 것은 사실이지만, 개별지표

---

11 결국 공운법(공공기관의 운영에 관한 법률)에 의해 정부투자기관과 정부산하기관 경영평가가 통합되었다. 현재 I공사는 정 부투자기관 경영평가를 받았던 다른 공기업들과 같이 평가를 받고 있다.

12 사업 규모는 매출액 내지 연간 총 사업 예산을 기준으로 비교했으며, 인력 규모는 각 경쟁 기관의 정원을 기준으로 비교한 결과이다.

에 대한 평가는 과거에 비해 개선된 수준에 의해 이루어진다는 점을 강조해야 했다. 또한 교육에 참석한 팀장과 실무담당자들의 열정이 경영평가에서 승리하기 위한 유일한 길임을 강조했다. 열정(enthusiasm)이란 단어가 원래 그리스어로 '내 안에 있는 하느님'이라고 하지 않던가.

5. On Your Mark!

최종보고회가 있었다. 그동안 이루어진 내·외부 환경 분석 결과와 2006년도 경영평가편람(안), 그리고 효과적으로 경영평가에 대응하기 위한 프로젝트팀의 제언이 주된 내용이었다. 각 지표에 대한 시뮬레이션 결과를 검토하면서, 사장의 주도로 경영평가편람(안)과 RNR 설정이 확정되었다.

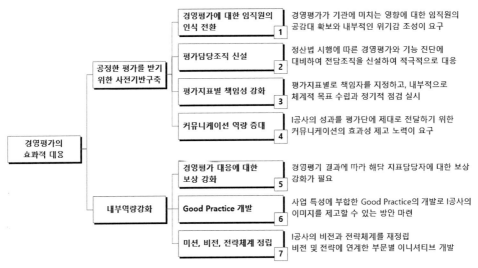

[그림 1-7] 효과적 경영평가 대응을 위한 제언(개요)

경영진을 포함해 팀장들이 관심을 가진 것은 향후 내부적으로 추진해 나갈 과제였다. 프로젝트팀의 제언 형태로 이루어진 향후 추진 과제는 [그림 1-7]에 제시된 바와 같이 크게 7가지로 이루어졌다. 이는 경영평가에서 우수한 평가를 받는 기관과 그렇지 못한 기관을 구분하는 중요한 척도이기도 했다.[13]

"베스트셀러 『마시멜로 이야기』라는 책에서 인용한 부분입니다."

---

13 2004년과 2005년에 실시한 '경영평가 대응전략 워크숍'에 참가한 28개 공기업 및 산하기관의 경영평가 담당자와의 논의에서 얻어진 결론이다.

아프리카에서는 매일 아침 가젤이 잠에서 깬다.

가젤은 가장 빠른 사자보다 더 빨리 달리지 않으면

죽는다는 사실을 알고 있다.

그래서 그는 자신의 온 힘을 다해 달린다.

아프리카에서는 매일 아침 사자가 잠에서 깬다.

사자는 가젤을 앞지르지 못하면

굶어 죽는다는 사실을 알고 있다.

그래서 그는 자신의 온 힘을 다해 달린다.

네가 사자이든, 가젤이든 마찬가지다.

해가 떠오르면 달려야 한다.

"우리 공사는 경쟁 기관에 비교해 사자일 수도 있고, 가젤일 수도 있습니다. 중요한 것은 사력을 다해 달려야 한다는 사실입니다. 사람들은 누구나 처음 받았던 인상을 쉽게 바꾸려 하지 않습니다. 그래서 이번 경영평가에 임직원들이 더 많은 노력과 관심을 기울여야 합니다. 다만, 무조건 열심히 하지 말고, 현명하게 노력할 것을 당부드립니다. 경영평가는 철인 3종 경기와 같습니다. 목표는 우승이지만 몇몇 지표에서는 확실한 성과를 거두어야 하고, 다른 지표에서는 경쟁 기관에 밀리지 않기 위해 노력하면 됩니다. 이해가 없으면 실행할 수 없습니다. 그래서 우리 직원 모두가 경영평가를 이해하고, 경영평가와 관련된 활동을 이해할 수 있어야 합니다. 사장님과 감사님, 그리고 오늘 보고회에 참석해 주신 팀장님들과 직원 여러분 모두가 앞으로도 지속적인 관심과 참여를 부탁드립니다. 감사합니다."

박수와 함께 향후 I공사에서 추진해야 할 과제들을 실행하기 위한 결의가 이루어졌다. 사장은 프로젝트팀에 대한 감사 및 격려를 전하며 제언된 과제를 성공적으로 추진하기 위한 지원을 약속했다. 기회와 위기는 동전의 양면과도 같다. 그러나 동전의 어느 쪽을 쥐는가에 따라 상황은 완전히 달라진다. I공사가 위기가 아닌 기회의 면을 잡기 위해 한 걸음 더 나가고 있는 것이 느껴졌다.

경영평가 실무

문제를 이해해야 정답을 쓸 수 있다

학창 시절에 '마케팅이란 무엇인가?'와 같은 벙벙한 시험문제를 접해 본 경험이 있을 것이다. 대부분의 수강생들은 세 가지 반응을 보인다. 첫째, 교수가 강조했던 점에 초점을 맞춘다. 이런 유형의 수강생들은 대개 우수한 점수를 받는다. 둘째, A에서 Z까지 자기가 아는 내용을 총망라한다. 이런 유형의 수강생들은 어떤 학점을 받게 될지 모른다. 답안에 교수가 강조한 것이 있을 수도 있고, 전혀 없을 수도 있기 때문이다. 셋째, 문제와 상관없이 상상의 나래를 편다. 이런 유형의 수강생들은 비록 교수와 친분이 있다고 해도 낙제하기 십상이다.

공공기관 경영평가의 가장 큰 특징 중 하나는 정량적 성과보다 정성적 평가로 최종 결과(기관의 평가등급)가 달라진다는 점이다. 공공기관 경영평가는 [표 2-1]에서 알 수 있듯이 '마케팅이란 무엇인가'와 같은 벙벙한 평가지표들로 구성된다. 차이가 있다면, 누구도 사전에 충분한 강의를 제공해 주지 않는다는 점이다. 그래서 피평가기관 다수가 A에서 Z까지 관련된 실적을 망라하는 경우가 많다. 여기에 대응해 나온 조치가 경영실적보고서 작성 분량을 제한하는 것이었다. 상대방의 의도가 정확히 무엇인지 모르는 상태에서 '간략히 요점만 제시하라'는 말보다 어려운 요구가 있을까? 사실 피평가기관 입장에서 이보다 곤란한 일이 없다.

[표 2-1] 2017년도 공공기관 경영평가지표(안)

범주	평가지표	공기업		위탁집행형		기금관리형	
		비계량	계량	비계량	계량	비계량	계량
경영 관리	경영전략 및 사회공헌	8	10	8	11	8	11
	업무 효율	-	5	-	4	-	2
	조직 및 인적자원관리	4	-	4	-	4	-
	재무예산관리 및 성과	5	5	5	5	5	7
	보수 및 복리후생관리	10	3	10	3	10	3

주요 사업	주요사업 계획·활동·성과를 종합 평가	18	32	18	32	18	32
계	-	45	55	45	55	45	55

자료원: 기획재정부(2017.11.), 2017년도 공공기관 평가편람(수정)

2006년, KOTRA에서 경영전략 수립 프로젝트를 수행할 때다. 전략 과제를 개발하면서, 경영평가에서 좋은 평가를 유지하기 위한 방안을 함께 고민해 달라는 요구가 있었다. 때마침 경영평가단이 KOTRA를 방문해 평가 결과를 설명하는 자리가 있었고, 그 자리에 참석할 기회를 얻었다.[14] 전체 평가위원이 한자리에 모였던 것으로 기억한다. 경영평가단은 기관별로 1시간 남짓 평가 결과를 상세히 설명해 주고, 차년도 진행될 평가의 기본 방향, 경영 및 사업과 관련된 기대 및 개선사항을 명확히 제시했다. 기관 내 부서별 관리자와 실무자들은 평가위원에게 구체적 대안과 장애요인 극복방안에 대해 자문을 구했고, 평가위원들은 다양한 조언을 아끼지 않았다.

현재는 이러한 방식으로 경영평가가 진행되지 않는다. 평가편람 자체도 연말이 되어야 확정되고, 수정된 편람에 대해 충분한 설명과 가이드라인도 주어지지 않는다. 무엇을 어떻게 개선해야 할지에 대한 조언은 당연히 없다. 가장 아쉬운 대목이 이 부분이다. 우리는 항상 경험을 통해 배운다. 과거가 없으면 현재도 없다. 정부와 경영평가단은 과거의 좋은 경험을 살려야 할 필요가 있다. 무엇을 어떻게 개선해야 할지 모르는 기관들은 으레 연구용역을 추진한다. 경험에서 나온 개인적 견해인데, 무엇을 어떻게 개선해야 할지 모르는 상태에서 추진된 연구용역은 100% 실패한다. 경영실적보고서에 몇 페이지 참조할 수는 있다. 그러나 밑 빠진 독에 물 붓는 격이다. 공공기관 평가편람에도 이러한 문제를 극복하는 데 필요한 고민이 담겨 있다. 평가지표별로 제시된 세부평가내용이 그것이다. 세부평가내용은 과거 정부투자기관 경영평가 시 평가단이 제공한 만큼은 아니지만, 기관이 뭘 해야 하는지를 제시해 주고 있다. 2편에서는 주로 정부가 제시한 문제의 출제 의도를 명확히 하는 데 초점을 맞춘다. 또한 출제 의도에 맞추어 효과적으로 답안(경영실적보고서)을 작성하는 방법을 제

---

14 당시 KOTRA는 정부투자기관관리기본법에 의해 정부투자기관 경영평가를 받았다. 현재는 준정부기관으로 분류되어 공기업들과 별도의 평가를 받는다.

시한다. 이를 위해 아래와 같이 여섯 가지로 나누어 논의하고자 한다.

1. **세부평가내용의 의미**
2. **비계량지표 평가 매뉴얼**(통칭 체크리스트)
3. **경영실적보고서 작성지침**
4. **경영실적보고서 구성방안**
5. **좋은 보고서의 요건**
6. **나만의 체크리스트 만들기**

Chapter 1

세부평가 내용의 의미

세부평가내용은 우리가 풀어야 할 시험문제다. 피평가기관은 세부평가내용을 중심으로 경영실적보고서를 작성해야 한다. 세부평가내용은 경영실적보고서의 가장 핵심적 골격인 동시에, 피평가기관이 혁신을 추진해야 할 대상이다. 중간에 책을 덮을 수도 있다. 이 부분에 대한 설명은 너무도 지루하기 때문이다. 이해한다. 그래서 만약 귀하가 특정 지표만을 담당하고 있는 공공기관의 직원이라면, 자신이 담당한 지표만 찾아서 읽기를 제안한다.

1. 경영전략과 사회공헌

경영전략과 사회공헌은 '전략기획 및 사회적 책임', '기관 경영혁신', '국민 평가', '열린 혁신', '경영정보공시', '정부권장정책'이라는 6개 지표로 구성된다. 이 중에서 '전략기획 및 사회적 책임'과 '기관 경영혁신'은 비계량평가로 진행되고, 나머지 4개 시표는 계량평가로 진행된다.

[표 2-2] 전략기획 및 사회적 책임(비계량)

지표 정의	기관의 비전과 목표를 구현하기 위한 경영전략의 수립과 시행, 국정 과제 이행 노력, 윤리성·투명성·안전성 제고와 공정사회 구현 등을 위한 기관의 노력과 성과를 평가한다.
세부 평가 내용	① 전사적 경영목표 설정과 중장기 경영전략의 수립·실행, 윤리경영·내부견제 시스템의 운용과 대내외 이해관계자와의 의사소통 등을 위한 기관의 노력과 성과는 적절한가?
	② 민간부문의 새로운 일자리 창출에 기여하고 의식·관행·제도 등의 불공정한 사항들을 개선하며, 사회공헌활동, 균등한 기회와 공정한 경쟁을 보장하기 위한 노력과 성과는 적절한가?
	③ 국정과제 및 주요 정부정책 이행을 위한 기관의 노력과 성과는 적절한가?
	④ 사이버 안전을 위해 국가정보보안 정책을 이행하고, 정보보안관리체계 등이 적절하게 구축·운영되고 있는가?
	⑤ 산업재해 안전관리, 재난관리체계 구축 등 근로자(간접고용 포함)와 국민의 안전 및 건강을 위한 기관의 노력과 성과는 적절한가?

자료원: 기획재정부(2017.11.), 2017년도 공공기관 평가편람(수정)

'전략기획과 사회석 책임'은 진년도(2016년) 경영실적평가 시 적용된 '전략기획 및 기획혁신'

지표 중 세부평가내용 ①이 세부평가내용 ①과 세부평가내용 ③으로 분리되고, 세부평가내용 ⑤가 일부 보완되었다.[15] '국정과제 이행'이 중요하게 평가되어야 한다는 판단하에 별도 분리된 것이 가장 큰 변화이다. 먼저 '전략기획과 사회적 책임'을 구성하는 다섯 가지 세부평가내용에 대해 살펴보자.

> ① 전사적 경영 목표 설정과 중장기 경영전략의 수립·실행, 윤리 경영·내부견제 시스템의 운용과 대내외 이해관계자와의 의사소통 등을 위한 기관의 노력과 성과는 적절한가?

세부평가내용 ①은 크게 네 가지로 구성된다. 기관마다 차이는 있겠으나 ⓐ 전략기획, ⓑ 윤리 경영, ⓒ 내부 견제 시스템(주로 감사), ⓓ 커뮤니케이션(홍보 및 조직문화)과 관련된 업무를 수행하는 부서가 당해년도에 수립한 계획, 업무수행체계 및 추진실적을 평가받는다고 보면 된다.

먼저, 기획부서가 수립하는 경영 목표 및 중장기 경영전략에는 기관의 경영 여건 전반에 대한 분석과 시사점을 담아야 한다. 일반기업은 수익을 극대화하는 방향으로 전략을 수립하면 된다. 반면에 공공기관은 다양한 가치를 제시해야 한다. 설립근거법령에 제시된 혹은 정관에 명시된 기관의 설립 목적을 충실히 수행하면서, 국정 과제와 주무부처 정책 방향의 변화를 포함시키는 것이 핵심이다. 일반기업에서는 고객 니즈와 경쟁 상황의 변화가 전략을 변화시키는 핵심 요인이다. 반면에 공공기관에서는 정부정책의 변화가 사업에 결정적인 영향을 미치기 때문에, 이를 중요하게 고려해야 한다. 평가위원들은 이러한 고려가 전략의 실행 가능성을 높이는 요인이라 생각한다. 특히 전략의 실행을 위해 관련 법령의 개정을 추진하고, 재정 투자를 끌어낸 실적이 있다면 높이 평가된다. 수립된 전략의 실행을 위해 기관장과 직원들이 노력한 결과라고 생각하기 때문이다.

둘째, 윤리 경영에는 주로 윤리 경영을 실천하기 위해 구체적으로 추진 내지 달성한 실적을 담아야 한다. 윤리 경영과 관련된 교육, 내부 규정의 변화, 이사회 운영 실적 등이 가장 많이 제시된다. 또한 의무적으로 기관의 청렴도 조사결과를 제시해야 하며, 대부분 청렴도

---

15 이 글을 쓰고 있는 2017년 11월 현재 편람수정(안)을 기준으로 했다.

조사결과에 따라 평가 결과가 달라진다. 청렴도 조사결과는 실제 기관의 비위나 청렴도와 무관하다. 설문조사에 의해 조사가 이루어지기 때문이다. 그래서 실효성 면에서 계속 비판이 제기되고 있다.

셋째, 내부 견제 시스템에는 감사활동 실적 및 성과, 사후관리체계에 관한 내용을 담아야 한다. 특히 당기 중 국정감사 및 감사원감사에서 경고, 주의 등 지적사항이 발생한 경우는 구체적인 조치사항과 사후예방을 위해 마련한 방안(징계규정 강화 등)을 반드시 제시해야 한다. 또한 감사원의 내부감사 활동 실적 평가 결과가 추가로 반영되므로, 해당 내용에 대한 분석과 관리 방안이 구체적으로 제시되어야 고득점에 유리하다.

넷째, 커뮤니케이션(홍보 및 조직문화)에는 대내외 핵심 이해관계자에 대한 정의, 이해관계자 채널 및 운영 실적, 비전 및 전략 공유 수준의 변화가 제시되어야 한다. 상당수 기관이 이를 위해 정기적인 조사를 추진하여 이해관계자와 비전, 전략, 핵심가치 등을 공유하기 위해 기울인 노력의 결과를 제시하며, 평가위원들도 이 부분을 많이 참조한다. 특정 사업 내지 정책 추진과 관련해 첨예한 갈등이 발생한 경우에는 이를 적극적으로 해결하기 위해 기울인 노력을 부각시킬 필요가 있다.

> ② 민간부문의 새로운 일자리 창출에 기여하고 의식·관행·제도 등의 불공정한 사항들을 개선하며, 사회공헌활동, 균등한 기회와 공정한 경쟁을 보장하기 위한 노력과 성과는 적절한가?

세부평가내용 ② 역시 네 가지로 구성된다. '일자리 창출', '불공정 개선', '사회공헌', 그리고 '균등한 기회와 공정한 경쟁 보장'이다. 세부평가내용 ②는 해당 공공기관이 사회적 책임 이행을 위해 얼마나 많은 노력과 성과를 보이고 있는가를 평가하는 것이 핵심이다.

먼저, 일자리 창출에는 민간부문의 일자리 창출을 위해 추진한 과제와 성과를 제시해야 한다. 2011년에 처음 세부평가내용에 '일자리 창출'이 반영되었을 때 많은 기관에서 비명을 질렀다. 사업비 절감, 인력 효율화, 인건비 감축 등과 같은 정부의 지침을 이행하면서 '일자리 창출'이라는 상반된 요구에 직면했기 때문이다. 그래서 많은 기관이 각종 용역 실적을 주요 성과로 제시했다. 객관적인 근거 없이 고용 창출에 기여했다고 실적을 제시하는 기관도 많았다. 시행착오를 거치면서 현재는 민간위탁, 투자사업 발주, 민간과의 파트너십 등의 고용창출 성과를 유형별로 구분해 전년도와 비교해 평가한다. 또한 '창출된 일자리가 정규직 혹은 비정규직인가', '고용 효과가 지속적 내지 단기적인가'를 검토해 질적 수준을 평가한다. 고득점을 위해서는 양적·질적 측면에서 모두 개선이 있어야 한다. 특히 2017년도 평가 시에는 가점 10점으로 별도 평가될 예정인 '공공기관 일자리 가점 평가' 결과에 따라 기관의 희비가 엇갈리게 된다.[16]

둘째, 불공정 개선에는 공정사회 구현과 관련된 활동을 제시해야 한다. 다수 기관이 '균등한 기회와 공정한 경쟁 보장'이라는 네 번째 착안사항과 함께 보고서를 작성하기도 한다. 2016년도 평가 매뉴얼에는 "선금 지급율 확대 등 공공기관의 불공정한 의식, 관행, 제도 등의 개선 과제 발굴 및 추진실적을 평가"한다는 내용이 명시되어 있다.[17]

셋째, 사회공헌에는 사회공헌활동 수행과 관련된 전략과 정책, 추진체계, 구체적인 프로그램 운영 실적과 직원들의 참여도 제고 성과 등을 제시해야 한다. 지금까지는 전년도에 비해 얼마나 많은 직원들이 적극적으로 사회공헌활동에 참여하고 있으며, 참여를 활성화하기 위해 어떤 동기부여 방안을 마련하고 있는지가 강조되었다. 특히 기관 특성에 맞는 새로운 프로그램 개발을 강조하는 게 고득점에 유리했다. 사회공헌이 평가편람에 반영된 이후 단순한 기부 활동에서 벗어나 재능 기부 형태로 기관의 핵심역량에 근거한 다양한 사회공헌활동이 추진되고 있다. 일부 기관은 다른 기관과 차별화를 위해 사회적 책임 이행(CSR, Corporate Social Responsibility) 차원에서 벗어나 공유가치창출(CSV, Creating Shared Value)과 관련된 프로그램을 도입해 운영하고 있다. 공유가치창출은 공공기관에서 일자리 창출과 사회공헌을 동시에 해결할 수 있는 수단이지만, 공공기관의 업무 특성상 모든 기관에 적용하기는 어렵다.[18]

넷째, 균등한 기회와 공정한 경쟁 보장에는 협력업체 혹은 용역업체의 사업 참여 기회를 확대하기 위해 기울인 제도 개선실적과 성과를 제시해야 한다. 중소협력사와의 성과공유제 활성화 수준, 물품·용역·발주공사 참여 확대, 판로 지원, 핵심기술 보호, 기술공유 확대, 공

---

16 기획재정부(2017.11.), 2017년도 공공기관 일자리 가점 평가방안

17 기획재정부·공공기관 경영평가단(2017.1.), 2016년도 공기업·준정부기관 경영평가 비계량 공통지표 평가 매뉴얼, pp.6~7.

18 공유가치창출이란 개념을 만들어 낸 마이클 포터도 한국에서 이루어지는 이러한 변화에 놀라움을 표시한 바 있다. 자칫 공공기관이 보유한 지식자산과 핵심역량이 유출될 수 있으므로, 적용 시 세심한 주의가 필요하다. 현재 동아일보에서 추진하는 'CSV 포터賞' 등에서 수행하는 것도 좋은 방법이다.

동 연구개발 확대, 공동장비 활용 등의 생산성 제고 지원, 기타 중소협력사, 여성 및 사회적 기업 등에 대한 역량 강화 지원 등의 실적이 여기에 해당된다. 반면, 채용, 승진 등 기관 내부 차원의 기회 보장과 형평성 확보 관련 실적은 제외된다. 2014년도 평가 시부터 공공기관 동반성장 평가 대상 기관의 경우 동반성장위원회에서 실시하는 공공기관 동반성장 평가 결과를 포함시키고 있다.

③ 국정과제 및 주요 정부정책 이행을 위한 기관의 노력과 성과는 적절한가?

세부평가내용 ③은 신정부 출범과 함께 제시된 새로운 국정과제의 이행을 독려하기 위한 목적에서 세부평가내용 ①에서 분리되었다. 기존 평가 시 강조되었던 것은 1) 기관의 수행 사업 중 국정과제와 관련해 창출된 성과, 2) 국정과제 이행을 위해 추가 발굴한 과제 내지 사업과 성과 등이다. 2017년도 평가 시에는 여기에 부가해 문재인 대통령이 강조해 왔던 3) 사회적 가치 창출을 위해 기관이 기울인 노력과 성과를 제시해야 한다.

④ 사이버 안전을 위해 국가정보보안 정책을 이행하고, 정보보안관리체계 등이 적절하게 구축·운영되고 있는가?

세부평가내용 ④는 국가정보원에서 실시하는 '공공기관 정보보안 관리실태 평가' 결과, 자체 모니터링 및 보완(조치) 결과, 정보보안과 관련된 규정, 시스템, 관리기준 등의 개선사례 등을 평가한다. 국정감사, 감사원감사, 언론보도 등에서 정보보안과 관련된 지적사항이 나오지 않는 이상 기관 간 차별화가 어려운 지표다. 2015년도에 이어 2016년에도 경영평가 시 국가정보원 평가 외에 주무부처 및 행정자치부에서 실시하는 정보보호 수준 평가, 개인정보보호협회 등에서의 수상실적, 한국정보화진흥원의 개인정보보호 우수기관 인증, 자체 모의훈련 시행 및 보완 결과, 개인정보보호를 위한 중장기 시스템 개선(투자)계획 등이 각 기관에서 주요 실적으로 제시되었다.

⑤ 산업재해 안전관리, 재난관리체계 구축 등 근로자(간접고용 포함)와 국민의 안전 및 건강을 위한 기관의 노력과 성과는 적절한가?

세부평가내용 ⑤는 각종 재난 및 안전사고 증가에 대응해 국민의 불안 해소와 안전 향상을 위해 2016년도 평가에 새롭게 반영되었던 항목이다. 지진 등 자연재해 증가로 2016년도와 마찬가지로 평가 결과에 중대한 영향을 미칠 수 있는 항목이다.

[표 2-3] 기관 경영혁신(비계량)

지표 정의	미래대비 및 중장기 경영혁신 등을 위한 기관의 노력과 성과를 평가한다.
세부 평가 내용	① 미래, 환경 변화 분석, 예측을 통해 대응 방향을 수립하고, 기관의 기능조정(쇠퇴하는 기능 및 사업 정비), 기관의 미래 전략(신성장동력 및 신규사업 발굴) 과제 및 목표가 기관 본업 및 특성에 맞추어 적합하게 설정되었는가?
	② 기관의 경영효율화, 업무프로세스 혁신(절차 간소화 등) 등을 통해 경영 환경 변화에 따른 대응 능력을 제고하기 위한 노력과 성과가 적절한가?
	③ 대국민 서비스 개선 등 기관 본연의 업무성과 향상, 국민부담완화 등을 위한 노력과 성과는 적절한가?

자료원: 기획재정부(2017.11.), 2017년도 공공기관 평가편람(수정)

'기관의 경영혁신'은 [표 2-3]에 제시된 바와 같이 세 가지 세부평가내용으로 구성된다. 이 중에서 세부평가내용 ①이 가장 중요하다. 세부평가내용 ①이 명확해야 세부평가내용 ②, 세부평가내용 ③에서 추진하는 활동이 의미를 지니기 때문이다.

① 미래, 환경 변화 분석, 예측을 통해 대응 방향을 수립하고, 기관의 기능조정(쇠퇴하는 기능 및 사업 정비), 기관의 미래 전략(신성장동력 및 신규사업 발굴) 과제 및 목표가 기관 본업 및 특성에 맞추어 적합하게 설정되었는가?

세부평가내용 ①에서 강조되는 것은 기능조정 및 미래 전략이 기관이 수행하는 '업業의 특성'을 고려했는가'이다. '업의 특성'을 고려한다는 것은, 기관이 수행하고 있는 사업이 어떤 역학관계(거버넌스)에 의해 이루어지고 있는가를 고려하는 것이다. 사업과 관련된 이해관계자들의 니즈가 어떻게 변화되고, 여기에 맞춰 비즈니스 모델을 어떻게 바꾸어 나가는지가 중요하다. 업의 특성은 모든 전략수립의 기초가 된다. [표 2-2]에 제시된 전략기획 수립(세부평가내용 ①) 시 당연히 평가된다. 그럼에도 불구하고 이 부분을 별도 평가하는 것은, 대부분의 기관에서 전략의 수립 내지 변경이 소극적 수준에 그치기 때문이다. 전략의 상위 레벨인 비전이나 미션을 바꾸면서, 사업과 조직의 운영방향과 관련된 전략의 변경은 형식적 수준에 그친다. 세부평가내용 ①은 이러한 문제를 극복하기 위해 기능조정 및 미래 전략을 명확히 하도록 요구한다.

② 기관의 경영효율화, 업무프로세스 혁신(절차 간소화 등) 등을 통해 경영 환경 변화에 따른 대응 능력을 제고하기 위한 노력과 성과가 적절한가?

세부평가내용 ②는 사업 및 경영 여건에 맞추어 조직·인력·업무를 재설계하는 핵심이다. 이때 반드시 세부평가내용 ①에서 제시했던 기능조정 내지 미래 전략과 정렬(Alignment)이 필요하다. 이 지표를 담당했던 평가위원들은 조직이나 인력 중심 내용보다 기능조정이나 미래 전략 수행을 위해 필요한 역량의 개발과 확보에 초점을 맞추었다. 단순히 기관 내부적으로 추진한 경영효율화와 업무프로세스 혁신 사례보다는 기능조정과 미래 전략을 실행하기 위해 어떤 방법들이 적용되었는가를 강조할 필요가 있다.

③ 대국민 서비스 개선 등 기관 본연의 업무성과 향상, 국민부담완화 등을 위한 노력과 성과는 적절한가?

세부평가내용 ③은 지난해와 동일하다. 2016년도 평가 시 고객이 지불하는 요금 내지 수수료의 인하, 고객 대기시간 감소 등을 위해 기관이 기울인 노력이 2015년도와 동일하게 강조되었다.

[표 2-4] 국민평가(계량)

지표 정의	고객만족도 조사결과와 국민체감도 조사결과에 나타난 고객만족도와 국민 체감도의 수준을 평가한다.
세부 평가 내용	① 평점은 고객만족도 지수와 국민체감도 지수를 8:2의 비율로 합산하여 산출
	② 고객만족도 지수는 고객만족도 조사결과와 향상도를 일정 비율로 합산한 후 상대등급별 점수를 가산하여 산출 ※ 고객만족도 지수는 100점 만점으로 함 ㅇ 고객만족도 조사결과는 평가년도 기획재정부가 주관한 공공기관 고객만족도 조사결과를 그대로 활용 ㅇ 향상도는 다음과 같이 계산 - 전년 대비 상승 시: $$전년도\ 실적 + \frac{(평가년도\ 실적 - 전년도\ 실적)}{(100 - 전년도\ 실적) \times 10\%} \times (100 - 전년도\ 실적)$$ - 전년 대비 하락 시: $$전년도\ 실적 + \frac{(평가년도\ 실적 - 전년도\ 실적)}{전년도\ 실적 \times 10\%} \times (100 - 전년도\ 실적)$$ ※ 전년 대비 향상도는 100점 만점으로 함 - 고객만족도 조사결과와 합산되는 향상도의 비율은 다음과 같이 계산 20 + (90 - 전년도 실적) × 2 ㅇ 상대등급별 점수는 평가년도 고객만족도 조사결과에 따라 기획재정부가 부여한 상대등급이 S등급이면 9점, A등급이면 6점, B등급이면 3점, C등급이면 0점
	③ 국민 체감도 지수는 다음과 같이 계산 - 국민 체감도 지수 = 80 + (평가년도 국민 체감도 조사결과/5) ※ 국민 체감도 지수는 100점 만점으로 함
	④ 고객만족도나 국민 체감도 조사결과 중 일부가 없는 경우 해당 점수는 결측치로 처리

자료원: 기획재정부(2017.11.), 2017년도 공공기관 경영평가편람(수정)

세 번째 세부평가지표는 '국민 평가'이다. 과거 'CS 경영' 지표가 비계량으로 평가될 때 계량지표인 고객만족도 조사결과와 합산해 10점 이상을 차지하면서 고객경영은 공공기관 경영혁신의 핵심 주제였다. 그러나 박근혜정부 출범 이후 점차 비중이 축소되어 2015년도 평가부터 유형과 관계없이 모든 기관에 가중치가 2점으로 줄어들었다. [표 2-4]에 제시된 복잡한 산식에 비해 전체 경영 실적에 미치는 영향이 매우 미미한 수준으로 축소된 것이다. 2016년도 경영평가 시 '국민 평가' 지표에 대한 평가가 이루어진 62개 기관(강소형 제외)의 평균득점률이 94.8%에 이르고, 득점률의 표준편차도 5.5%P에 불과해 사실상 변별력이 없었다.

[표 2-5] 열린 혁신(계량)

지표 정의	혁신 과제의 발굴 노력과 성과를 평가한다.
세부 평가 내용	① 열린 혁신 평가대상은 다음과 같음 　- 열린 혁신 추진전략, 추진체계, 추진노력, 추진성과 ② 세부 평점은 행정안전부가 제출한 실적 자료를 활용하여 산출

자료원: 기획재정부(2017.11.), 2017년도 공공기관 경영평가편람(수정)

네 번째 세부평가지표인 '열린 혁신'은 행정안전부에서 실시하는 '2017년도 공공기관 열린혁신 평가' 결과에 따라 점수가 결정된다. 행정안전부가 밝힌 '2017년도 공공기관 열린혁신 평가 시행계획'에 따르면, 2017년도에는 향후 5년간 추진될 열린혁신 추진계획 수립 노력(사회혁신 및 정부혁신 등 부문별 과제 발굴이 핵심)에 초점이 맞추어질 예정이다.[19]

[표 2-6] 경영정보공시(계량)

지표 정의	경영 투명성 제고를 위해 경영정보 공개시스템(알리오)에 공시하는 자료의 정확성 및 적시성 등을 평가한다.
세부 평가 내용	① 경영정보공시 점검 평가 대상은 다음과 같음 　- 공공기관의 통합공시에 관한 기준에 따른 경영공시 항목 ② 세부 평점은 기획재정부가 제출한 실적 자료를 활용하여 산출

자료원: 기획재정부(2017.11.), 2017년도 공공기관 경영평가편람(수정)

---

19 행정안전부(2017.9.), 공공기관·지방공기업 열린혁신 평가계획 실명회(자료집)

다섯 번째 세부평가지표인 '경영정보공시 점검'은 2013년까지는 비계량지표였다. 경영정보공시에 관한 지침과 알리오시스템 개선이 지속적으로 이루어져 왔음에도 불구하고, 일부기관의 늦장·허위 공시 등이 발생했다. 이는 공공기관 방만경영을 개선하려는 정부의 정책에 배치되는 일이었고, 결국 지침에 제시한 사항을 제대로 이행했는가를 평가하게 되었다. 대부분의 기관이 '공시항목별 책임자 지정', '공시담당자 교육', '내부평가 연계', '사전예고 등 관리(지원)시스템 구축' 등의 조치를 취해 왔다. 재미난 사실은 각 기관의 노력에도 불구하고, 2014년도 경영평가 결과 계량지표 중 가장 득점률이 낮은 지표가 바로 '경영정보공시 점검'이다. 반면에 2015년도에 이어 2016년도 평가 시에도 대부분의 기관에서 개선이 있었고, 기관 간 편차도 현격히 줄어들었다.

[표 2-7] 정부권장정책(계량)

지표 정의	법령상 의무·권장사항 및 주요 국가정책사업 등 정부권장정책에 대한 기관의 이행실적을 평가한다.
세부 평가 내용	① 정부권장정책 이행실적 평가 대상은 다음과 같음 청년미취업자 고용 실적, 시간선택제 일자리 실적, 장애인 의무 고용, 국가유공자 우선 채용, 중소기업제품 등 우선구매(중소기업제품, 기술개발제품, 여성기업제품, 사회적기업·사회적 협동조합 생산품 및 서비스, 중증장애인 생산품, 국가유공자 자활용사촌 생산품, 녹색제품), 전통시장 온누리 상품권 구매, 온실가스 감축 및 에너지 절약 실적(LED 조명 보급 포함), 재정조기집행 이행실적, 용역근로자 보호지침 준수 ② 법령상 의무·권장사항 및 주요 국가정책사업 등 정부권장정책의 세부 평점은 각 사업의 주관부처가 제출한 실적 자료를 활용하여 산출

자료원: 기획재정부(2017.11.), 2017년도 공공기관 평가편람(수정)

여섯 번째 지표인 '정부권장정책'은 각종 정부권장정책의 이행수준을 평가한다. [표 2-7]에 제시된 바와 같이 공공기관이 이행해야 할 정부권장정책은 주로 고용 및 구매와 관련된 사항이다. 일반기업에서는 어떤 주주도 경영자에게 이러한 요구를 하지 않는다. 일반기업은 같은 물건을 장애인이나 국가유공자가 생산했다는 이유로 비싸게 주고 사지 않는다. 이 지표는 공공기관의 사회적 책임 이행을 강제하기 위해 개발되었다.

2. 업무 효율

　업무 효율은 당기 중 기관이 추진한 사업 및 경영관리의 성과를 주요 재무지표를 활용해 측정하는 지표다. [표 2-8]에 제시된 바와 같이 말 그대로 종합적인 업무 효율성을 측정한다. 과거에는 매년 한국은행에서 발표하는 〈기업경영분석〉에 제시된 지표를 많이 활용했으나, 최근에는 각 기관이 사업과 업무 특성을 대표하는 지표를 독자적으로 개발해 사용하기도 한다. 2017년도 평가 시 달라진 한 가지 특징은 모든 기관에서 지표의 가중치가 축소된 점이다. 그러나 이 지표가 중요하지 않다는 의미는 아니다. '업무 효율'은 기관 간 득점치 차이가 크고, 비계량지표를 평가할 때도 직접적인 영향을 미친다. 따라서 실적관리에 여전히 많은 관심과 노력을 기울여야 하는 지표다.

[표 2-8] 업무 효율(계량)

지표 정의	종합적인 업무 효율성 향상 실적을 평가한다.
세부 평가 내용	① 세부평가지표는 업무 효율성을 측정할 수 있는 노동생산성, 자본 생산성 등의 지표 중에서 각 기관의 업무 특성을 고려하여 설정
	② 세부평가지표 예시 - 노동생산성 $= \dfrac{\text{부가가치}}{\text{평균 인원}}$ - 사업수행 효율성 $= \dfrac{\text{순 사업비}}{\text{평균 인원}}$ - 자본생산성 $= \dfrac{\text{부가가치}}{\text{총자산}}$ - 부가가치율 $= \dfrac{\text{부가가치}}{\text{매출액}}$
	③ 노동생산성, 사업수행 효율성, 자본생산성, 부가가치율 이외의 세부평가지표는 각 기관의 편람에서 정하는 바에 따름

자료원: 기획재정부(2017.11.), 2017년도 공공기관 경영평가편람(수정)

3. 조직 및 인적자원관리

'조직 및 인적자원관리'는 [표 2-9]에 제시된 바와 같이 '조직·인력운영', '고용 유연화', '인적 자원관리', '성과관리', '출자회사관리', '개방형계약직 운영', '전문직위제 운영'이라는 7개 세부 평가내용으로 구성된다. 이 중에서 '출자회사관리'는 출자회사를 운영하는 기관에 한해서만 평가가 이루어지며, '개방형계약직 운영'과 '전문직위제 운영'은 2016년도 평가에 신규로 도입된 항목이다.

이 지표는 '경영전략 및 사회공헌'과 마찬가지로 다양한 세부평가내용으로 구성된 복합지 표이다. 가중치는 2~4점에 불과하지만, 경영관리 범주에 속하는 평가지표 중 난이도와 중요도 면에서 으뜸인 지표다. 피평가기관 입장에서 보면 조직, 인사, 교육, 성과관리 등을 담당하는 부서 등이 연계되어 있어 실적관리와 보고서 작성에 애를 먹는 지표이다. 이 지표를 구성하는 세부평가내용에 대해 좀 더 자세히 살펴보자.

[표 2-9] 조직 및 인적자원관리(비계량)

지표 정의	핵심 업무 수행을 위한 조직구조 및 인적자원 관리와 성과관리체계의 구축·운영에 관한 노력과 성과를 평가한다.
세부 평가 내용	① 상시적 기능점검 등을 통해 기관의 핵심 업무·전략과 연계하여 기관 내 단위조직의 역할·책임 및 인력을 적정하게 구성·배분하고 있는가?
	② 비정규직의 정규직(무기계약직) 전환, 사회형평적 인력 활용 확대, 시간선택제 일자리 및 유연근무제 활성화, 장시간 근로 해소, 일과 가정 양립 등을 위한 기관의 노력과 성과는 적절한가?
	③ 구성원의 역량을 지속적으로 개발, 향상시키고, 여성관리자 확대, 대체인력 뱅크 활용 등 경력단절 여성 고용을 위한 노력을 기울이는 한편, 인사관리의 공정성을 확보하기 위한 노력과 성과를 적절한가?
	④ 전사 목표 및 전략을 효과적으로 달성하기 위한 성과관리, 보상체계(자체 성과급 등)의 구축 및 운영 노력과 성과는 적절한가?
	⑤ 사전 협의 등 적합한 절차를 거쳐 타당성을 확보한 후 출자·출연회사를 설립하거나 다른 법인에 출연·출자하는 한편, 출연·출자회사의 설립목적 달성과 경영성과 확보를 위한 기관의 노력과 성과는 적절한가? 또한, 설립목적을 이미 달성하였거나 경영성과가 미흡한 출연·출자기관에 대한 개선, 매각, 통폐합 등을 위한 기관의 노력은 적절한가?
	⑥ 개방형계약직제 도입 및 간부직의 5% 범위 내 개방형계약직 운영을 통한 인력운영의 전문성 제고 노력과 성과는 적절한가?
	⑦ 순환보직 원칙 수립 및 전직원의 10% 범위 내 전문직위제 운영을 통한 인력운영의 전문성 제고 노력과 성과는 적절한가?

자료원: 기획재정부(2017.11.), 2017년도 공공기관 경영평가편람(수정)

세부평가내용 ①은 크게 5개 단계 내지 업무와 관련된다. ⓐ 조직체계 구성의 원칙, ⓑ 조직진단 결과, ⓒ 조직 개편(분화와 통합) 기준 및 성과, ⓓ 단위조직의 책임성 강화, ⓔ 임시조직 활용의 목표와 활용 수준이 평가된다.

첫째, '조직체계 구성의 원칙'에는 기관의 비즈니스 모델을 제시해야 한다. 일부 기관은 가치사슬(Value Chain)을 기반으로 업무 프로세스와 조직을 연계하고, 일부 기관은 구분회계를 기준으로 조직을 연계하고, 일부 기관은 고객을 기준으로 조직을 연계하기도 한다. 중요한 것은 중장기 경영전략에 제시된 사업구조 개선 전략과 조직·인력의 구성 및 향후 개편방향이 일치해야 한다는 점이다.[20]

둘째, '조직진단 결과'에는 단기에 추진한 조직 개편의 근거가 제시되어야 한다. 정책, 산업, 기술 환경과 고객 니즈의 변화 등 조직 개편이 이루어져만 하는 구체적인 논거를 제시해야 한다.

셋째, '조직 개편 기준 및 성과'에는 조직 개편의 내용과 목표, 개편 전후의 변화(성과)가 제시되어야 한다. 상당수 기관이 이 부분에 대한 기술이 취약하다. 프로세스 개선을 통한 고객 대기시간 감소, 유사·중복업무 및 결재단계 축소 등을 통한 직원 업무량 감소 등이 명확하게 성과로 제시되어야 하는데, 이를 위해서는 조직 개편 방안을 수립하는 단계부터 프로세스 지표의 개발 및 점검이 필요하다. 또한 팀별 인원수 분포, 팀장 통솔범위의 적정성을 판단하기 위한 근거를 제시해, 조직 개편이 합리적으로 이루어졌음을 입증해야 한다.[21]

넷째, '단위조직의 책임성 강화'에는 각 부서의 R&R(Role and Responsibility)을 명확하게 하기 위해 당기에 이루어지는 활동과 실적을 제시해야 한다. 관련 규정(직제 및 직제시행규칙, 위

---

20 전략기획에서 사업 포트폴리오 분석을 다뤘다면, 이 지표에서도 해당 내용을 충분히 설명해야 한다. 사업 포트폴리오의 변화에 맞추어 조직·인력의 개편이 이루어지도록 하는 것이 지표가 요구하는 핵심사항이다.

21 단위조직의 적정 통솔범위를 확보해 업무 배분의 공정성을 제고하는 게 관리 포인트이다. 이를 입증하기 위해 직원 대상 서베이를 실시하거나, 프로세스 지표(업무 리드타임, 직원당 업무저리건수 등)를 활용해 변동 내용을 제시할 필요가 있다.

임전결규정)의 개정 내역과 예산·사업 등의 결정권(업무 프로세스 포함) 변경 등이 포함된다. 또한 단위조직별로 권한위임을 확대하기 위해 기울인 노력이 제시되어야 한다.

다섯째, '임시조직 활용의 목표와 활용 결과'에는 당기에 운영된 임시조직, 임시조직 운영을 통해 해결된 문제 또는 확보한 결과물을 제시해야 한다. 3년 이상 특정 사업을 운영하기 위한 조직이 필요하다면 가급적 사업단 등의 형태를 띤 정규조직으로 반영하는 게 좋다. 평가 매뉴얼에도 제시되어 있듯이 과거에 축소·폐지 혹은 전년도에 운영된 임시조직이 존속한다면 평가에 부정적인 영향을 미칠 수 있기 때문이다.[22]

> ② 비정규직의 정규직(무기계약직) 전환, 사회형평적 인력 활용 확대, 시간선택제 일자리 및 유연근무제 활성화, 장시간 근로 해소, 일과 가정 양립 등을 위한 기관의 노력과 성과는 적절한가?

세부평가내용 ②에는 평가편람에 제시되어 있지 않은 내용이 포함된다.[23] ⓐ 중장기 인력운영계획 및 인력구조 진단 결과가 그것이다. 여기에 더해 평가편람에 제시된 ⓑ 사회형평적 인력 활용 확대, ⓒ 고용관계 개선(비정규직의 정규직 전환, 유연근무 확대 실적) 노력과 성과, ⓓ 일과 가정 양립 및 삶의 질 향상을 위해 추진한 실적 네 가지가 평가 대상이 된다.

먼저, '중장기 인력운영계획 및 인력구조 진단 결과'와 관련된 부분에는 최근 3년간의 정원, 현원, 퇴직자 현황, 정규직 및 비정규직 채용 현황, 전체 현원 중 여성 비율, 팀장 이상 관리자 중 여성 비율, 장애인 비율이 제시되어야 한다. 특히 현원의 연령별 분포와 퇴직수요, 사업구조 개선 방안과 연계된 신규 기술 및 역량을 확보하기 위한 채용상의 변화 등이 강조되어야 한다. NCS(National Competency Standards) 기반으로 역량 평가 및 채용제도를 전환하는 사례 등이 여기에 해당된다.

둘째, '사회형평적 인력 활용 확대'에는 '중장기 인력운영계획 및 인력구조 진단 결과'에 제시된 수치를 포함해 1) 고졸자 채용 확대 실적, 2) 여성 채용 확대 실적, 3) 지방인재 채용 확대 실적, 4) 고졸자 및 여성 채용 확대를 위한 적합 직무 개발, 5) 고졸자, 여성, 지방인재

---

22 가장 바람직한 모습도 임시조직이 제 역할을 수행해서 정규조직이 되는 것이다. 주무부처가 참여하는 이사회에서 공식 직제로 인정했다는 사실이 해당 조직의 중요성을 인정한 셈이기 때문이다.

23 해당 내용은 평가 매뉴얼에 제시되어 있다.

역량 강화 지원을 위한 프로그램의 개발·운영 실적 등을 제시해야 한다.

셋째, '고용관계 개선'과 관련된 부분에는 1) 비정규직의 정규직 확대, 2) 비정규직과 정규직 간 차별적 처우 개선 노력과 성과, 3) 비정규직의 정규직전환을 위한 기준과 절차 개선 실적 등을 제시해야 한다. 잡셰어링 기반의 신규채용 확대 등 근무형태 유연화를 통해 고용창출 효과를 제고하는 데 초점이 맞추어져 평가가 이루어졌다. 따라서 유연근무제 활성화 노력을 통해 실제로 추가 달성한 고용창출 성과를 계량화해 구체적 성과로 제시하는 것이 필요하다. 평가 매뉴얼에 제시된 공통 양식(표)만 작성하지 말고, 추가적으로 제시할 수 있는 실적을 계량화하기 위해 노력하길 바란다.

끝으로, '일과 가정 양립 및 삶의 질 향상'과 관련된 부분에는 GWP(Great Place to Work, Great Work Place로 쓰기도 함) 구현을 위한 다양한 프로그램의 개발과 직원들의 인식 변화 등을 제시한다.[24]

근로자지원프로그램(EAP, Employee Assistance Program)의 도입을 추진하는 기관이 증가하고 있는데, 일부 기관에서는 스트레스 진단과 상담 프로그램 때문에 더 스트레스를 받는다는 볼멘소리가 나오기도 한다. 순수하게 경영평가를 위해서 GWP 내지 EAP의 도입을 검토하고 있다면 말리고 싶다. 그냥 직원 대상으로 정기적인 조사와 간담회를 실시하는 것만으로도 충분하다. 차라리 휴가를 주는 게 가장 효과가 높을 것이다.

③ 구성원의 역량을 지속해서 개발, 향상시키고, 여성관리자 확대, 대체인력뱅크 활용 등 경력단절 여성 고용을 위해 노력하는 한편, 인사관리의 공정성을 확보하기 위한 노력과 성과는 적절한가?

세부평가내용 ③은 크게 네 가지로 구성되어 있다. ⓐ 인적자원개발(HRD), ⓑ 여성직원에 대한 경력개발지원, ⓒ 경력단절 여성 고용 확대, 그리고 ⓓ 인사관리의 공정성 제고 노력과 관련된 내용이다.

먼저, '인적자원개발'에는 기본적으로 세 가지 전략이 제시되어야 한다. 기관의 경영전략, 인적자원관리 전략, 그리고 이와 연계된 인적자원개발 전략이다. 세 가지 전략이 유기적으

---

24 인터넷에서 조금만 검색을 하면 국내외 다양한 기업들의 GWP 사례, GWP 구현을 위한 운영 매뉴얼 등을 찾을 수 있다. 현재 진행되고 있는 것이 없다면 이들 기업의 사례와 매뉴얼을 참조해 볼 수 있다.

로 연계되는 모습을 제시하는 것이 핵심이다. 기관이 필요로 하는 기술이나 역량의 변화는 전략의 변화로 발생한다. 특히 사업구조 개선 전략에 연계해 지속적 성장에 필요한 역량을 정의하고, 교육훈련 프로그램을 설계·운영해야 한다.[25]

둘째, '여성직원에 대한 경력개발지원'에는 여성인재 육성을 위한 경력개발 프로그램의 개발과 운영, 여성관리자 확대를 위하여 당기 중 기울인 노력(목표고용비율, 승진 후보자 선정기준 개선, 리더십 지원 프로그램 운영 등)과 성과를 제시해야 한다.

셋째, '경력단절 여성 고용 확대'에는 세부평가내용에 명시된 바와 같이 대체인력뱅크 활용 등 다양한 방법이나 네트워크를 활용해 경력단절 여성을 고용한 실적을 제시해야 한다. 출산휴가·육아휴직·육아기 근로시간 단축 등으로 공백이 발생한 직무를 경력단절 여성이 일정 기간 수행할 수 있게 지원하는[26] 것이 이 지표가 지향하는 바이다.

넷째, '인사관리의 공정성'에는 근무성적평정, 승진 및 보직, 보상 등 인사관리 전반의 공정성과 합리성 제고를 위해 기울인 노력과 성과를 제시해야 한다. 제도·관행에 대한 진단, 진단에 근거한 개선작업, 내부청렴도와 직원만족도 등 직원들이 인식하는 변화 수준이 같이 제시되어야 한다. 특히 문재인정부가 제시한 국정과제를 감안해 본다면 기관 내 소수자(고졸 사원 등)에 대한 지원 확대가 중요하게 다루어질 것으로 예상된다. 따라서 학력 등에 의한 차별이 없이 공정하고, 균등한 기회를 제공하기 위해 당기 중 기울인 노력과 성과를 강조하는 데 집중할 필요가 있다.

> ④ 전사 목표 및 전략을 효과적으로 달성하기 위한 성과관리, 보상체계(자체 성과급 등)의 구축 및 운영 노력과 성과는 적절한가?

세부평가내용 ④는 성과관리(내부평가)와 보상체계(성과급)로 구성되어 있다. 성과관리에는 조직 및 개인 평가에서 사용되는 '평가지표에 대한 검증과 개선', '평가군 분류 및 평가단 운영' 등 성과관리체계 자체에 대한 개선 실적을 제시해야 한다. 보상체계에는 자체성과급 등

---

25 평가 매뉴얼에는 여기에 제시된 내용 외에 직원 1인당 교육예산, 직원 1인당 교육시간, 교육참여 인원 비율 등을 공통 양식에 의해 작성하도록 했다. 또한 교육훈련의 효과성을 측정하기 위한 기준을 개발·관리하도록 했다.

26 대체인력뱅크 홈페이지 공시자료(matchingbank.career.co.kr/info.asp)

평가 결과에 연계해 활용 가능한 (금전·비금전적) 수단의 발굴과 차등 수준의 변화를 제시해야 한다. 또한 고성과자에 대한 보상 차등화와 함께 저성과자에 대한 관리방안 마련과 지원 실적 등이 포함되어야 한다. 특히 2016년도부터 저성과자와 고연령 직원에 대한 복무관리 강화를 요구하고 있어 이 부분에 대한 실적관리가 중요해졌다.

> ⑤ 사전 협의 등 적합한 절차를 거쳐 타당성을 확보한 후 출자·출연회사를 설립하거나 다른 법인에 출연·출자하는 한편, 출연·출자회사의 설립목적 달성과 경영성과 확보를 위한 기관의 노력과 성과는 적절한가? 또한, 설립목적을 이미 달성하였거나 경영성과가 미흡한 출연·출자기관에 대한 개선, 매각, 통폐합 등을 위한 기관의 노력은 적절한가?

세부평가내용 ⑤는 출자회사를 운영하는 공기업 및 준정부기관에 한해 평가가 이루어진다. 자회사 설립 및 운영과 관련해 그동안 1) 자회사 신설 등을 위한 출자·출연 타당성 검토 결과, 2) 자회사 임원 선임기준·방법(공모절차, 선임기준 등)과 선임결과, 3) 자회사 내부규정(인사, 복무, 징계, 예산, 노사 등)의 합리적 개선, 4) 자회사 경영 및 성과에 대한 주기적 모니터링과 감사 활성화 노력을 충분히 기울이고 있는가의 여부가 주된 평가 기준이었다. 여기에 더해 2000년대 후반부터는 5) 자회사와의 인력교류 및 거래현황, 6) 비관련 출자회사의 매각 등이 중요하게 다뤄지고 있다. 2017년도 평가편람에는 직접 설립한 경우뿐만 아니라 다른 법인에 출연·출자한 경우를 포함시켜 관리 범위가 확대되었다. 그러나 평가 내용 면에서는 차이가 없다.

> ⑥ 개방형계약직제 도입 및 간부직의 5% 범위 내 개방형계약직 운영을 통한 인력운영의 전문성 제고 노력과 성과는 적절한가?

세부평가내용 ⑥은 세부평가내용 ⑦과 함께 2016년도에 신규로 추가되었던 항목이다. 두 개 항목이 모두 정부 권고(안)의 이행 실적을 평가하는 내용으로 구성되어 있다.

세부평가내용 ⑥에는 권고(안)에 따라 개방형 계약직을 확대하기 위한 단계별 계획과 당기에 이루어진 노력을 제시해야 한다. 2015년도 평가 시 임금피크제 대상 직무 발굴을 위해 직무분석을 실시했듯이, 개방형 계약직을 확대하기 위한 방안에서도 '직무분석에 기초해 직무를 발굴'하는 일이 필요하다.

> ⑦ 순환보직 원칙 수립 및 전 직원의 10% 범위 내 전문직위제 운영을 통한 인력운영의 전문성 제고 노력과 성과는 적절한가?

세부평가내용 ⑦은 세부평가내용 ⑥과 마찬가지로 기획재정부가 고시한 '공기업·준정부 기관 개방형 계약직제 및 순환보직 개선 권고(안)'의 이행수준을 점검하는 항목이다. 2016년 도 평가는 타 기관과 비교해 가이드라인 준수 여부 내지 수준을 점검하는 데 비중을 두었 다. 2017년도 평가 시에도 권고(안)을 충족시키는 데 초점을 맞추어야 한다.

4. 재무예산 관리 및 성과

'재무예산관리'는 기관의 유형에 따라 4~5개 세부평가지표에 의해 평가가 이루어진다. 첫 번째 세부평가지표는 '재무예산관리'이다. 재무예산관리는 공기업, 위탁집행형 준정부기관 및 강소형기관으로 분류되는 기관이 평가받는 지표이다. 기금관리형 준정부기관은 '재무예산관리' 지표 대신 '예산관리'로 평가를 받는다. 그밖에 '관리업무비', '자구노력 이행성과', '재무예산성과' 등의 지표로 평가가 이루어진다. '재무예산성과'는 '부채감축 달성도', '중장기 재무관리계획', '기금운용관리 및 성과' 등의 계량지표로 구성되어 있다. 첫 번째 지표인 '재무예산관리'는 [표 2-10]에 제시된 바와 같이 다섯 가지 세부평가내용으로 이루어져 있다.

[표 2-10] 재무예산관리(비계량)[27]

지표 정의	지속 가능하고 건전한 재무구조 및 합리적 예산운용을 위한 효율적 재무예산관리 시스템 구축 및 운영 노력과 성과를 평가한다.
세부 평가 내용	① 중장기 재무예산 계획 수립, 이행 노력과 피드백 활동이 적정하게 이루어지고 있는가?

	② 재무구조의 안전성, 건전성 유지를 위한 노력과 성과는 적절한가?
	  - 미래 위험 예측 및 대응의 적정성
	  - 재무계획(자금조달, 부채 관리 및 부채상환 등) 및 이행 노력과 실행의 적정성
	  - 합리적 유동성 관리, 재무구조개선 계획의 적정성과 이행 노력 등

	③ 재무구조 개선을 위한 효율적인 자산운용 노력과 성과는 적절한가?
	  - 효율적인 자산운용 노력과 성과
	  - 외화자산의 운용 노력과 성과 등

	④ 합리적이고 효율적인 예산의 편성과 집행 및 사후평가를 위한 노력과 성과는 적절한가?
	  - 예비타당성 조사 활동 강화, 합리적 예산편성 및 재원 조달방안의 타당성 확보 노력과 성과
	  - 사업선정위원회, 리스크 관리위원회, 투자심의회 등 사업선정의 타당성 확보와 효율적인 예산편성을 위한 조직역량 확충 및 관련 위원회 운영의 내실화 노력과 성과
	  - 예산 집행의 투명성 제고 노력과 성과
	  - 예산의 합리적 사용
	  - 공정한 계약 체결을 위한 계약 형태 개선 노력과 성과
	  - 사후심층평가 등 예산성과 평가 및 환류 노력의 적정성 등

	⑤ 원가 및 경비 절감 등 예산절감을 위한 노력 및 성과는 적절한가?

자료원: 기획재정부(2017.11.), 2017년도 공공기관 경영평가편람(수정)

---

27 2017년도 공공기관 경영평가편람(수정) 상 총괄표에는 '관리업무비'를 포함해 '재무예산운영'으로 지표명이 제시되어 있다.

① 중장기 재무예산 계획 수립, 이행 노력과 피드백 활동이 적정하게 이루어지고 있는가?

세부평가내용 ①은 크게 네 가지에 대한 평가를 기본으로 한다. ⓐ 중장기 경영전략과 재무계획 간의 연계, ⓑ 중장기 재무계획에 제시된 재무구조 개선 목표(목표의 타당성과 지표 자체의 적절성), ⓒ 중장기 재무계획상에 제시된 주요 재무비율의 변화 추이, 그리고 ⓓ 중장기 재무계획에 대한 체계적 점검과 피드백 체계에 대해 평가한다. 특히 경영전략과의 연계, 수립된 재무구조 개선 목표에 대한 체계적 점검과 피드백이 중요하게 평가된다. 그러나 대부분의 기관이 경영실적보고서를 작성하는 단계에서 연계 작업을 실시한다. 주무부처의 검토와 이사회 의결을 거쳐 중기 경영계획의 수립 내지 롤링이 10월경에 끝이 난다. 주무부처와 기획재정부의 검토를 거쳐 국회에서 예산이 확정되는 것은 12월 말이다. 그래서 실제 경영계획과 재무계획 간 연계는 차년도 1월이 되어서야 가능하다. 대부분의 기관이 경영실적보고서를 작성하는 단계에서 경영계획과 재무계획 간 연계를 추진한다. 형식적 수준에서 연계가 이루어질 수밖에 없다. 아니 어쩌면 연계 작업이 형식적 수준에 그치는 것이 당연한지도 모르겠다.[28]

② 재무구조의 안전성, 건전성 유지를 위한 노력과 성과는 적절한가?
 - 미래 위험 예측 및 대응의 적정성
 - 재무계획(자금조달, 부채 관리 및 부채상환 등) 및 이행 노력과 실행의 적정성
 - 합리적 유동성 관리, 재무구조개선 계획의 적정성과 이행 노력 등

세부평가내용 ②에는 ⓐ 재무위험관리시스템 구축 및 운영 실적, ⓑ 자금조달 규모 및 방법, ⓒ 부채상환계획, ⓓ 재무리스크 관리 노력과 성과, ⓔ 유동비율, ⓕ 기타 재무구조 개선 노력과 성과가 제시된다. 일반기업의 경우 재무구조의 안전성과 건전성이 업종에 따라 다르다. 공공기관 경영평가 시에도 이런 점을 감안해 기관 간 상대 비교를 실시하지는 않는다. 그래서 최근 3개년 간의 주요 재무비율 및 재무비율에 영향을 주는 변수(이자율 등)의 경

---

28 30개 공기업을 제외한 대부분 공공기관은 정부에서 지원되는 출연금, 보조금, 부담금, 수탁사업비 등 각종 예산 지원금이 주요 수익원이기 때문에 재무계획 자체가 의미가 없는 경우가 많다. 사업 계획과 무관하게 재정 상황에 따라 예산 지원금의 규모가 달라지기 때문이다.

향성을 평가한다.

③ 재무구조 개선을 위한 효율적인 자산운용 노력과 성과는 적절한가?
 - 효율적인 자산운용 노력과 성과
 - 외화자산의 운용 노력과 성과 등

세부평가내용 ③에는 보유자산 활용성과 및 외화자산의 운영성과를 제시해야 한다. 이를 위해 보유하고 있는 금융·비금융자산을 망라하고, 보유 자산을 유형별로 구분해 어떤 형태로 운영하고 있는지를 명확히 제시해야 한다. 특히 적정 리스크 관리 수준을 설정해 두고, 수익률을 제고하기 위해 기울인 노력과 성과를 명확히 제시해야 한다. 현재는 자산운용을 통해 달성한 성과 외에도 위험대비수익률 수준 등과 같은 위험조정성과를 평가에 반영하고 있다. 물론 예산 지원금에 대한 의존도가 높은 기관은 단기에 유용할 수 있는 현금성 자금이 부족하므로 구체적 성과를 내기 어렵다. 평가위원들도 대부분 이러한 현실을 감안하고 있어서, 해당 실적이 없는 경우라도 결과에 큰 영향을 받지는 않는다.

④ 합리적이고 효율적인 예산의 편성과 집행 및 사후평가를 위한 노력과 성과는 적절한가?
 - 예비타당성 조사 활동 강화, 합리적 예산편성 및 재원조달방안의 타당성 확보 노력과 성과
 - 사업선정위원회, 리스크관리위원회, 투자심의회 등 사업선정의 타당성 확보와 효율적인 예산편성을 위한 조직역량 확충 및 관련 위원회 운영의 내실화 노력과 성과
 - 예산 집행의 투명성 제고 노력과 성과
 - 예산의 합리적 사용
 - 공정한 계약 체결을 위한 계약 형태 개선 노력과 성과
 - 사후심층평가 등 예산성과 평가 및 환류 노력의 적정성 등

세부평가내용 ④에는 ⓐ 예산운영의 제 과정(편성, 집행, 사후평가 및 피드백)에서 이루어진 노력과 성과, ⓑ 계약행태 개선, ⓒ 예산운영 성과에 대한 평가와 환류 내역을 제시해야 한다.

먼저, 예산편성과 관련해서는 1) 사업예산 및 예비타당성심사 등의 새로운 방법론(내지 제도) 도입, 2) 사업선정위원회, 리스크관리위원회, 투자심의위원회 등을 통한 합리적 의사결정, 3) 내·외부의 다양한 이해관계자 및 전문가 의견수렴 노력 등을 평가한다. 반면에 예산

집행과 관련해서는 집행의 투명성 확보를 위한 조치(주로 정부지침의 준수)를 강조한다. 또한 경상경비 및 자본예산 등의 절감 실적을 평가한다.

둘째, '계약행태의 개선'에는 계약의 공고, 업체의 선정 및 계약 체결 등 계약 관련 프로세스 전반의 투명성·공정성 제고를 위한 노력과 성과를 제시한다. 또한 최근 3년간 전체 입찰 건수 중 전자입찰 건수를 공통 양식에 제시된 표로 제시해야 한다.

셋째, '예산운영 성과에 대한 평가와 환류 성과'에는 1) 예산편성 과정에서 예산투입을 통해 기대하는 결과물(성과)에 대한 정의(점검지표), 2) 예산집행 과정에서 이루어진 해당 결과물(성과)에 대한 모니터링(중간평가), 3) 차년도 예산편성 시 해당 결과를 반영해 이루어진 해당 사업의 확대·폐지·변경 여부를 제시해야 한다. 특히 이 과정에서 구체적 원인을 분석해 조정 사유를 밝히고, 전략적 우선순위에 따라 예산을 재편성해 전사 관점에서 자원 운용의 효율이 높아졌다는 근거를 제시해야 한다.

2017년도에 수정된 평가편람에는 'Pay-Go 원칙'과 관련된 내용이 삭제되었다. 또한 예산의 효율적 절감 노력과 성과가 삭제되었다. 후자는 세부평가내용 ⑤로 분리된 반면, 전자에 대해서는 특별한 설명이 제시되어 있지 않다.

⑤ 원가 및 경비 절감 등 예산절감을 위한 노력 및 성과는 적절한가?

세부평가내용 ⑤는 세부평가내용 ④에서 분리되었다. 계량지표였던 '계량관리업무비'가 비계량지표인 '관리업무비'로 바뀌었지만, 동 지표에 대한 별도 설명이 제시되지 않아 세부평가내용 ⑤를 기준으로 '관리업무비'가 같이 평가될 가능성도 있다. 따라서 기존에 관리했던 1) 원가 및 경비절감 등 예산 절감 노력 및 성과와 함께 2) 관리업무비 절감 성과(기존 계량관리업무비 실적치)를 같이 제시할 필요가 있다. 다만, 단순한 실적치보다는 구체적인 진단과 합리적인 문제해결 노력을 보여줄 필요가 있다.

[표 2-11] 예산관리(비계량)

지표 정의	지속 가능하고 건전한 기금관리 및 운영 기반 구축과 합리적 예산운용을 위한 효율적 예산관리 시스템 구축 및 운영 노력과 성과를 평가한다.
세부 평가 내용	① 중장기 기금 관리 및 운영기반 구축·실행 노력과 피드백 활동이 적정하게 이루어지고 있는가? - 지속 가능하고 건전한 기금관리 및 운영기반 구축 노력 등 - 미래 위험 예측 및 대응의 적정성 - 합리적 유동성 관리
	② 합리적이고 효율적인 예산의 편성과 집행을 위한 노력과 성과는 적절한가? - 합리적 예산편성 노력과 성과 - 예산 집행의 투명성 제고 노력과 성과 - 예산의 합리적 사용 - 공정한 계약 체결을 위한 계약 형태 개선 노력과 성과 등
	③ 원가 및 경비 절감 등 예산절감을 위한 노력 및 성과는 적절한가?

자료원: 기획재정부(2017.11.), 2017년도 공공기관 경영평가편람(수정)

두 번째 지표인 '예산관리'는 [표 2-11]에 제시된 바와 같이 세 가지 세부평가내용으로 이루어져 있다. 세부평가내용 ②는 [표 2-10]에 제시된 '재무예산관리' 지표의 세부평가내용 ④와 거의 유사한 형태로 구성되어 있다. 다만, 평가의 초점이 각 기관에서 관리하는 기금 운용목표에 초점이 맞추어져 있다는 점에서 다소 차이가 있다.

세부평가내용 ①도 '재무예산관리'와 중첩되는 부분이 있다. 우선, 경영실적보고서에 중장기 기금관리계획의 내용을 담기 위해 중장기 경영계획과 재무계획을 제시해야 하는데, 이 부분은 '재무예산관리' 지표의 세부평가내용 ①과 같다. 또한 '미래 위험 예측 및 대응의 적정성'과 '합리적 유동성 관리'는 '재무예산관리' 지표의 세부평가내용 ②와 같다. 반면에, 이 지표는 기금운용기관에 대한 평가이기 때문에 1) 기금운용 및 리스크 관리 기법의 개선, 2) 기금운용 목표 달성도, 3) 기금운용 성과가 핵심적인 평가 대상이 된다. 재무지표의 실질적 개선이 없다면 좋은 평가를 받는 게 사실상 불가능한 지표이다.

[표 2-12] 자구노력 이행성과(비계량)

지표 정의	부채감축계획 이행을 위한 기관의 자구노력과 성과를 평가한다.

세부 평가 내용	① 부채감축계획 이행·점검을 위한 적절한 체계를 구축하고, 주기적으로 이행 상황을 점검하였는가?
	    - 부채감축 이행을 위한 조직과 제도, 기능과 권한, 모니터링 체계 등이 효과적으로 설계되었는가?
	    - 유가, 환율, 금리 등 주요 변동요인을 모니터링하고 재무위험에 대한 적절한 대응방안을 마련하였는가?

	② 기관의 부채감축계획에 포함된 사업조정, 경영 효율화, 자산매각, 수익성 확대, 자본확충 등의 이행실적과 성과는 적절한가?
	    - 2017년 말까지 금융부채 감축 노력과 성과는 적절한가?
	    - 부채감축계획을 이행하기 위해 문제해결방안 마련, 이해관계자와 적극적인 협의 및 설득 등의 노력이 있었는가?

	③ 구분회계제도 도입 및 사업 단위별 재무정보 활용 등 부채 관리를 위한 제도적 기반 강화 노력과 성과는 적절한가?

	④ [자산매각이 있는 경우] 자산매각 활성화를 위한 노력과 성과는 적절한가?
	    - 부채감축계획에 포함된 자산매각 활성화 노력과 성과
	    ※ 예: 자산매각계획 수립·이행상황 점검, 민간운용사에 자산매각을 위탁하여 적극적으로 매각될 수 있도록 조치 등 부채감축계획 운용 지침 준수 여부 등을 평가

	⑤ 부채 관리를 위해 공사채 총량을 준수하였는지와 이를 위한 기관의 노력과 성과는 적절한가?

자료원: 기획재정부(2017.11.), 2017년도 공공기관 경영평가편람(수정)

세 번째 지표인 '자구노력 이행성과'는 [표 2-12]에 제시된 5개 세부평가내용을 기준으로 평가된다. 이 지표는 '재무예산관리' 내지 '예산관리' 지표에서 평가되는 내용을 중복해 평가한다. 다만, '부채'에 초점을 맞춘다는 점에서 차이가 있다.

> ① 부채감축계획 이행·점검을 위한 적절한 체계를 구축하고, 주기적으로 이행상황을 점검하였는가?
>   - 부채감축 이행을 위한 조직과 제도, 기능과 권한, 모니터링 체계 등이 효과적으로 설계되었는가?
>   - 유가, 환율, 금리 등 주요 변동요인을 모니터링하고 재무위험에 대한 적절한 대응방안을 마련하였는가?

세부평가내용 ①에는 '부채감축계획' 전반에 대한 노력과 성과를 제시해야 한다. 1) 계획 수립(방법론, 목표 수준 등)의 적정성, 2) 계획의 실행 수준(규정 제·개정, 조직 및 인력 배치, 평가 및 모니터링 체계), 3) 리스크 관리 체계, 4) 주요 재무지표 개선 실적이 핵심적 평가 대상이다.[29] 특히 부채와 관련된 주요 재무지표의 개선도와 중장기 관리계획이 중요하다. 또한 퇴직금 충당금과 기타 금융성 부채 간의 차이를 구분하여 부채의 원인에 대한 관리계획을 차별화하는 것이 좋다.

> ② 기관의 부채감축계획에 포함된 사업조정, 경영 효율화, 자산매각, 수익성 확대, 자본확충 등의 이행실적과 성과는 적절한가?
> - 2017년 말까지 금융부채 감축 노력과 성과는 적절한가?
> - 부채감축계획을 이행하기 위해 문제 해결 방안 마련, 이해관계자와 적극적인 협의 및 설득 등의 노력이 있었는가?

세부평가내용 ②는 '부채감축계획'에 포함된 부문별 실적을 평가한다. 다만, 부채감축을 위한 자산매각이 부채감축계획에 포함된 경우는 세부평가내용 ④에서 별도 평가한다. 세부평가내용 ②에 명시된 사업조정, 경영 효율화, 수익성 확대, 자본확충 등의 변화 역시 경영전략 및 재무계획과 연계되어야 한다. 재정 지원에 의존하고 있는 기관은 대개 사업조정, 경영 효율화, 자산매각, 수익사업, 자본 변동 등의 사항을 주무부처가 결정하기 때문에 구체적 노력과 성과를 제시하는 데 어려움을 겪는다. 그러나 퇴직금 충당금 외에 별도 부채가 없는 기관의 경우도 출연금 확대 등 기관의 자본 확충을 위한 기회 발굴 등 구체적인 노력과 실적을 제시해야 한다.

> ③ 구분회계제도 도입 및 사업 단위별 재무정보 활용 등 부채 관리를 위한 제도적 기반 강화 노력과 성과는 적절한가?

세부평가내용 ③은 구분회계제도 등 부서·사업별 회계책임을 확보하기 위해 기울인 노력과 성과를 평가한다. 이를 감안해 1) 기관의 비즈니스 모델 내지 가치사슬 기반 사업수행체계(사업명 내지 사업 리스트), 2) 각 단위사업에 연계된 조직, 인력, 예산 등의 자원관리체계, 3)

---

29 2016년도 경영평가 시에도 2014~2015년과 마찬가지로 부채비율(자본금대비 부채비율, 자산대비 부채비율) 및 이자보상배율을 재무건전성을 점검하는 지표로 활용했다.

사업 및 재무 성과를 점검하기 위한 지표 및 모니터링 체계, 그리고 4) 이러한 체계를 효율적으로 관리하기 위한 IT 시스템 등의 관리 인프라 확충 실적이 제시되어야 한다.

> ④ [자산매각이 있는 경우] 자산매각 활성화를 위한 노력과 성과는 적절한가?
> - 부채감축계획에 포함된 자산매각 활성화 노력과 성과
> ※ 예: 자산 매각 계획 수립·이행상황 점검, 민간운용사에 자산매각을 위탁하여 적극적으로 매각될 수 있도록 조치 등 부채감축계획 운용 지침 준수 여부 등을 평가

세부평가내용 ④는 부채감축계획에 자산매각 관련 사항이 포함된 기관에 한해 평가가 이루어진다. 1) 수립된 자산매각계획의 타당성, 2) 자산매각 이행 상황에 대한 점검 및 관리 체계, 3) 민간운용사 선정 기준 및 절차, 4) 매각추진현황 및 사후관리 등에 관한 실적이 제시되어야 한다. 지방 이전을 위해 사옥을 매각해야 하는 기관이 늘어나면서 신설된 지표이다. 자산매각을 조기 종료해 부채감축에 기여해야 좋은 평가를 받을 수 있다.

> ⑤ 부채 관리를 위해 공사채 총량을 준수하였는지와 이를 위한 기관의 노력과 성과는 적절한가?

세부평가내용 ⑤는 '공사채 총량제' 적용을 받는 기관에 한하여 평가되는 지표이다.[30] '공사채 총량제'는 공공기관의 시장성 차입금(공사채, CP 및 전자단기사채 등의 단기유동성 차입금, ABS 등 모두 종류의 채권이 포함)이 부채 총계에서 차지하는 비율을 사전에 설정하여 이를 초과하지 못하도록 하는 제도이다. 공사채 총량제가 적용되는 기관은 부채 총계 대비 공사채 비율을 매년 1%씩 감축해야 한다.[31]

---

30 18개 부채 중점관리기관 중 예보와 장학재단을 제외한 16개 기관을 대상으로 한다.

31 기획재정부(2015.9.16.일자 보도자료), '15~'19년 공공기관 중장기 재무관리계획: 공공기관 총 부채비율 올해 말 200% 미만 전망

[표 2-13] 재무예산 성과(계량)

지표 정의	기관의 경영상황을 고려하여 재무(예산) 관련 안정성, 투자 및 집행 효율성 등을 위해 중점관리가 필요한 사항에 대한 실적을 평가한다.
세부 평가 내용	① 세부평가지표는 재무예산 성과를 측정할 수 있는 부채비율, 이자보상비율 등의 지표 중에서 각 기관의 경영상황을 고려하여 설정
	② 세부평가지표 예시 - 부채비율 $= \dfrac{부채}{자본}$ - 이자보상비율 $= \dfrac{영업이익}{금융비용}$ - 부채감축달성도 $= \dfrac{부채감축 실적}{2017년도 부채감축계획}$
	③ 부채비율, 이자보상비율, 부채감축 달성도 이외의 세부평가지표는 각 기관의 편람에서 정하는 바에 따름

자료원: 기획재정부(2017.11.), 2017년도 공공기관 경영평가편람(수정)

　네 번째 세부평가지표는 '재무예산성과'로 계량지표이다. '재무예산성과'는 공공기관 경영평가단과 각 기관의 협의를 통해 [표 2-13]에 제시된 예시 등의 평가지표를 선정해 해당 지표의 당기 실적치를 기준으로 평가하게 된다. 2016년도 경영평가에는 사업비 집행률, 부채감축달성도, 총자산 회전율, 기금운영관리 및 성과, 영업이익률, 이자보상비율, 부채비율, 금융비용, EBITA 대 매출액, 자산운용성과, 중장기 재무관리계획 이행실적, 자기자본비율 등의 지표가 사용되었다.

5. 보수 및 복리후생 관리

'보수 및 복리후생 관리'는 '보수 및 복리후생', '총인건비 관리' 및 '노사관계'로 이루어진 세부평가지표에 의해 평가가 이루어진다. 이 중에서 '보수 및 복리후생'은 문재인정부 출범과 함께 백지화된 '성과연봉제 권고(안)' 관련 내용이 삭제되면서 많은 변화가 있었다.

[표 2-15] 보수 및 복리후생(비계량)

지표 정의	보수 제도와 복리후생 제도의 합리성 및 개선 노력과 성과를 평가한다.
세부 평가 내용	① 보수체계를 합리적이고 공정하게 운영하기 위한 노력과 성과는 적절한가? 　- 직무, 능력, 성과 등에 기반한 합리적 보수체계 구축 및 활용 여부 　- 평가절차의 합리성과 투명성, 외부전문가 참여 여부 등 　- 성과평가체계 보완 및 공정성 확보 노력 지속 추진 여부 ② 예산편성지침, 예산집행지침 등 복리후생비 관련 규정에 따라 복리후생비를 적절하게 편성 및 집행하였는지? 　- 예산편성지침, 예산집행지침 등 복리후생비 관련 규정 준수 여부 　- 복리후생비 관련 규정에 따라 교육비, 의료비, 경조금, 특별휴가, 퇴직금, 복무행태, 고용세습 등 기관별 복리후생제도 개선 실적 및 과도한 복리후생 항목의 존재 여부 　- 복리후생비를 과도하지 않고 적절한 수준으로 집행하였는지 여부 　- 새로운 복리후생 항목 신설 금지 등 복리후생제도 개선 결과의 지속가능성 확보 노력의 적정성 등 ③ <공공기관 임금피크제 권고안>에 따라 임금피크제를 운영하기 위한 노력과 성과는 적절한가? 　- 연령구조, 임금체계, 직무특성 등을 고려한 임금피크제 유형, 적용대상, 임금조정기간, 임금지급률, 직무개발 등 제도설계의 적정성 　- 임금피크제 관련 신규채용 목표 달성 여부, 임금피크 대상자의 활용도 등 운영 효과 　- 임금피크제 관련 중장기 신규채용 규모 및 재원조달 계획의 적절성 ④ 고졸자, 무기계약직, 비정규직 등에 대한 불합리한 차별 여부 및 처우개선을 포함한 보수·복리후생제도의 합리적 개선 등

자료원: 기획재정부(2017.11.), 2017년도 공공기관 평가편람(수정)

세부평가내용은 ①은 크게 세 가지를 평가한다. ⓐ 보수체계에 대한 진단 과 개선 노력, ⓑ 성과평가 과정의 개선 노력, ⓒ 성과평가 제도의 개선 성과이다. 이 중에서 ⓑ와 ⓒ는 기존에도 평가해 왔던 항목이다. 반면 ⓐ는 당기 중 이루어진 실적을 새로운 관점에서 제시해야 할 항목이다. 참여정부 이래 정부에서 보수체계 혁신을 위해 강조해 왔던 것은 '경쟁에 기반을 둔 성과 차등'이었다. 반면, 문재인정부에서 강조하는 것은 '직무가치에 기반한 공정한 보상'이다. '직무', '능력', '성과'라는 세 항목은 공히 '직무급', '능력(역할)급', '성과급'이라는 전통적인 보수체계와 관련된다. 이들 각기 다른 보수체계는 업業의 특성에 따라 적용할 수 있는 범위와 수준이 달라진다. 반면에 문재인정부는 학력·연령·성별에 관계없이 직무가 지니는 가치에 따라 보수를 제공해야 한다는 철학을 갖고 있다. 2017년도 평가 시에는 고졸자와 지역인재 등이 동일 직무를 수행하면서 보수상 불이익을 받고 있지 않은지 점검이 이루어질 전망이다. 이 점을 감안해 직무평가 등 합리적인 보수 차별의 근거가 마련되어 있어야 한다.

세부평가내용 ②도 세부평가내용 ①과 마찬가지로 문재인정부 출범에 맞추어 변경이 이루어졌다. 평가의 핵심이었던 '방만경영 정상화 계획'을 기획재정부의 예산편성 및 집행지침으로 대체한 것이다. 다만, 세부평가항목은 전년도와 크게 변화가 없었다. 따라서 2016년도와 마찬가지로 ⓐ 복리후생비의 합리적 개선(지급 규모는 낮추고, 구성원 간 차이는 줄이는) 여부, ⓑ 타 기관 대비 직원당 복리후생비 수준의 적정성, ⓒ 복리후생제도의 개선 및 지속 가능성 확보를 위한 노력과 실적 등을 제시해야 한다.

③ <공공기관 임금피크제 권고안>에 따라 임금피크제를 운영하기 위한 노력과 성과는 적절한가?
 - 연령구조, 임금체계, 직무특성 등을 고려한 임금피크제 유형, 적용대상, 임금조정기간, 임금지급률, 직무개발 등 제도설계의 적정성
 - 임금피크제 관련 신규채용 목표 달성 여부, 임금피크 대상자의 활용도 등 운영 효과
 - 임금피크제 관련 중장기 신규채용 규모 및 재원조달 계획의 적절성

세부평가내용 ③은 2015년도에는 기획재정부의 <공공기관 임금피크제 권고안>의 이행 수준을 점검하기 위해 추가되었던 항목이다. <방만경영 정상화 계획>과 달리 기존 권고안 의 이행 여부를 지속적으로 평가한다.

④ 고졸자, 무기계약직, 비정규직 등에 대한 불합리한 차별 여부 및 처우개선을 포함한 보수·복리후생제도의 합리 적 개선 등

세부평가내용 ④에는 기존 평가내용에 '불합리한 차별 여부 및 처우개선을 포함한'이라는 문구가 추가되었다. 실질적인 평가내용이 변화된 것은 없기 때문에 전년도 실적에 준해 보 고서 작성이 이루어지면 된다.

[표 2-16] 총인건비관리(계량)

지표 정의	공기업·준정부기관 예산편성 지침의 총인건비 인상률 준수 여부를 평가한다.	
세부 평가 내용	① 총인건비 인상률은 다음과 같이 산출	
	- 총인건비 인상률 $= \dfrac{평가년도\ 총인건비 - 전년도\ 총인건비}{전년도\ 총인건비}$	
	② 총인건비의 정의는 공기업·준정부기관 예산편성지침에 따름	

자료원: 기획재정부(2017.11.), 2017년도 공공기관 경영평가편람(수정)

'총인건비 인상률'은 매년 12월 기획재정부가 발표하는 <공기업·준정부기관 예산편성지침>에 명시된 총인건비 인상률 준수 여부를 평가하는 지표다. 준수한 경우는 만점, 준수하지 못한 경우는 0점 처리된다. 2016년도 경영평가 시 5개 기관(대한석탄공사, 여수광양항만공사, 인천항만공사, 주택도시보증공사, 한국관광공사)이 가이드라인을 준수하지 못해 0점을 받았으며, 전년도에 50점을 받은 한국철도공사가 50점을 받았다.

[표 2-17] 노사관계(비계량)

지표 정의	노사관계 합리성 제고를 위한 노력과 성과를 평가한다.
세부 평가 내용	① 노사관계 선진화를 위한 전략 등이 합리적으로 개발되어 실천되고 있는가?
	② 합리적이고 적법한 노사관계가 구축되어 노사협력이 실현되고 구체적인 성과를 내고 있는가?
	③ 노사 간의 공감대 형성을 위한 의사소통과 노사관계 관리 역량 강화를 위한 노력과 성과는 적절한가?
	④ 합리적 단체협약 체결 및 노사 협의체계의 실질적 운영 등 협력적 노사관계를 구축하기 위한 노력과 성과는 적절한가?

자료원: 기획재정부(2017.11.), 2017년도 공공기관 경영평가편람(수정)

① 노사관계 선진화를 위한 전략 등이 합리적으로 개발되어 실천되고 있는가?

'노사관계'는 [표 2-17]에 제시된 바와 같이 4개의 세부평가내용으로 구성되어 있다. 이 중에서 세부평가내용 ①은 크게 두 가지에 대한 평가로 이루어진다. 먼저, 노사관계 전략 자체에 대한 평가이다. 기관의 경영전략 내지 경영 여건에 연계해 노사관계 개선에 필요한 전략을 수립하고, 노사관계에 대한 지속적 진단과 관리 체계가 이루어져 있는가를 중점적으로 평가한다. 둘째, 수립된 노사관계 전략의 이행 수준을 평가한다. 노사관계 전략의 실천을 위해 과제를 개발·실행하고, 구체적 목표와 지표를 설정하여 과제의 이행 정도를 평가·관리하기 위해 기울인 노력과 성과가 핵심이다. 2016년도 평가 시 2015년도에 이어 노사관계 선진화 전략의 이행을 지속적으로 관리히기 위한 지표의 개발과 운영이 강조되었다.

> ② 합리적이고 적법한 노사관계가 구축되어 노사협력이 실현되고 구체적인 성과를 내고 있는가?

세부평가내용 ②는 세부평가내용 ①과 연계되어 있다. 세부평가내용 ②는 노사관계 개선 전략의 실행을 위한 ⓐ 노사환경 변화 및 현황 진단 수준, ⓑ 단계적으로 개선해야 할 노사관계 관행의 명확화 노력, ⓒ 노사협력 수준을 측정·관리하는 도구의 개발과 활용 수준, ⓓ 노사 간 신뢰 제고를 위해 기울인 사측(기관장)의 노력을 평가한다. 또한 ⓔ 노사 간 협의를 통해 당기 중 해결된 구체적 경영 현안이 중요하게 평가된다. 특히 이 과정에서 노사 간 갈등을 사전에 예방하고, 상호신뢰 수준을 지속적으로 제고하기 위해 추진된 노사 간의 구체적 협력 활동과 성과가 중요하다. 이를 위해 사전에 설정된 지표와 목표, 그리고 이를 점검·관리하기 위한 체계가 마련되어 있어야 한다.

> ③ 노사 간의 공감대 형성을 위한 의사소통과 노사관계 관리 역량 강화를 위한 노력과 성과는 적절한가?

세부평가내용 ③도 세부평가내용 ①, ②와 관련이 있다. 세부평가내용 ②가 노사관계 개선 전략을 실행한 성과라면, 세부평가내용 ③은 노사관계 개선 전략을 실행하기 위해 기울인 변화관리의 성과를 평가하는 데 초점을 맞춘다. 이러한 변화관리 노력과 성과는 크게 ⓐ 의사소통 채널의 구축과 활성화, ⓑ 노사관계 관리 역량 제고를 위한 교육 및 인프라 강화 노력과 성과로 구분해 평가된다. 먼저, 의사소통 채널의 구축과 활성화는 1) 기관의 업무 특성을 감안한 의사소통 채널이 마련되어 있는가, 2) 개별 의사소통 채널의 활성화 수준은 어느 정도인가, 3) 노동조합과 조합원들의 실질적인 의견수렴을 위해 양방향 의사소통 채널이 구축·운영되고 있는가에 초점을 맞춘다. 일부 기관은 이러한 의사소통 활성화 수준을 양적인 측면뿐만 아니라 질적인 측면에서도 관리하기 위한 노력을 기울이고 있다. 단순한 협의 횟수보다 상정 내지 토의가 되는 안건의 중요도와 영향도가 중요하다.

> ④ 합리적 단체협약 체결 및 노사 협의체계의 실질적 운영 등 협력적 노사관계를 구축하기 위한 노력과 성과는 적절한가?

세부평가내용 ④는 기존의 세부평가내용 ④와 ⑤가 문재인정부의 노사관계 정책에 맞춰 통합·조정되면서 평가의 기조가 크게 변화된 항목이다. 기존 평가가 '경영·인사권 침해'를 방지하는 데 비중을 두었다면, 2017년 평가 시에는 '노사 간 협력과 참여'의 비중이 높아질 전망이다. 기존에는 단체협약 체결 시 사측의 입장에서 판단했자면, 2017년도 평가 시에는 노측의 시각에서 해법을 찾아야 한다. 다만, 결과가 크게 달라지지는 않아야 한다. 결과가 크게 달라진다면 단체협약에 큰 문제가 있었다는 사실을 자인自認하는 것이기 때문이다. 부디 이런 함정에 빠지지 않기를 바란다.

6. 주요사업(비계량)

'주요사업(비계량)' 지표는 [표 2-18]에 제시된 바와 같이 2016년도와 크게 달라진 점이 없다.

[표 2-18] 주요사업(비계량)

지표 정의	주요사업별 추진 계획 수립, 집행 실적, 성과 및 환류 활동, 그리고 주요사업 범주 전체 지표 구성의 적정성을 평가한다.
세부 평가 내용	① 주요사업별 추진 계획은 구체적이고 적정하게 수립되었는가? - 사업별 성과목표 정의, 성과지표 개발 및 목표치 설정의 적정성 - 주요사업별 성과목표 달성을 위한 중장기계획 및 실행 계획 수립의 적정성 - 사업별 재무·예산계획, 조직·인력 등 자원배분계획 수립의 적정성
	② 주요사업별 추진 계획이 적절하게 집행되었는가? - 주요사업별 실행 계획에 따른 추진 활동 실적의 적정성 - 주요사업 수행을 위한 조직·인력·예산 운용 등 효율성 제고 노력의 적정성 - 사업 추진 과정에서 발생한 환경 변화, 문제점 등에 대한 대응의 적절성 등
	③ 주요사업별 비계량적 성과는 적정한 수준인가? - 계획대비 성과목표 및 목표치 달성도 - 기관의 설립 목적과 경영 목표 달성 기여도 등
	④ 주요사업별 환류 활동은 적절하게 수행되었는가? - 자체평가와 연계한 환류 활동의 적정성 - 외부 지적사항과 연계한 환류 활동의 적정성 등
	⑤ 주요사업 범주 계량지표의 구성 및 목표 수준은 적정한가? - 기관의 설립 목적(임무)과의 연계성 및 반영 정도 - 주요사업 계량지표별 목표 수준 설정의 적정성 - 지표구성의 체계화, 지표 관련 데이터의 신뢰성 확보 등 지표 개선 노력의 적정성 등

자료원: 기획재정부(2017.11.), 2017년도 공공기관 경영평가편람(수정)

'주요사업(비계량)' 지표는 개별 사업 단위로 이루어진 계획(Plan), 집행(Do), 성과(Check), 환류(Act) 활동에 대한 평가로 이루어진다. 또한 '주요사업(계량)' 지표(Index)와 개별 사업 단위의 PDCA(Plan, Do, Check, Act) 활동 간 연계 수준을 평가한다.

세부평가내용 ①에는 먼저 주요사업 선정의 적정성을 제시해야 한다. 기관의 경영실적보고서에 제시된 개별 사업, 특히 계량지표와 관련된 각 사업 영역의 선정과 관련된 방법, 기준, 절차와 기관의 설립목적 간 연계성이 주요 점검대상이 된다.[32] 경영전략 내지 사업 전략에 포함된 사업 포트폴리오를 점검해 평가하는 것이다. 현재의 사업 포트폴리오와 사업 포트폴리오의 향후 개선 방향을 명확하게 제시해야 하는데, 사업 포트폴리오 전략과 1) 투자계획이 포함된 중장기 재무계획, 2) 중장기 인력운영계획, 3) 추진 상황을 모니터링하기 위한 지표와 목표치 간의 일관성이 필요하다. 이를 위해 주요사업별 계획과 함께 기관의 내부평가편람에 대한 점검이 이루어진다. 또한 해외 유사기관 벤치마킹 자료도 검토하는 게 일반적이다. 가급적 해당 내용을 경영실적보고서 안에 충실히 제시해야 한다.

피평가기관 입장에서 보면 이 부분은 작성하기는 어려운 반면, 운영 현실에서는 의미 없는 경우가 많다. 특히 출연금, 보조금, 분담금 등 각종 정부지원금에 대한 의존도가 높은 기관은 사업 포트폴리오 변경을 결정할 수 있는 권한과 역량을 보유하고 있지 않다. 결국 경영실적보고서에는 현실과 괴리된 계획이 담기게 되고, 상당수 기관이 매해 경영평가 수검을 위한 목적에서만 사업 포트폴리오 전략을 수립하고 있다. 그러나 일부 기관들은 자원의 전략적 배분과 효율적 운영을 위해 다양한 노력을 기울여 왔다. 여기서 차이가 발생한다.

---

[32] 핵심사업 내지 기능 영역 중 '주요사업(계량)'에 누락된 경우 감점 대상이 된다. 또한 '주요사업(계량)' 지표와 관련된 사업이 기관의 설립 목적이나 자원배분 규모를 감안해 볼 때 핵심사업으로 볼 수 없는 경우도 마찬가지다. 따라서 선정된 '주요사업(계량)' 지표와 사업 포트폴리오 간 연계를 충분히 설명할 수 있는 논거를 제시해야 한다.

세부평가내용 ②는 계획의 추진(Do) 과정에서 이루어진 다양한 노력과 성과를 평가한다. 세부평가내용 ②는 ⓐ 주요사업별 실행 계획의 달성도, ⓑ 투입자원 절감 등 운영 효율성의 달성도, ⓒ 장애 극복 및 변화관리 노력과 성과에 대해 평가한다. 많은 기관이 이 부분의 실적을 단순 나열하는 데 그치는데, 타 기관과 차별화를 위해서는 구체적 성과와 함께 평가위원을 공감하게 만들 수 있는 스토리 전개가 필요하다. 수치의 나열도 중요하지만, 감성을 자극할 수 있는 기관만의 스토리를 제시하는 것이 중요하다.[33] 기관이 자체 선정한 베스트 프랙티스가 너무 많으면 스토리 전달이 불가능해진다. 특히 사업 추진 과정에서 발생하는 어려움과 한계를 극복하기 위해 기울인 노력을 드러내기 어렵다. 다른 모든 지표와 마찬가지로 선택과 집중에 관심을 가져야 한다. 2016년도 평가 시에도 평가위원들이 벤치마킹을 활용해 집행 과정의 문제 해결 수준 내지 운영 효율성을 높이도록 요구했다. 대부분의 기관에서 벤치마킹이 형식적 수준에 그치고 있어 평가위원들이 개선을 요구한 것이다.

③ 주요사업별 비계량적 성과는 적정한 수준인가?
- 계획 대비 성과목표 및 목표치 달성도
- 기관의 설립목적과 경영목표 달성 기여도 등

세부평가내용 ③은 주요사업 추진으로 달성된 성과(Check)를 평가한다. 그러나 성과 자체를 평가한다기보다는 추진 계획에 명시된 계획의 달성을 통해 경영 개선 내지 사업 전략의 달성에 실제 기여한 바가 무엇인가에 초점을 맞추어야 한다. 성과라고 제시한 것이 사업 추진을 통해 궁극적으로 얻고자 했던 결과물인지를 설명해야 한다. 가장 효과적인 방법은 해외 유사기관(글로벌 경쟁기업)에 대한 벤치마킹이다. 세부평가내용 ①에는 해외 유사기관의 전략-목표-성과지표를 제시하고, 세부평가내용 ③에는 당기 중 나타난 해외 유사기관과의 성과 격차를 제시해야 한다. 또한 객관적 비교를 위해 역량 격차(예산, 인력, 기타 인프라)에 대한 분석도 필요하다. 많은 기관이 적정한 벤치마킹 대상을 선정하지 못해 어려워한다. 최신자료를 확보하기 어려운 경우도 많다. 그러나 모든 게 그렇듯 노력한 만큼 얻는 법이다.

---

33 기관마다 추진하는 사업이 모두 달라서 동일 평가군 내 타 기관과 차별화된 노력과 성과를 보여주기 위해서는 우선 평가위원의 관심을 끌 수 있어야 한다. 당연히 진부한 실적의 나열은 평가위원의 관심을 끌어내기 어렵다.

④ 주요사업별 환류 활동은 적절하게 수행되었는가?
  - 자체평가와 연계한 환류 활동의 적정성
  - 외부 지적사항과 연계한 환류 활동의 적정성 등

세부평가내용 ④는 성과에 대한 '환류 기전(Mechanism)'과 '활성화 수준'을 평가한다. 환류 기전은 사업 추진실적에 대한 평가시스템을 의미한다. 단순한 실적치 점검보다는 실적의 우수 혹은 부진 원인을 진단·분석하는 활동이 중요하다. 반면에, '활성화 수준'에는 차년도 사업 계획(사업방향, 사업목표, 성과지표 등) 및 예산·인력 등 자원투입의 변화, 사업 관련 규정 및 프로세스 정비 실적을 제시해야 한다. 여기에 더해 '외부 지적사항 조치실적'에 대한 내용을 제시해야 한다. '외부 지적사항 조치실적'에는 감사원감사, 국정감사, 주무부처 및 기획재정부, 언론 등 외부 지적사항을 개선하기 위해 당기 중 추진한 노력과 조치실적이 제시되어야 한다. 당기 중 개선 조치가 이루어지지 못한 경우라면 구체적 사유를 제시해야 한다. 가장 최악의 상황은 어떤 변명도 없이, 전년도 지적사항을 누락하는 일이다. 기획재정부는 각종 감사 관련 지적사항을 평가위원들에게 제공하며, 평가위원도 인터넷을 통해 기관에 대한 정보를 미리 파악한다. 또한 평가단 워크숍에 주무부처가 참여해 개별 기관에서 과년도에 쟁점이 되었던 사항을 설명하기도 한다. 따라서 고의로 지적사항을 누락하는 일은 스스로 무덤을 파는 것과 같다.

⑤ 주요사업별 범주 계량지표의 구성 및 목표 수준은 적정한가?
  - 기관의 설립 목적(임무)과의 연계성 및 반영 정도
  - 주요사업 계량지표별 목표 수준 설정의 적정성
  - 지표구성의 체계화, 지표 관련 데이터의 신뢰성 확보 등 지표개선 노력의 적정성

세부평가내용 ⑤는 주요사업 범주 내 계량지표를 정성적으로 평가하는 지표이다. 평가 시 ⓐ 성과지표 선정의 타당성, ⓑ 지표별 가중치 설정의 적절성, ⓒ 지표별 목표치 설정의 도전성, ⓓ 성과지표 개선 노력의 적정성에 대한 점검이 이루어진다.

첫째, '성과지표 선정의 타당성'은 주요사업별 계량지표의 개발 과정에서 고려한 사항들을 점검한다. 다만, 구체적 방법론보다는 기관의 중장기 경영 목표, 주요 사업 전략의 이행 수

준과 달성도를 평가하기에 적절한 지표인가에 초점이 맞추어진다.

둘째, '지표별 가중치 설정의 적정성'은 개별지표와 관련된 예산과 인력의 규모를 감안하여 지표 간 가중치가 적절하게 반영되었는지를 평가한다. 경영전략에 사업 포트폴리오 변화가 포함되어 있다면, 사업 포트폴리오 변화 방향에 맞추어 지표별 가중치를 설정할 필요가 있다.

셋째, '목표치 설정의 도전성'은 각 계량지표를 관리하기 위해 자체적으로 설정한 목표치가 도전적인가를 평가한다. 계량지표에서 만점을 받는가와는 무관하다. 다만, 2014년에 공공기관 경영평가단은 내부 방침으로 1) 계량지표의 목표 수준인 2시그마 이상으로 한 경우를 적절한 수준으로 보았다. 만약 목표 수준인 2시그마 이상이 아닌 경우라면, 2) 해외 유사기관과의 비교 자료를 제시해 설정된 목표치가 달성하기 어려운 수준임을 강조해야 한다. 3) 정부정책에 의해 목표치가 부여되는 경우도 적절한 수준으로 보았다.[34] 평가위원 입장에서는 과거 실적치에 대한 분석 결과와 해외 유사기관과 객관적 비교가 가능한 경우를 중요하게 생각한다. 반면, 정부정책에 의해 부여된 목표치는 도전적인 목표라고 생각하지는 않는다. 이 점을 감안해 목표치 설정근거를 작성할 때 과거 실적에 대한 체계적 분석과 해외 벤치마킹 노력을 기울여야 한다. 2015년도 평가 시 2시그마 등과 관련된 평가내용이 매뉴얼에서 제외되었으며, 2017년도 평가편람에서는 '도전적 목표 설정'과 관련된 항목이 제외되어 목표치 설정 시 자체적인 판단과 근거를 제시하는 게 더욱 중요해졌다.

넷째, '성과지표 개선 노력의 적정성'은 주요사업 계량지표에 대한 진단과 분석을 통해 1) 성과지표 자체의 변경 내지 보완, 2) 측정 기준 내지 산식의 보완, 3) 데이터 확보 방법 및 자료원 등의 변경 노력을 평가한다. 실제 성과관리가 체계적으로 이루어지고 있는 기관은 주요사업 범주에서 평가되는 계량지표의 선·후행지표(Leading and Lagging Indicator Pool)를 개발·관리한다. 평소 다양한 지표군(Pool)을 개발·관리해야 성과지표 개선이 가능하다.

세부평가내용 ⑤와 관련해 경영실적보고서에 대한 검토 내지 실사 과정에 '내부성과편람에 대한 검토'가 별도로 이루어진다. 내부적으로 중요하게 판단해 관리하는 지표가 경영평가 시 적용되는 지표와 차이가 있으면 주요사업 계량지표의 대표성이 미흡한 것으로 평가

---

34 기획재정부·공공기관 경영평가단(2015), 2014년도 공기업·준정부기관 경영평가 비계량 공통지표 평가 매뉴얼, p.47.

된다. 따라서 경영실적보고서 작성과 관계없이 내부성과편람에 제시된 전사 지표, 최상위 단위조직의 평가지표, 현장조직 평가지표와 주요사업 계량지표 간 연계성을 설명할 수 있는 자료를 사전에 준비해야 한다. 특히 내부평가 시 사용되는 자료원과 경영평가에 사용되는 자료원을 일치시킬 필요가 있다. 일부 기관이 실사과정에서 데이터의 신뢰성 부족으로 지적을 받았는데, 다른 기관들도 2017년도 평가편람에 데이터의 신뢰성 확보가 새로 추가된 만큼 주의를 기울여야 한다.

7. 주요사업(계량)

'주요사업(계량)' 지표는 각 기관이 주요사업에서 거둔 당기 중 성과를 평가한다.

[표 2-19] 주요사업(계량)

지표 정의	주요사업별 경영성과가 목표대로 달성되었는지를 평가한다.
세부 평가 내용	① 성과지표는 사업별 효율성 및 효과성을 객관적으로 파악할 수 있는 계량지표로 평가하는 것을 원칙으로 함
	② 계량지표는 원칙적으로 투입지표(Input)가 아닌 성과지표(Outcome)로 설정하되, 불가피한 경우가 산출지표(Output)도 가능
	③ 사업별로 1~2 수준의 세부지표로 평가하는 것을 원칙으로 함

자료원: 기획재정부(2017.11.), 2017년도 공공기관 경영평가편람(수정)

2015년도 평가 시 주요사업 계량지표가 종합점수에 가장 크게 영향을 미쳤다. 그리고 2016년도 평가 시에는 주요사업 계량지표가 종합점수에 미치는 영향이 더 컸다. 2015년과 마찬가지로 비계량지표가 변별력을 상실했기 때문이다. 9등급 평가 방식이 적용된 595개 평가 결과(공기업, 기금관리 및 위탁집행형 준정부기관 기준) 중에서 A0 등급을 받은 경우는 2개에 불과했으며, 최하등급으로 부여한 D0 등급을 받은 경우도 6개(B+ 101개, B0 238개, C 213개, D+ 35개)에 불과했다. 내부평가에서 이런 경향이 나타났다면 평가위원들로부터 '관대화 내지 집중화 경향'이 있다고 지적받았을 것이다.

Chapter 2

비계량지표 평가 매뉴얼
(통칭 체크리스트)

비계량지표 평가 매뉴얼은 평가년도 12월에서 차년도 1월 사이에 발표된다. 공식적인 명칭은 '공기업·준정부기관 경영평가 비계량 공통지표 평가 매뉴얼'이고, 평가위원과 각 기관의 경영평가 담당자들은 통칭 '체크리스트'라고 부른다. 평가를 받는 공공기관은 경영실적보고서 작성지침과 비계량지표 평가 매뉴얼에 따라 당기 경영실적보고서를 작성해 제출해야 한다. 평가 매뉴얼은 경영평가편람에 비해 매우 구체적이다. 특히 경영평가 시 무엇을 중점적으로 평가할 것이고, 상대적으로 좋은 성과와 나쁜 성과를 구분하는 데 어떤 기준을 활용할 것인지가 담겨 있다.[35] 경영평가편람이 기출문제라면, 평가 매뉴얼은 족보에 비유할 수 있다.

1. 평가 매뉴얼이 왜 중요한가?

평가 매뉴얼은 '경영평가편람의 확장판'이다. 경영평가편람에서 충분히 다루기 어려운 사항들이 포함되어 있기 때문이다. 평가 매뉴얼에는 평가위원이 중점적으로 평가할 내용과 기준, 그리고 이를 감안해 각 기관이 작성해야 할 보고서의 구체적인 내용과 실사 과정에서 준비해야 할 근거자료 목록이 제시되어 있다. 평가 매뉴얼은 다음과 같이 평가착안사항을 정의하고 있다.[36]

평가착안사항은 기관, 기관장, 상임감사, 감사위원 평가를 위한 평가지표의 목적을 효과적으로 달성하기 위해 수행해야 하는 활동을 범주화하고, 해당 활동에 대한 평가의 관점과 기준을 제시하고 있다. 또한 평가착안사항을 활용한 경영평가 수행 과정에서 확인 또는 반영해야 할 자료 목록과 평가 시 유의사항을 제시하고 있다. 한편, 평가착안사항과 관련하여 평가를 받는 공공기관이 제시해야 할 경영실적 관련 정보와 통계자료에 관한 내용도 제시

---

35 평가 매뉴얼에서는 이러한 내용을 '경영평가착안사항'에 담고 있다.

36 기획재정부·공공기관 경영평가단(2017.2.), 2016년도 공기업·준정부기관 경영평가 비계량 공통지표 평가 매뉴얼, p.1.

되고 있다.

비계량지표는 평가위원의 정성적 평가로 점수가 결정되기 때문에, 평가의 일관성과 예측가능성을 확보하기 어렵다. 평가 매뉴얼은 이러한 문제를 완화하는 데 기여한다. 기획재정부와 공공기관 경영평가단은 평가 매뉴얼에 '비계량 공통지표 평가 매뉴얼의 활용'을 다음과 같이 명시하고 있다.[37]

① 비계량 공통지표 평가 매뉴얼은 경영평가편람에 포함되어 있지 않으나 경영실적 평가 시 공공기관에 공통으로 적용되어야 할 세부평가내용별 평가착안사항 등을 포함한 경영실적평가를 위한 기본지침이라고 할 수 있다. 따라서 공공기관 경영평가단은 비계량 공통지표에 대해서는 평가 매뉴얼에서 제시한 평가착안사항을 기준으로 평가하는 것이 원칙이며, 평가유형별 또는 평가위원별로 임의적인 평가착안사항을 개발하여 평가에 활용하고, 그 결과를 평정등급 결정 시 크게 반영하는 것은 허용되지 않는다. 다만, 평가착안사항 중 일부 기관에 국한하여 적용되는 사항은 그러지 아니한다.

② 표 양식을 통해 제시된 계량적 실적 자료는 산출 또는 성과의 변화에 관한 정보를 제공하기 위한 것이다. 따라서 비계량지표 평가위원은 표 양식을 통해 제시된 계량적 실적의 절대적 수준보다는 전년 대비 개선도 또는 변화의 흐름을 분석하고, 그러한 변화의 원인을 파악하여 평가에 반영하는 노력을 전개하여야 한다.

③ 공통지표 평가 매뉴얼은 지표별 경영실적보고서 작성을 위한 기본 방향을 제시하고 있어서 공공기관은 이 평가 매뉴얼을 경영실적보고서 작성 시 활용할 필요가 있다. 보고서 작성 시 평가착안사항의 성격에 따라서는 2~3개 착안사항을 묶어 하나의 경영실적 항목을 작성하는 것이 필요한 경우도 있다. 또한 평가 매뉴얼에 제시된 표 양식은 기관의 특성에 따라 선택적으로 적용하거나 이를 변형하여 작성하는 것이 가능하다. 단, 선택적으로 적용할 경우에는 그 이유를 실적보고서에 제시해야 한다.

---

[37] 위 매뉴얼, p.2.

먼저 평가위원 입장에서는 평가 매뉴얼이 평가등급을 결정하는 가이드라인이 된다. 공공기관 경영평가단은 평가단 워크숍과 총괄반의 검토 작업을 통해 이러한 가이드라인에 따라 평가가 이루어지게 한다. 평가 매뉴얼은 시험에서 출제자의 의도를 사전에 알려 주는 것이다. 그리고 채점자는 출제자의 지시에 따라야 하는데, 평가 매뉴얼은 출제자의 지시와 같은 역할을 한다.

반면, 피평가기관 입장에서는 평가 매뉴얼이 경영실적보고서를 작성하는 기본 틀이 된다. 비계량지표는 세부평가내용별로 작성해야 하는데, 평가착안사항은 세부평가내용 이하에 담아야 할 실적을 유형화하고 있다. 평가 매뉴얼이 제공되기 시작한 이후에도 일부 기관에서는 평가착안사항에서 요구하는 사항과 무관하게 보고서가 작성되고 있다. 요구수준에 부합한 실적을 제시할 수 없기 때문이다. 그러나 성과와 상관없이 평가착안사항에 제시된 항목은 반드시 보고서에 포함되어야 한다. 평가위원이 만족할 것인지 미리 고민할 필요는 없다. 제시된 실적이 없다면, 어떤 평가위원으로부터도 좋은 점수를 받는 게 불가능하다. 평가착안사항에 제시된 항목을 빠뜨리는 것은 복권도 사지 않고 당첨되기를 기다리는 것과 같다.

2. 평가 매뉴얼의 구성체계

[표 2-20] 평가 매뉴얼 예시

평가지표	전략기획 및 사회적 책임	
지표정의	기관의 비전과 목표를 구현하기 위한 경영전략의 수립과 시행, 국정 과제 이행 노력, 윤리성·투명성·안전성 제고와 공정사회 구현, 미래대비 및 중장기 경영혁신을 등을 위한 기관의 노력과 성과를 평가한다.	
경영평가 착안사항	세부평가내용 ③	사이버 안전을 위해 국가정보보안 정책을 이행하고, 정보보안관리체계 등이 적절하게 구축·운영되고 있는가?
	<평가착안사항>ㅇ 사이버 보안 시스템 구축 및 운영 성과, 개인정보보호를 위한 노력과 성과를 평가한다.<평가 시 확인 또는 반영해야 할 자료>ㅇ 공공기관 정보보완 관리실태평가 결과(국가정보원)ㅇ 개인정보보호시스템 구축 실태 및 유출건수<평가 시 유의사항>ㅇ 사이버보안과 개인정보를 위한 조직 차원의 예방적 노력과 침해사고 발생 시 대응조치의 적절성에 대한 평가를 실시한다.ㅇ사이버 보안 관련 외부지적사항에 대한 확인 및 반영 여부를 평가한다.	

자료원: 기획재정부·공공기관 경영평가단(2017.2.), 2016년도 공기업·준정부기관 경영평가 비계량 공통지표 평가 매뉴얼

평가 매뉴얼은 [표 2-20]에 제시된 바와 같이 각 지표의 세부평가내용별로 경영평가 착안사항을 담고 있다. 경영평가 착안사항은 '평가착안사항', '평가 시 확인 또는 반영해야 할 자료', '평가 시 유의사항' 세 가지로 구성된다.

먼저, '평가착안사항'은 평가위원에게는 '평가를 하는 지침', 기관에는 '보고서를 작성하는 지침'의 역할을 한다. 따라서 평가를 받는 기관은 (협의의) 평가착안사항에 제시된 항목을 중심으로 보고서를 구성할 필요가 있다.

둘째, '평가 시 확인 또는 반영해야 할 자료'는 경영실적보고서와 별도로 준비해야 한다. 경영실적보고서는 평가 매뉴얼을 받게 된 후 준비해도 무방하지만, '평가 시 확인 또는 반영해야 할 자료'는 12월 이전에 준비되어 있어야 한다. 따라서 당기 평가 매뉴얼이 없더라도 전년도 매뉴얼을 참조해 미리 준비해 두어야 한다. 이 자료들은 개별 지표에서 요구하는 노

력과 성과를 확인할 수 있는 근거가 된다. 대부분의 기관이 경영실적보고서 작성을 위한 전담반(Task Force)을 구성할 즈음, 여기에 제시된 자료를 모아 자료집을 준비한다. 여기에 12월 말까지 집계된 각 단위부서의 내부평가보고서가 추가된다. 경영실적보고서를 작성하는 단계인데 매뉴얼에 제시된 자료가 없는가?[38] 해 줄 말이 없다. 그냥 망했다고 생각하자.

셋째, '평가 시 유의사항'은 크게 두 가지로 이루어져 있다. 여기에는 1) 평가위원들이 숙지해야 할 경영평가에 관한 일반원칙 내지 기준과 2) 당기 경영평가 시 특별히 추가된 별도 점검사항이 담겨 있다. 후자의 경우 경영평가편람에 반영되지 않았으나, 당기 경영평가 시 다양한 이유에서 특별히 점검해 평가에 반영할 필요가 있다고 판단되는 이슈들이다. 새로운 정책의 조기이행, 언론 등에서 중점 보도된 최근의 사회이슈, 국무회의 내지 국정감사 등에서 요구된 공공기관 경영 개선 요구사항 등이 여기에 해당한다. 사전에 자료집을 확보하지 못할 수도 있다. 그런 경우는 경영실적보고서 작성 시 해당 내용을 보고서에 포함시키고, 현장실사 때까지 자료를 보완해 제출하면 된다.

---

38 매뉴얼에 제시된 자료 목록은 거의 바뀌지 않는다. 따라서 대부분의 기관이 이미 가지고 있다. 그러나 당기 중 업데이트가 되지 않았다면, 없는 것이나 마찬가지다. 전년도외 치별화하여 딩기 중 실적으로 제시할 내용이 없기 때문이다. 끊임없이 고치고 보완하라. 달리 방법이 없다.

Chapter 3

경영실적보고서 작성지침

공공기관 경영평가에 참여하는 모든 기관이 사전에 반드시 숙지해야 할 것이 있다. 기획재정부가 공공기관에 시달하는 '경영실적보고서 작성지침'이다. 공공기관 경영평가를 수검하는 모든 기관은 12월 혹은 차년도 1월에 발표되는 '경영실적보고서 작성지침'에 따라 당기 경영실적보고서를 작성해야 한다.[39] 경영실적보고서 작성지침에는 [표 2-21]에 제시된 바와 같이 보고서 작성에 관한 일반지침, 경영실적보고서 작성체계, 본보고서 작성지침, 참조자료 작성지침 등이 제시되어 있다.

[표 2-21] 경영실적보고서 작성지침 개관

구분	주요 내용
일반지침	o 보고서의 규격과 분량 o 작성 단위 및 자료원 표기 o 허위/오류 보고 시 조치사항 o 제출 시한 및 제출방법 등
보고서 작성체계	o 경영실적보고서 목차(본보고서 및 참고자료)
본보고서 작성지침	o 본보고서 작성 원칙 o 비계량지표 경영실적 작성 방법 o 경영관리 범주 비계량지표 목차와 양식 예시 o 주요사업 범주 비계량지표 목차와 양식 예시 o 계량지표 실적 작성 방법 및 양식 예시
참조자료 작성지침	o 참고자료 목차와 양식 예시
기타	o 공통지표 점수산정에 대한 가이드라인 o 계량지표 작성과 관련된 공통 템플릿 o 방만경영 개선실적보고서 등 정부 요구 양식 o 보고서 작성 양식 예시(위반 시 감점 부여)

자료원: 기획재정부(2017.2.), 2016년도 경영실적보고서 작성지침

경영실적보고서 작성을 위해 소집된 전담반에 속한 사람이라면, 무조건 경영실적보고서 작성지침을 숙지해야 한다. 대부분의 기관에서는 보통 내부평가를 관장하는 부서에서 경영평가 전담반을 운영한다. 이 전담반에서 경영실적보고서 작성지침이 시달되면 기관 특성에 맞는 템플릿을 변경한다. 여기서부터 기관 간 역량 차이가 발생한다. 논술에서 좋은 득

---

39 '경영실적보고서 작성지침'에 제시된 가이드라인을 준수하지 않은 경우 감점이 따른다.

점을 하려면 많이 아는 것만큼 답안이 깔끔해야 한다. 개발새발 써 놓은 답안은 보기 싫기 마련이다. 상당수 기관이 이러한 문제를 극복하기 위해 편집과 디자인을 아웃소싱해 왔다.

기획재정부는 2014년도 경영평가 시부터 기관의 부담을 줄여 준다는 명목으로 '경영실적보고서 작성지침'에 표준양식을 제시했다. 또한 그래픽 사용 제한, A3 작업 금지, 글씨 크기 및 편집용지 여백 등을 표준화했다. '이런 것까지' 해야 하나 생각이 들다가도, 보고서 작성 과정에서 겪었던 일들을 생각해 보면 충분히 이해가 된다.

'경영실적보고서 작성지침'에 제시된 내용은 해마다 수정된다. 따라서 2017년도 경영실적보고서를 준비하고 있다면, 반드시 2018년 1월에 발표될 '2017년도 경영실적보고서 작성지침'을 숙지해야 한다.[40] 이하에서는 2016년도 지침을 기준으로 설명하는데, 지침 중 일부는 변경될 수 있다는 점에 주의해야 한다.

---

40 2016년도 지침은 2017년 2월에 발표되었다.

1. 경영관리 범주 공통사항

'경영실적보고서 작성지침'에는 비계량지표와 관련된 실적보고서 작성 시 따라야 하는 기본 목차가 있다. 지침에 제시된 기본 목차에 제시된 사항은 반드시 실적보고서에 포함되어야 하며, 목차에 제시된 내용 이외의 사항을 추가하는 것은 기관의 재량이다.[41] 그러나 전체 보고서 분량이 제한되어 있어서, 새로운 항목을 추가하는 데 제약이 따른다. 또한 [표 2-22]와 같이 모든 지표에 공통으로 포함해야 할 내용이 있어서, 이 부분을 제외하고 전체 보고서 분량을 계산해야 한다. 특히, 2017년도 평가 시에는 보고서 분량이 축소될 예정이어서 사전에 철저한 준비가 필요하다.

[표 2-22] 경영관리 범주 비계량지표 공통 목차

구분		분량
1. 지표관리방향	1-1. 대내외 경영여건 및 관련 정부정책	1
	1-2. SWOT 분석 및 전략과제 도출	1
	1-3. 성과목표 및 성과지표 설정	1
	1-4. 추진전략 및 실행계획(전략추진체계도)	1
2. 외부지적사항 조치실적	2-1. 전년도 경영실적평가 지적사항	1
	2-2. 국회 및 감사원 지적사항	
3. 전년도까지의 주요 추진실적(세부평가내용별로 구분)		1~2
4. 세부평가내용별 당해년도 추진실적 및 성과		재량

자료원: 기획재정부(2017.2.), 2016년도 경영실적보고서 작성지침

공통지표에서 가장 먼저 작성해야 할 부분은 '지표관리방향'이다. '지표관리방향'에는 [표 2-22]에 제시된 바와 같이 대내외 경영여건 및 정부정책, SWOT 분석 및 전략 과제 도출, 성과목표 및 성과지표 설정, 지표관리체계도 등을 제시해야 한다. 기관별로 순서나 제목 등에서 변화를 주고 있으나, [그림 2-1]과 [그림 2-2]에 제시된 바와 같이 기본적으로 지침에 제시

---

41 기획재정부(2016.1.), 2015년도 경영실적보고서 작성지침, p.11.

된 내용을 담고 있다.

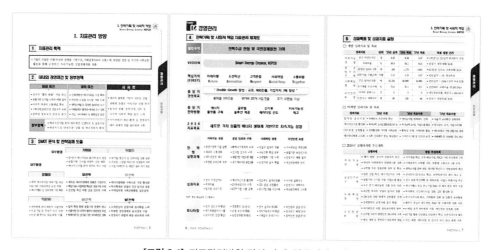

[그림 2-1] 지표관리방향 작성 사례: 한국전력공사

자료원: 한국전력공사(2017.3.), 2016년도 경영실적보고서(본보고서)

[그림 2-2] 지표관리방향 작성 사례: KOTRA

자료원: 대한무역투자진흥공사(2017.3.), 2016년도 경영실적보고서(본보고서)

'지표관리방향'은 세부평가내용별 실적을 정리한 뒤에 작성하거나 전년도 경영실적보고서
를 참조해 미리 작성하는 방법이 있다. 지표마다 차이가 있으나 새로운 계획이나 전략의 수
립이 있었던 경우는 전자를, 큰 변화가 없이 전년도 계획을 이행한 경우는 후자를 따르는

것이 좋다. 작성해야 하는 세부항목별 주요 내용은 [표 2-23]과 같다.

[표 2-23] 지표관리방향의 세부항목별 작성내용

기본 목차	주요 작성내용
대내외 경영여건 및 정부정책	
○ 내부환경	○ 지표와 관련된 경영 여건상의 변화 ○ 지표와 관련된 자원배분상의 변화 ○ 지표와 관련된 제도 및 절차상 변화 등
○ 외부환경	○ 지표와 관련된 거시환경(PEST)의 변화[42] ○ 고객 내지 이해관계자의 요구 변화
○ 정부정책	○ 지표와 관련된 국정과제, 정책 등의 변화
○ 시사점(종합)	○ 내·외부 환경과 정책변화의 핵심쟁점
SWOT분석 및 전략과제 도출	○ SWOT 분석 총괄표 ○ 전략 과제 리스트 요약표
성과목표 및 성과지표 설정	○ 계량목표: 성과지표, 과거 실적, 목표치 등 ○ 비계량목표: 성과지표, 과거 실직, 목표 등 ○ 모니터링 및 피드백 계획(내지 체계)
추진전략 및 실행 계획 (지표관리체계도)	○ 지표관리체계도 (지표와 관련된 전략, 사업, 성과지표 총괄)

'대내외 경영 여건 및 정부정책' 관련 사항 중 가장 중요한 부분은 마지막 시사점 내지 종합 부분이다. 이 부분에 제시된 내용은 다음 페이지에 제시될 전략 과제와 논리적으로 연계성을 지닌다. 전략 과제가 도출된 혹은 필요한 배경이 되는 부분이다. 만약 정리된 내용이 전략 과제와 관련이 없다면 대내외 경영 여건 및 정부정책을 잘못 이해하고 있거나, 전략 과제가 잘못 도출된 것이다.

SWOT 분석, 성과지표, 지표관리체계도는 전년도 작성했던 내용을 토대로 보완하는 것이 일반적이나, 해당 지표에서 특별히 지적을 받았거나 'C0(보통)' 등급 이하로 평가 점수가 만족스럽지 않았다면 다른 기관의 사례를 벤치마킹하는 편이 좋다. 그러나 표나 그림의 양

---

[42] PEST는 정치(Politic), 경제(Economic), 사회·인구(Social), 기술(Technological) 환경 변화를 의미한다. 지표관리방향에는 이 중에서 해당 지표와 관련된 내용만 제시하면 된다.

식보다는 포함된 내용(특히 단어)에 집중해야 한다. 뒤에 제시될 실적치와 '지표관리방향'에 제시된 분석 및 계획 간에는 일관성이 있어야 한다. 특히 기관이 당기 추진한 실적이 왜 중요한가, 기관에 어떤 의미를 지니는가를 충분히 담을 수 있도록 해야 한다.

두 번째 제시할 내용은 '외부지적사항 조치실적'이다. '외부지적사항 조치실적'은 크게 전년도 경영평가단 지적사항에 대한 조치실적과 당해년도 국회, 감사원, 주무부처 등의 감사 시 지적된 사항에 대한 조치실적으로 구분된다. 경영평가에서 '전년도 경영평가단 지적사항'은 매우 중요한 의미를 지닌다. 공공기관 경영평가는 1) 전년도 성과에 대한 체계적 진단(경영평가단 지적사항이 포함)과 분석(기관의 자체진단과 외부전문가 자문 등)을 통해 당기 사업 계획을 수립하고, 2) 당기 수립된 계획을 충실히 이행하고, 3) 이행한 결과를 자체적으로 점검·진단해 차년도 사업 계획에 반영하는 것을 기본구조로 하고 있다. 기관이 제출하는 경영실적보고서에는 전년도, 당해년도, 차년도에 이르는 3개년간의 활동이 담겨야 한다. 이 중 가장 기본은 전년도 상황에 대한 이해를 토대로 당기에 추진할 사업을 계획하는 일이다.

주요사업 범주는 PDCA 사이클에 맞추어 보고서를 작성할 수 있게 세부평가내용이 구성되어 있지만, 경영관리범주는 그렇지 않다. 공통 목차는 경영관리 범주 지표들이 PDCA와 같은 체계적 관리 프로세스를 지향하도록 유도하기 위해 개발되었다. 특히 전년도 지적사항은 개별지표와 관련된 경영 개선 내지 기관혁신 계획 시 고려해야 할 최소요건이 된다.

[그림 2-3] 외부지적사항 조치실적 작성 사례

자료원: 한국서부발전(주)(2017.3.), 2016년도 경영실적보고서(본보고서)

대부분의 평가위원은 전년도 지적사항에 대한 조치실적을 꼼꼼하게 확인한다. 기관에서도 이 부분을 작성하기 위해 '전년도 공공기관 경영실적 평가보고서'를 꼼꼼하게 확인해야 한다. 전년도 지적사항을 빠뜨리면 지침상 '허위 또는 오류에 의한 실적 보고 시 조치'에 해당하는 징계 처분(감점 내지 0점 처리)을 받을 수 있다.

세 번째 항목은 '전년도까지의 주요 추진실적'이다. 세부평가내용별로 '전년도까지의 추진실적', '당해년도 추진실적' 및 '전년 대비 개선 효과'를 공통 양식에 제시된 표에 작성해야 한다. 세부평가내용이 많은 경우 2페이지로 나누어 보고서를 작성할 수밖에 없지만, '전년도 경영평가단 지적사항'과 '전년도까지의 추진실적'은 가급적 각기 1페이지 내에 작성하는 것이 좋다.[43]

[그림 2-4] 전년도까지의 추진실적 작성 사례
자료원: 각 기관(2017.3.), 2016년도 경영실적보고서(본보고서)

마지막 항목인 '세부평가내용별 당해년도 추진실적 및 성과'에는 당기 중 이루어진 개별 지표와 관련된 기관의 노력과 성과를 제시한다. 이 부분은 경영실적보고서 작성지침과 함

---

43 이 부분은 세부평가내용에 제시되는 내용과 다르지만 않으면 된다. 그러나 개별지표에 대한 기관의 이해와 혁신 방향을 전달할 수 있으므로 지나치게 형식적으로 처리하면 곤란하다. 세부평가내용별 작성이 완료된 후 종합 정리 차원에서 작성하는 게 편하다.

께 제공되는 당해년도 비계량지표 평가 매뉴얼에 따라 작성해야 한다. 이 부분은 이미 앞에서 설명했다. 기억나지 않는가? 그럼 앞으로 다시 돌아가라. 자신이 담당하는 지표와 관련된 세부평가내용과 평가착안사항을 사전에 숙지하는 것은 기관 경영실적보고서 작성자에게, 그리고 경영평가단의 평가위원에게 가장 기본적인 임무이기 때문이다.

2. 경영관리 범주 추가사항

앞에서 설명한 지침상의 공통 목차 외에 대부분의 기관이 비계량지표 작성 시 목차에 반영하는 사항이 있다. 하나는 개별지표 내지 지표 내 세부평가내용별 '베스트 프랙티스'이고, 다른 하나는 개별지표에 대한 기관의 '성과분석 및 환류'이다.

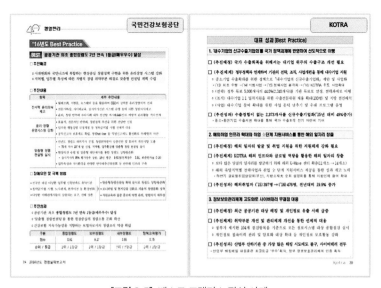

[그림 2-5] 베스트 프랙티스 작성 사례

자료원: 각 기관(2017.3.), 2016년도 경영실적보고서(본보고서)

'베스트 프랙티스'는 기관 내에서도 개별지표에 따라 작성되기도 하고, 생략되기도 한다. 일부 기관은 개별지표 맨 앞에, 또 다른 기관은 개별지표 맨 뒤에 작성하기도 한다. 또한 작성 형태도 [그림 2-5]에 제시된 바와 같이 기관마다 천차만별이다. 베스트 프랙티스를 추가해 우수한 평가를 받기 위해서는 공통으로 다음과 같은 세 가지 사항을 고려해야 한다. 첫째, 다른 기관에서 찾아볼 수 없는 프랙티스여야 한다. 매년 추진해 오던 사업, 프로세스의 부분적 개선, 타 기관에서 이미 보편화되어 있는 사항을 베스트 프랙티스로 제시할 경우 오히려 마이너스가 된다. 둘째, 구체적 결과물을 제시할 수 있어야 한다. 추가된 매출이나 절감된 비용 등 평가위원이 확인할 수 있는 가시적 성과를 제시해야 한다. 외부에서의 수상실적 내지 인증은 부차적인 것이다. 기본적으로 수상실적이나 인증은 모든 기관에서 쉽게 찾아볼 수 있다. '공공기관 최초', '공기업 최초', '준정부기관 최초' 등과 같이 관심을 끌 만한 수식어를 붙일 수 없다면 빼는 게 낫다. 셋째, 스토리가 담겨야 한다. 평가위원이 '고생했구 나!', '지금까지 이런 생각은 못 해 봤는데…' 하고 무릎을 칠 수 있어야 한다.

[그림 2-6] 성과분석 및 환류 작성 사례
자료원: 대한무역투자진흥공사(2017.3.), 2016년도 경영실적보고서(본보고서)

'성과분석 및 환류'는 기관에 따라 표현은 다르지만, 모든 기관이 개별지표 맨 뒤에 추가 시키고 있는 내용이다.[44] '성과분석 및 환류'에는 대개 개별지표와 관련된 1) 계량 성과에 대 한 분석, 2) 비계량 성과에 대한 분석, 3) 당기 중 이루어진 성과공유 및 학습활동, 4) 차년 도 계획에 반영된 조치사항 등이 제시된다. 공공기관 경영평가의 본래 목적과 기능을 생각 해 보면, '성과공유 및 학습활동'과 '차년도 개선계획'이 중요하다. 그러나 [그림 2-6]에서 알 수 있듯이 계량 및 비계량 성과에 관한 부분이 많은 비중을 차지한다. 두 가지 이유에서다. 하나는 '성과분석 및 환류' 부분을 작성하는 목적을 이해하지 못하고 있기 때문이고, 다른 하나는 실제 성과에 대한 체계적 분석과 피드백이 원활하게 이루어지지 않기 때문이다. 현 장에서 느낀 경험에 비추어 보면 대부분의 기관이 후자에 더 가깝다.

---

44 과거에 사용해 왔던 경영실적보고서 작성지침에 공통 목차로 있었던 사항이기 때문에 계속해 추가하기도 하고, 평가위원 에게 '경영실적평가보고서'에 지적해 주길 바라는 사항을 종합 정리하는 차원에서 작성하기도 한다.

3. 주요사업 범주

주요사업 범주의 비계량지표('주요사업 성과관리의 적정성')는 별도의 공통 목차가 없다. 평가지표를 구성하는 세부평가내용이 PDCAI 관점에서 설계되어 있기 때문이다. 따라서 세부평가별로 보고서를 세부평가내용에 맞추어 작성하기만 하면 된다.

4. 계량지표 작성 방법

계량지표는 보고서 작성이 용이하다. 경영평가편람에 사전에 약속된 기준과 방법에 의해 실적치를 제시하고, 평가위원이 계수 확인 내지 조정을 거치면 되기 때문이다. 실적보고서에는 1) 실적 개요, 2) 실적 내용, 3) 항목별 분석, 4) 실적산출 내역을 순서대로 작성해야 하는데, 경영실적보고서 작성지침에 공통 양식이 제시되어 있다.

첫째, '실적 개요'에는 최근 3년간 실적치를 제시해야 하는데, 연도별 평가산식, 평가 방법, 목표치 또는 기준치, 실적치, 평점, 가중치, 득점치를 차례대로 기술한다. 또한 당기 중 계수 조정이 이루어진 경우 보정 근거, 보정 사유 및 실적 산출 내역을 추가로 제시해야 한다. 계수 확인을 위해 별도 자료 제출이 이루어지고 있으나, 실제 확인이 어려운 경우가 많다. 특히 주요사업 범주의 계량지표는 평가위원이 객관적으로 검증하기 어렵다. 기관이 제출한 자료에 전적으로 의존할 수밖에 없기 때문이다. 반면 경영관리 범주의 계량지표는 결산 자료를 주요 근거자료로 사용하기 때문에 객관적 검증이 가능하다. 그러나 이 경우에도 일부 계정과목의 변경과 조정 절차를 거쳐 전년도와 다른 방식으로 실적을 보정하는 경우가 있다. 경영실적보고서 작성지침에는 보정사항 요청 양식에 별도로 해당 내용을 명시하게 되어 있다. 일부 기관은 이를 무시하고 별도로 보고서에 명시하지 않았다가 감점을 받기도 한다.

둘째, '실적 내용'에는 해당 계량지표의 실적치에 대한 설명을 제시한다. 전년 대비 증감 현황 및 사유, 계수적으로 설명할 수 있는 주요사업상 이슈 및 성과변동 원인, 관련 사업 계획 및 사업수행상 노력 등을 기술한다. 특히 총인건비 인상률을 위반한 경우는 과다인상분 해소 노력을 구체적으로 기술해야 한다. 노사 간 협의를 통한 차년도 임금동결, 각종 수당 폐지, 임금반납 등이 명시되어 있지 않으면 관련된 비계량지표[45]에서 당기 중 이루어진 노력 이나 실적과 무관한 등급을 받을 수 있다.

셋째, '항목별 분석'에는 개별지표를 구성하는 측정 기준을 세부항목별로 구분해 과거 실적치와 비교하고, 이를 통해 성과 변동의 원인을 분석·진단한 내용을 제시해야 한다. 생각만 해도 어렵다. 그래서인지 대부분의 기관이 형식적인 내용만 기술하고 있다. 특히 사업이나 경영 여건의 변동이 인정되는 경우에도 이를 인정받아 계량지표 실적치를 상향 조정하는 경우는 매우 드물다. 해당 지표에 영향을 미치는 사업이 민간 혹은 타 기관으로 이관되었거나, 기관 간 통합이 이루어지는 등 대규모 변화가 있는 경우는 통상 해당 지표를 제외하기 때문이다. 반면, 계수 조정이 어려운 경우라도 충분한 설명을 제시해야 할 필요가 있는데, 매년 경영평가단과 평가지표 변경을 협의할 때 주요 근거자료로 활용할 수 있기 때문이다. 경영실적보고서는 기관 차원에서 기획재정부와 공공기관 경영평가단에 공식적 의견을 제시한 결과물이다. 반면 이를 토대로 이루어진 경영실적평가보고서는 기획재정부와 공공기관 경영평가단의 공식적 회신이다. 평가지표의 변경이나 조정은 기관 입장에서는 사업의 변경과 조정을 의미한다. 따라서 경우에 따라 기관의 자체적인 노력으로 해결할 수 없었던 부분을 기획재정부와 공공기관 경영평가단의 힘을 빌려 해결할 수 있는 기회가 되기도 한다.[46] 그래서 계량지표도 비계량지표와 마찬가지로 보고서 작성 시 전략적인 판단과 결정이 필요하다.

넷째, '실적산출 내역'에는 당해년도의 실적치와 과거 실적치를 제시하여 계수 확인에 필요한 기본 데이터를 제시한다. 개별지표의 평가 방법에 따라 [표 2-24]에 제시된 바와 같이 작성 내용에 일부 차이가 있다. 계량지표의 실적산출 내역은 평가 방법의 변경이나 기획재

---

45 일반적으로 보수 및 복리후생, 노사관계 등에서 'C0' 이상의 평가등급을 받지 못했다.

46 개인적 경험에 비추어 보면, 준정부기관은 이러한 역량이 매우 취약하다. 그러나 공기업 중 다수는 경영평가를 전략적으로 활용하고 있다.

정부 별도 지침이 없는 한 전년도와 동일하게 처리하면 된다.

앞의 네 가지 항목과 별도로 경영실적보고서 마지막에 '계량지표 경영실적 요약'을 제시해야 한다. 앞에 나온 전체 계량지표(경영관리 및 주요사업 범주)를 종합하여 한 번 더 정리한다고 보면 된다. 실적을 요약할 때는 '경영실적보고서 작성지침'에 제시된 공통 양식을 따라야 한다.

[표 2-24] 실적산출 내역 작성지침

평가 방법	작성 방법
목표부여 및 목표대실적	○ 당해 목표의 과거 5개년 실적치를 비교 제시 ○ 목표의 성격에 따라 부서/사업/지역별로 구분 ○ 목표 수정 시 그 내역과 근거를 제시
추세치 및 β분포	○ 계수의 과거 실적 ○ 표준치 및 표준편차 산출 ○ 등급구분점 산출 ○ 평점 및 득점 산출 ○ 연도별 실적치(비율 및 비율의 구성 항목)

자료원: 기획재정부(2017.2.), 2016년도 경영실적보고서 작성지침

5. 참고자료 작성 방법

공공기관 경영평가를 수검하는 기관은 평가 대상 연도 경영실적보고서 외에 참고자료를 같이 제출해야 한다. 기관에 따라 차이는 있지만, 분량 면에서 참고자료가 본보고서 이상인 경우도 많다. 경영실적보고서의 분량을 축소한 것이 평가 대상 기관의 업무 부담을 줄이기 위한 목적에서 비롯된 것이라면, 참고자료의 작성은 평가위원의 업무 부담을 줄이기 위한 목적이 크다. 과거에는 경영실적보고서에 누락된 자료를 평가위원이 개별 기관에 요청해 받아야 했는데, 현재는 평가 매뉴얼에 확인이 필요하다고 명시한 일반자료에 대해서는 피평가기관이 참고자료에 포함시켜 경영실적보고서와 함께 제공해야 한다. 물론 여전히 실사 이전에 평가위원이 개별 기관에 실적 확인에 필요한 별도 자료를 요청하고 있다. 개별 기관이 제출한 경영실적보고서를 읽고 난 뒤에 확인할 필요가 있다고 판단되면 자료를 요청하는 게 일반적이다. 기관에서 제출한 보고서뿐만 아니라 같은 유형에 속하는 타 기관과의 비교 차원에서 요청하는 경우도 있다.[47]

참고자료는 '일반현황'과 '첨부자료'로 구분되고, 2016년도 경영평가 시와 같이 별도 보고서가 포함되는 경우도 있다.[48] 2017년도 평가 시에는 〈일자리가점 실적 평가보고서〉를 별도 작성해 제출해야 한다.[49]

먼저 '일반현황'에는 [표 2-25]에 제시된 바와 같이 기관의 일반현황, 관련 부서자료 및 경영실적 요약표를 제시해야 한다. '일반현황'에 제시되는 자료들은 '전략기획 및 사회공헌' 지표와 관련된 내용이 많다. '일반현황'은 평가위원의 기관에 대한 이해를 돕기 위해 제공된다. 이 점을 감안해 기관의 경영 현안과 사업 여건을 쉽고 자세하게 기술할 필요가 있다.

'첨부자료'는 '보수 및 복리후생' 및 '노사관리' 지표를 평가하기 위해 확인해야 할 자료들

---

47 과거 경영평가단은 특정 기관이 타 기관의 확인 없이 기관 간 비교치를 임의 제시하여 평가와 관련된 허위나 오류 정보를 제공하는 것을 막기 위해 기관 간 비교 데이터를 제시할 때 별도 확인이 가능한 자료원 등을 명시하거나, 비교 기관명을 제외하고 제시하도록 권고한 바 있다.

48 기획재정부는 2014년도 경영평가 시 〈방만경영 개선실적보고서〉를 〈본보고서〉 및 〈참고자료〉와 별도의 책자로 만들어 제출하도록 요구했으며, 2015년도에는 〈임금피크제 보고서〉를 별도 제출한 상태에서 본 보고서 내에 관련 내용을 다시 축약해 제출하기도 했다.

49 기획재정부(2017.11.), 2017년도 공공기관 일자리 가점 평가방안

로 구성되어 있다. 대부분의 기관에서 문재인정부 출범에 맞추어 다양한 제도를 도입·개선해 왔으며, 이와 관련해 단체협약 및 취업규칙 상의 많은 변화가 있었다. 따라서 관련 제 규정의 신구대비표를 꼼꼼하게 확인해 제시해야 한다. 실제 평가 과정에서 기관 간 비교를 위한 자료로 활용될 수 있기 때문이다.

[표 2-25] 일반현황 작성 방법

구분		작성 방법
일반 현황	경영현황	○ 일반현황(연혁, 설립근거, 기구 및 정원, 재무구조 등) ○ 경영 목표(비전·경영 목표, 전략체계도, 변경사유 등) ○ 현재와 과거의 주요 경영 여건 변화 ○ 주요 경영전략 및 경영방침 등
	부속자료	○ 회계원칙 요약 ○ 전년도 경영평가 시 지적사항을 포함해 감사원·국회 등 외부기관의 지적사항과 조치실적 ○ 이사회 의사록 ○ 경영평가와 관련된 건의사항(문제점과 개선 방안 중심)
	지표요약	○ 경영실적 평가지표의 총괄요약표(평가편람 상 요약표) ○ 평가지표별 담당부서(담당 부서, 담당 팀장, 연락처)
첨부 자료	경영계획	○ 기관장 경영계획서
	단체협약	○ 당해년도 및 전년도 단체협약서 및 임금협약서 ○ 단체협약서 신구대비표 ○ 임금협약서 신구대비표
	노사관리	○ 노사협의회 회의록 및 합의사항(날짜, 합의 내용 명시)
	사내근로 복지기금	○ 사내근로복지기금 정관 및 회의록 ○ 변경사항 발생 요약표(날짜, 내용, 변경사유 등)
	복리후생	○ 가장 최근에 개정된 복리후생 관련 규정 및 시행세칙 ○ 복리후생 관련 규정 및 시행세칙 신구대비표
	취업규칙	○ 인사, 복무, 보수규정 및 시행세칙 등 제 규정 ○ 최근 개정된 규정의 신구대비표
	지적사항 조치결과	○ 최근 5년간 국회·감사원 등 외부 지적사항 및 조치 결과

자료원: 기획재정부(2017.2.), 2016년도 경영실적보고서 작성지침

Chapter 4

경영실적보고서 구성방안

이하에 제시되는 내용은 경영실적보고서 작성 실무를 담당하는 사람을 위한 것이다. 비계량지표와 관련된 보고서를 작성하는 사람이 아니라면 굳이 볼 필요가 없다. 앞에서 우리는 공공기관 경영평가 시 사용되는 평가지표, 세부평가내용, 그리고 평가착안사항, 기획재정부와 공공기관 평가단이 요구하는 경영실적보고서 작성 방법에 대해 살펴보았다. 이하에 설명하는 내용은 평가지표별로 보고서를 구성하는 방법인데, 순수하게 업무를 효율적으로 처리하기 위한 노하우로 이해하면 된다. 경영실적보고서의 구성방안은 '평가착안사항'과 개별지표에서 우수한 평가를 받은 '전년도 경영실적보고서 작성사례'를 활용했다.

이하에 제시되는 내용 중 상당수는 10년 넘게 경영실적보고서를 작성하는 공공기관들과 함께 일하면서 얻은 '개인적' 노하우를 담고 있다. 2017년도 경영평가편람(수정)에 제시된 평가 대상 기관은 총 123개 기관인데, 이 중 경영평가와 관련해 직·간접적으로 접했던 기관은 50여 개 기관에 불과하다. 또한 그동안 이런저런 자문을 제공해 주었던 공공기관 경영평가단의 평가위원은 30명 정도이다. 이렇게 말을 장황하게 늘어놓는 이유는 여기에 제시된 대로 해도 좋은 평가를 받을 수 있을지는 모르기 때문이다. 비계량지표에 대한 평가는 평가위원 개인의 성향에 따라 변동 폭이 크다는 점을 감안해 주었으면 한다.

1. 고스트 팩(Ghost Pack) 구성하기

특정 프로젝트를 수행할 때 나와 같은 컨설턴트들은 제일 먼저 프로젝트와 관련된 가설을 세우고, 분석해야 할 과업의 아웃라인을 잡는다. 경영실적보고서 작성도 마찬가지다. 그러나 일반 프로젝트와 달리 경영평가는 사전에 정의된 가이드라인이 있다. 그래서 별도의 가설 수립 과정이 필요 없다. 한마디로 처음부터 고민해서 얻을 게 없다. 별도의 고민이나 의견수렴 과정 없이도 아웃라인을 쉽게 만들 수 있다. 컨설턴트들은 보고서의 아웃라인을 '다루어야 할 주제는 있으나 내용은 없다'는 뜻에서 고스트 팩(Ghost Pack)이라고 부른다. 대부분의 기관에서 '전년도 경영실적보고서'는 보고서 작성자들이 가장 많이 활용하는 고스트 팩이다. 여기에 더해 지표별로 우수한 등급을 받은 기관의 경영실적보고서도 고스트 팩을 만드는 데 매우 유용하다.

가장 먼저 해야 할 일은 자신이 담당하는 지표의 작성 분량을 확인하는 일이다. 지표별로 작성해야 할 페이지를 정해 놓는 일은 경영실적보고서 작성을 담당한 임원 혹은 관련 부서장이 결정한다. 보고서 작성자는 자신이 최종적으로 작성할 분량을 확인해 초과 내지 미달되지 않도록 계획을 수립해야 한다.

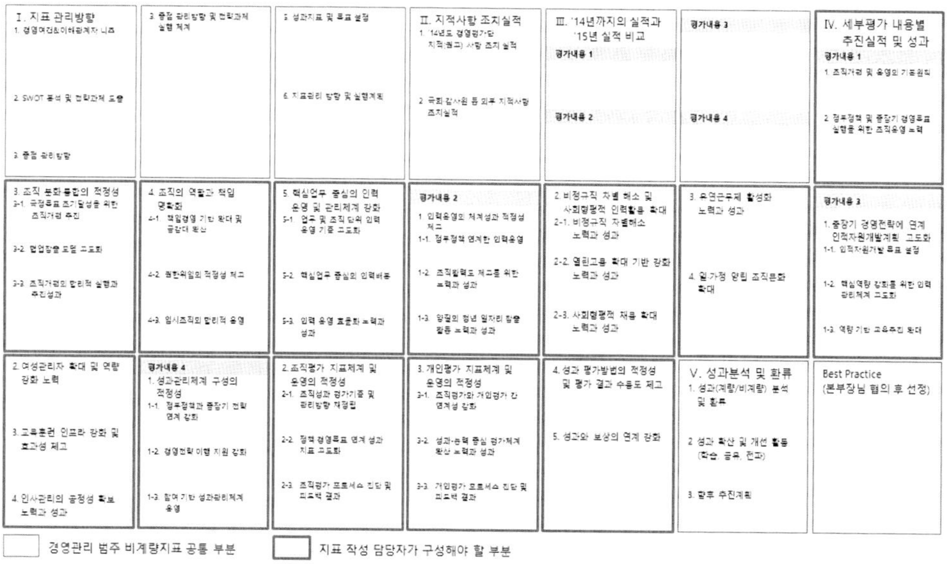

[그림 2-7] 고스트 팩 구성 사례

[그림 2-7]은 '조직 및 인적자원관리' 지표와 관련된 고스트 팩 구성 사례이다. 경영관리 범주에 속하는 비계량지표는 경영실적보고서 작성지침에 공통으로 담아야 하는 내용이 있다. [그림 2-7]에서는 상단 좌측의 5장과 하단 우측 2장이 여기에 해당한다. 보통 보고서 작성 이전에 경영평가 대응을 담당하는 부서에서 지표별로 전체 분량과 지표별로 공통으로 작성할 부분을 정해 둔다. 여기에 맞추어 개별지표 담당자들은 자신이 작성할 보고서의 아웃라인을 잡게 되는데, 가장 먼저 [그림 2-7]에 굵은 실선으로 표시된 부분과 같이 평가내용 단위로 몇 페이지를 할당할 것인지를 정하면 된다. 이 단계에서 중요한 것은 당기에 기관 내에서 이루어진 활동에 비중을 두지 말고, 평가 매뉴얼 상의 평가착안사항을 기초로 해야 한다는 점이다. 보고서 작성은 부서의 입장보다는 기관의 입장, 기관의 관점보다는 평가위원의 관점에서 이루어져야 한다. 따라서 평가 매뉴얼에 제시된 내용에 맞추어 자신이 작성할 내용을 구성해야 한다. 평가위원들이 중점 확인할 부분이므로, 관련 내용이 누락되지 않게 어떤 내용을 담아야 하는지 스스로 가이드라인을 정한 뒤 관련 부서에 자료를 요청할 필요가 있다.

2. 참고자료집(Reference Book) 작성

시험을 잘 보려면 교과서(평가 매뉴얼)만 봐서는 안 된다. 고득점을 위해서는 기출문제와 예상문제가 담긴 참고서를 필수적으로 봐야 한다. 경영실적보고서 작성도 마찬가지다. 앞에서 설명한 고스트 팩을 효과적으로 구성하기 위해서는 참고서가 필요하다. 대부분의 기관이 전담반을 구성하고 나면 보고서 작성 담당자들에게 참고자료집을 만들어 나눠 준다. 여기에는 대체로 다음과 같은 내용들이 포함된다.

[표 2-26] 보고서 작성 담당자를 위한 참고자료집 구성 예시

구분	구성 항목	페이지
벤치마킹 자료	지표별 우수기관 작성사례(전년도)*	100~120
	최우수등급 기관 작성사례(전년도)	50~70
	유사(경쟁)기관 작성사례(전년도)	50~70
	지표별 경영혁신 사례(보도자료 포함)	10~20
기관 내부자료	지표별 전년도 경영실적보고서*	20~30
	당해년도 지표별 내부평가보고서*	30~100
	당해년도 CEO 경영방침	3~10
	당해년도 보도자료집	10~20
	당해년도 외부평가 및 인증 자료집	30~50
경영평가단 자료	지표별 전년도 경영실적평가보고서*	3~10
	당해년도 평가편람*	6~10
	전년도 평가 매뉴얼(작성지침 포함)*	30~50
	공공기관 경영평가단 세미나 자료	(가변적)
	전년도 평가위원 발표자료(논문, 강의자료 등)	10~30
소계	-	350~600

[표 2-26]에 제시된 자료 중 *표시가 있는 자료는 지금까지 같이 일해 왔던 모든 기관에

서 공통으로 제공되었던 자료이다. 반면에, *표시가 없는 자료는 기관에 따라 차이가 있었다. 물론 더 많은 자료를 준비해 제공하고, 사전에 자료에 대한 충분한 교육과 검토 과정이 이루어졌던 기관이 높은 점수를 받았다.[50] 전담반에 들어와 자료집을 받았는가? 위의 내용 중 빠진 것이 있으면 요청하라. 시작 단계부터 총알이 부족하면 3개월 남짓 소요되는 기나긴 전투에서 버티기 어렵다.

---

50 비계량지표와 관련된 평가에서 높은 등급을 받은 경우를 의미한다. 계량지표는 실제 경영평가를 주관하는 부서나 전담반이 역량과는 무관하기 때문이다.

3. 자르고, 붙이고, 맞춰라!

보고서 작성 전담반 직원에게 가장 중요한 역량은 무엇인가? 요즘은 이런 질문을 받는 경우가 드물지만, 2004년에 정부산하기관들이 처음 경영평가를 받게 되었을 때 내가 가장 많이 들었던 질문 중 하나다. 그때 우스개로 했던 말이 '공인회계사와 같은 역량'이었다. 회계법인에 입사하여 공인회계사(CPA)들이 제일 먼저 배우게 되는 것이 자르고(Cut), 붙이고(Paste), 맞추는(Assemble) 일이다. 시쳇말로 '개노가다'라고 불리는 무한 단순반복의 작업이다. 이제 와 돌이켜 보면 이러한 작업 과정을 버틸 수 있는 '스트레스 내성'이 전담반 직원들에게 요구되는 중요한 역량과 자질이 아닌가 싶다.

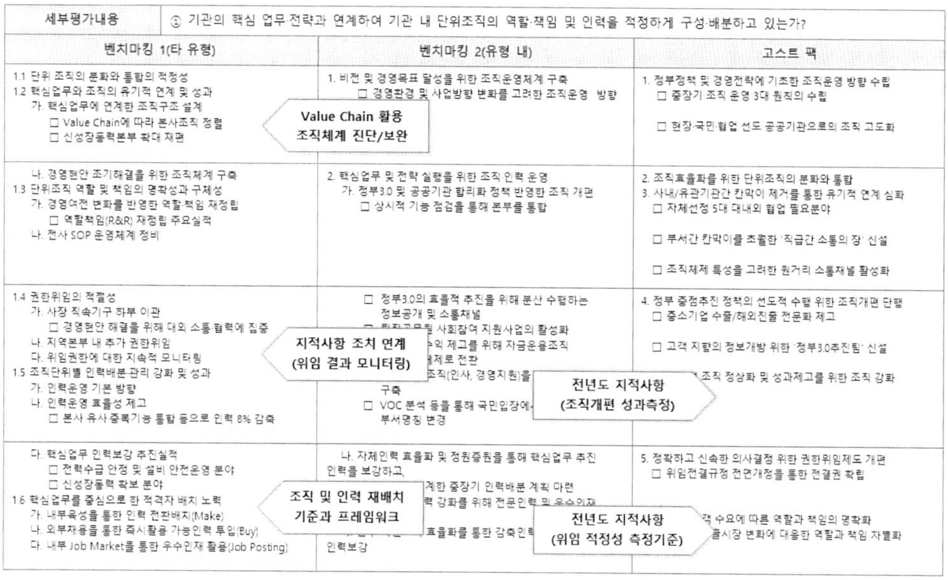

세부평가내용	① 기관의 핵심 업무·전략과 연계하여 기관 내 단위조직의 역할·책임 및 인력을 적정하게 구성·배분하고 있는가?	
벤치마킹 1(타 유형)	벤치마킹 2(유형 내)	고스트 팩
1.1 단위 조직의 분화와 통합의 적정성 1.2 핵심업무와 조직의 유기적 연계 및 성과 가. 핵심업무에 연계한 조직구조 설계 □ Value Chain에 따라 본사조직 정렬 □ 신성장동력본부 확대 재편	1. 비전 및 경영목표 달성을 위한 조직운영체계 구축 □ 경영환경 및 사업방향 변화를 고려한 조직운영 방향	1. 정부정책 및 경영전략에 기초한 조직운영 방향 수립 □ 중장기 조직 운영 3대 원칙의 수립 □ 현장·국민·협업 선도 공공기관으로의 조직 고도화
나. 경영현안 조기해결을 위한 조직체계 구축 1.3 단위조직 역할 및 책임의 명확성과 구체성 가. 경영여건 변화를 반영한 역할·책임 재정립 □ 역할책임(R&R) 재정립 주요실적 나. 전사 SOP 운영체계 정비	2. 핵심업무 및 전략 실행을 위한 조직·인력 운영 가. 정부3.0 및 공공기관 합리화 정책 반영한 조직 개편 □ 상시적 기능 점검을 통해 본부를 통합	2. 조직효율화를 위한 단위조직의 분화와 통합 3. 사내/유관기관간 칸막이 제거를 통한 유기적 연계 심화 □ 자체선정 5대 대내외 협업 필요분야 □ 부서간 칸막이를 초월한 '직급간 소통의 장' 신설 □ 조직체제 특성을 고려한 원거리 소통채널 활성화
1.4 권한위임의 적절성 가. 사장 직속기구 하부 이관 □ 경영현안 해결을 위해 대외 소통·협력에 집중 나. 지역본부 내 추가 권한위임 다. 위임권한에 대한 지속적 모니터링 1.5 조직단위별 인력배분·관리 강화 및 성과 가. 인력운영 기본 방향 나. 인력운영 효율성 제고 □ 본사 유사·중복기능 통합 등으로 인력 8% 감축	□ 정부3.0의 효율적 추진을 위해 분산 수행하는 정보공개 및 소통채널 … 사회참여 지원사업의 활성화 … 수익 제고를 위해 자금운용조직 … 체제로 전환 … 조직(인사, 경영지원)을 … 구축 □ VOC 분석 등을 통해 국민입장에… 부서명칭 변경	4. 정부 중점추진 정책의 선도적 수행 위한 조직개편 단행 □ 중소기업 수출/해외진출 전문화 제고 □ 고객 지향의 정보개방 위한 '정부3.0추진팀' 신설 … 조직 정상화 및 성과제고를 위한 조직 강화
다. 핵심업무 인력보강 추진실적 □ 전력수급 안정 및 설비 안전운영 분야 □ 신성장동력 확보 분야 1.6 핵심업무를 중심으로 한 적격자 배치 노력 가. 내부육성을 통한 인력 전환배치(Make) 나. 외부채용을 통한 즉시활용 가능인력 투입(Buy) 다. 내부 Job Market을 통한 우수인재 활용(Job Posting)	나. 자체인력 효율화 및 정원증원을 통해 핵심업무 추진 인력을 보강하고, … 계한 중장기 인력배분 계획 마련 … 력 강화를 위해 전문인력 및 우수인재 … … 효율화를 통한 감축인력 … 인력보강	5. 정확하고 신속한 의사결정 위한 권한위임제도 개편 □ 위임전결규정 전면개정을 통한 전결권 확립 … 객 수요에 따른 역할과 책임의 명확화 … 출시장 변화에 대응한 역할과 책임 차별화

[그림 2-8] 고스트 팩과 참고자료집 연계 사례

[그림 2-8]은 고스트 팩을 작성한 뒤 참고자료집에서 타 기관의 보고서를 벤치마킹하면서 살을 붙여 나가는 과정에서 도출된 사례다. 먼저, 세부평가내용별로 본인이 작성한 고스트 팩에 기록된 내용과 타 기관 사례를 비교해 누락된 부분을 확인한다. 특히 보고서 작성 과정에 '참고할 만한 분석 틀', '성과를 제시하는 데 활용된 기준과 지표'를 점검해야 한

다. 전년도 '경영실적평가보고서'에는 이러한 분석 틀, 기준과 지표에 대한 평가위원의 평가 내용이 기술되어 있는데, 우수한 사례로 타 기관에 전파할 필요가 있다고 언급한 부분이 있다면 활용해 볼 가치가 충분하다.

전년도에 지적받은 사항이 있는 부분은 참고자료집에서 활용할 수 있는 다양한 분석 틀과 기준을 반드시 확인하는 작업을 거쳐야 한다. 당기 중 컨설팅을 받아 문제를 충분히 해결했다고 판단되는 경우도 마찬가지이다. 많은 기관에서 실수하는 부분 중 하나는 당기 중 컨설팅이나 연구용역을 수행한 결과물을 그대로 경영실적보고서에 옮겨 놓는 경우이다. 제시할 수 있는 실적이 아무것도 없는 것보다는 낫다. 그러나 보다 높은 평가등급을 받기 위해서는 '무엇을 했다'에 그쳐서는 안 된다. 무엇을 했는데 '어떤 성과가 나왔다'는 점에 초점을 맞추어야 한다. 그래서 타 기관에서 당기에 거둔 실적이나 성과를 제시할 때 어떤 기준과 지표를 사용했는지를 확인해야 한다. 사실 이러한 작업은 평소에 해야 한다. 모든 직원은 자신이 맡은 분야의 업무가 타 기관에서는 어떤 방식과 기준으로 관리되는지 알고 있어야 한다. 경영실적보고서 작성 단계에서는 전년도에 우수한 평가를 받은 몇 개 사례를 자르고, 붙이고, 맞추는 데 급급할 수밖에 없다. 따라서 참고자료는 미리 각자가 수집해 두는 게 좋다.

우수한 등급을 계속 유지해 오고 있는 기관들은 대체로 상반기가 종료되면 7월에서 8월 사이에 경영평가와 관련된 중간점검을 실시한다. 그리고 [그림 2-8]과 형태는 다르지만, 참고자료집을 만들어 하반기에 추진 내지 도입 가능한 과제를 발굴하는 작업을 거친다. 10년 가까이 A등급을 유지해 오고 있는 모 기관은 중간점검에 노동조합이 함께 참여한다. 중간점검에서는 하반기에 노사가 힘을 모아 새롭게 추진할 수 있는 일들을 검토하고, 중간점검 이후에는 진행과정에서 발생하는 문제들을 정기적으로 점검·협의해 간다.[51] 자르고, 붙이고, 맞추는 작업을 전담반을 중심으로 수행하는 기관은 대체로 B등급을 받는다. A등급을 받는 기관이 B등급을 받는 기관과 다른 점이 여기에 있다. 자르고, 붙이고, 맞추는 단순 작업에 보다 많은 직원들이 참여하고, 새로운 도전과 학습이 지속적으로 일어나는 기관은 좋은 등급을 유지할 수밖에 없다.

---

51 경영평가에서는 이러한 내용에 대한 평가도 한다. 하지만 실제로 이러한 활동을 실천에 옮기고 있는 기관은 많지 않다.

　자르고, 붙이고, 맞추는 작업은 보고서 작성뿐만 아니라 경영의 기본인지도 모른다. 새로운 것을 계획하고, 계획을 실행하기 위해 노력하고, 문제를 찾아 해결하는 과정은 쉽지만 지루한 과정이다. 기본에 충실하라고 말을 하기는 하지만, 실제 기본에 충실하기는 매우 어렵다. 그래도 어쩌겠는가? 요행을 부리기보다는 꾸준히 자르고, 붙이고, 맞춰라. 이미 정해진 것은 빨리 받아들이는 것이 좋다. 보고서를 작성하는 사람에게도, 경영평가를 받는 기관에도 말이다.

Chapter 5

좋은 보고서의 요건

모 기관에서 조직진단 프로젝트를 수행할 때였다. 당시 프로젝트를 기획팀에서 주관했는데, 기획팀장이 요구한 것이 있었다. 프로젝트와 상관없이 교육 프로그램을 운영해 달라는 것이었다. 수주해야 하는 컨설팅사 입장에서 거절할 수 없었다. 교육의 핵심 내용은 '글을 잘 쓰는 방법'이었다. 몇 달 뒤에는, 모 기관이 소개한 다른 기관에서 '보고서 잘 쓰는 방법'에 대한 강의를 해야 했다. 매년 12월 즈음이면 10여 개 기관에서 비슷한 요청이 있다. 각 기관의 부서장들이 공통적으로 '요즘 직원들은 기획력이 너무 떨어진다'고 하소연한다. '내가 뭐 논술학원 강사도 아니고, 이거야 원…' 하는 생각도 들었지만, 실제 직원들이 작성한 보고서를 보고 생각이 바뀌었다. 앞에서 언급했던 10년 가까이 A등급을 유지해 오고 있는 모 기관에서도 마찬가지였다. 미국이나 영국의 공공기관들은 연례보고서 작성 시 개조식이 아니라 서술형으로 보고서를 작성한다. 그래서 경영실적보고서를 그렇게 한 번 바꿔보는 게 어떻겠냐고 제안했더니, 기관 내 글을 쓸 수 있는 사람이 없어서 아마 작가를 구해야 할지 모른다는 게 대답이었다.

평가위원 입장에서 생각해 보자. 경영평가를 담당하는 평가위원들이 가장 어려워하는 부분 중 하나가 기관들이 제출한 보고서의 가독성 문제이다. 2014년도 경영평가부터는 기존에 사용해 왔던 디자인이나 그래프를 최소화하는 조치가 이루어졌기 때문에, 평가위원 입장에서는 문제가 더 심각해졌다. 가독성이 떨어지면 변별력도 떨어지기 마련이다. 반면에 개별지표에 부여되는 평가등급 자체는 거의 상대평가에 가깝다. 그래서 더욱 어떤 단어를 선택했고, 어떤 형태로 수치를 제시했는가에 따라 희비가 엇갈리기 쉬워졌다. 한마디로 보고서 자체를 잘 쓰는 것이 승부의 관건이 된 것이다.

이하에서는 평가위원의 관점에서 좋은 보고서를 작성하기 위해 고려해야 할 사항들을 살펴보고자 한다. 여기서 말하는 '평가위원의 관점에서 좋은 보고서'란 보고서 작성 담당자들이 작성하기 좋은 보고서가 아니고, 좋은 평가를 받는 데 유리한 보고서를 의미한다. 보고서 작성 담당자에게는 쉽지 않은 과제가 될 것이다. 또한 지금까지 만나 본 '보고서를 잘 쓰는 사람'들의 특징을 통해 경영실적보고서를 작성하는 과정에서 보고서 작성을 담당한 사람들이 반드시 기억해야 할 사항 몇 가지를 살펴보게 될 것이다.

1. 베스트셀러와 전화번호부 사이

제1장에서 언급했던 바와 같이 경영실적보고서 작성과 관련된 내용은 지루하기 그지없다. 그래서 자신과 관련된 부분만 보라고 했다. 경영실적보고서 작성과 관련된 강의를 시작할 때면 으레 '오늘 있게 될 강의는 전화번호부 강의입니다. 그래서 코만 골지 않으신다면 주무셔도 괜찮습니다'라는 안내를 제공한다. 경영실적보고서 자체는 전화번호부에 가깝다. 필요한 정보가 담겨 있으나, 모든 정보가 평가위원에게 필요한 것은 아니다. 기관에서 보고서를 작성하는 직원들과 마찬가지로 평가위원도 서로 담당한 지표가 다르기 때문이다. 그래서 각 지표에서 요구하는 사항에 맞추어 요령 있게 보고서를 작성하라고 강의한다. 애써 작성한 보고서가 평가위원에게 전화번호부가 되어서는 안 되기 때문이다. 전화번호부 강의를하면서, 정작 고객에게는 전화번호부를 작성하면 안 된다고 강의했던 것 같아 송구스럽다.

[표 2-27] 베스트셀러와 전화번호부

	베스트셀러	전화번호부
공통점	(플롯을 구성하는) 원칙이 있다.	(색인을 구성하는) 원칙이 있다.
	(플롯에 따라) 나뉘어 있다.	(색인에 따라) 나뉘어 있다.
차이점	돈을 주고 사는 경우가 많다.	무료로 제공되는 경우가 많다.
	기대하지 않았던 감동을 준다.	필요한 정보(전화번호)만 준다.
	대칭되는 정보(선과 악)가 있다.	무의미한 정보가 많다.
	기억에 남는다.	기억에 남지 않는다.

전화번호부 이야기가 나온 김에 베스트셀러와 전화번호부를 비교해 보자. [표 2-27]에 제시된 바와 같이 베스트셀러와 전화번호부 사이에는 공통점도 있지만, 차이점도 있다. 자신이 작성한 경영실적보고서가 베스트셀러에 가까울 것인가, 전화번호부에 가까울 것인가는 주어진 콘텐츠를 어떻게 전달하느냐에 따라 달라진다. 물론 콘텐츠 자체가 중요하다. 그러나 콘텐츠 자체는 보고서 작성 담당자가 어떻게 할 수 있는 영역이 아니다. 베스트셀러와 전화번호부의 차이점 중에서 기억해야 할 중요한 부분이 있다. 읽는 사람의 기억에 남을 것

인가, 남지 않을 것인가 하는 부분이다. 기억에 남을 가능성은 전달될 정보의 구성방식에 따라 달라진다. 베스트셀러에는 대칭되는 정보가 담겨 있다.[52] 정보를 담고 있는 스토리의 핵심은 등장인물이 변화(신분, 권력, 성격, 역량이나 자질 등)되는 시점을 전후로 구분된다. 소설이나 드라마에서 이 부분이 지나치게 장황하거나 앞뒤 상황이 맞지 않으면 재미가 없다.[53] 경영실적보고서도 마찬가지다. 평가위원의 관심을 집중시키기 위해서는 대칭이 되는 정보를 명확히 구분해 전달해야 한다.

[표 2-28] 경영실적보고서의 구성

구분	전년도	당해년도(평가년도)	차년도
해당 항목	전년 + 당기 실적 비교 지적사항 조치실적	평가내용별 추진실적 베스트 프랙티스	성과분석 및 환류
우수 기관	지표 관련 자체진단 경영·사업여건 변화	갈등 및 변화관리 정량·정성적 변화	강점과 약점이 명확 강점 중심 자원 확대
부진 기관	지표 관련 일반사항 형식적 로드맵	제도나 활동의 추진 정량 중심 변화	강점과 약점이 불명확 사업의 단순 확대
착안 사항	Why So 실적 추진배경	How, What 실적의 추진	So What 구체적 결과물(성과)

경영실적보고서에는 전년도-당해년도(평가년도)-차년도에 이르는 3개년의 노력과 성과가 제시된다. 물론 당해년도의 실적이 평가의 핵심이 된다. 그러나 그러한 변화가 있게 된 구체적 원인에 대한 분석과 향후 어떻게 발전·보완해 나갈지가 불명확하면 일순간에 전화번호부가 된다. 평가위원 입장에서는 당기에 추진한 제도나 활동의 단순한 나열로 보이기 때문이다. 안타깝게도 상당수의 기관이 전년도-당해년도(평가년도)-차년도에 이르는 사이클을 제대로 이해하지 못하고 있다. 그래서 경영실적보고서를 구성하거나, 실사 과정에서 인터뷰를 진행할 때 애를 먹는다. 위로는 경영진에서 아래로는 실무담당자까지 마찬가지다. 평가위원

---

52 항상 그런 것은 아니다. 대체로 그렇다는 것이다. 틀에서 벗어난 시도를 하는 것도 평가위원의 기억에 남을 수 있는 좋은 방법이다. 다만, 추천해 드리고 싶지는 않다. 성공 확률이 낮기 때문이다.

53 물론 예외도 있다. 인기를 끄는 드라마 중 일부는 대개 전후 상황이나 맥락과 상관없이 스토리를 전개하는 경우가 있다. 이 경우 자극적 대사나 높은 수위의 선정성, 폭력성 등에 의존하게 된다. 경영실적보고서에는 이러한 요소가 없다. 그래서 원칙을 벗어난 예외를 기대하기 어렵다.

이 던지는 'Why so(왜 그렇게 했습니까? 다른 대안은 충분히 검토했나요?)'와 'So what(그래서 뭐가 달라졌나요? 그래서 얻은 게 당초에 목표로 했던 건가요?)'이라는 두 가지 질문에 무너지기 십상이다.

이러한 불행한 사태를 막기 위해 보고서 작성 담당자들에게 사전에 지표를 담당하는 경영진, 처·실장, 팀·부장과 인터뷰를 진행하라고 권고해 왔다. 전체적 맥락과 상황, 과거와 미래의 변화를 이해한 상태에서 보고서를 작성할 수 있게 하기 위해서다.

2. 좋은 글과 나쁜 글

'고스트 팩과 참고자료집의 준비'와 '담당 지표와 관련된 경영진과 부서장 인터뷰'를 마치면 보고서를 쓸 준비가 완료된 셈이다. 그러나 준비가 완벽하다고 반드시 좋은 결과가 나오는 것은 아니다. 구슬이 서 말이라도 꿰어야 보배라고 하지 않았는가. 실제 보고서 작성 단계에 들어서면 보고서 작성을 담당한 직원들의 역량에 따라 많은 변화가 생긴다. 현장에서 가장 안타까웠던 것은 어떤 기관은 좋은 실적으로 낮은 등급을 받는데, 어떤 기관은 하찮은 실적으로 좋은 평가를 받는다는 점이다. 물론 보고서 외적인 측면이 좌우하는 경우도 있다. 그러나 평가위원에게 제대로 성과를 전달하지 못해 문제가 발생하는 경우가 대부분이다. 매년 강의나 자문을 요청하는 기관의 경우처럼 직원들이 보고서를 작성하는 과정에 문제가 발생하기 때문이다. 그리고 이 부분은 앞에서 설명한 바와 같이 몇 가지 노력만으로 충분한 개선이 가능하다.

[표 2-29] 좋은 글과 나쁜 글

좋은 글	나쁜 글
1. 내용을 포괄하는 좋은 제목	1. 익히 봐 왔던 진부한 비유
2. 짧고 간단한 글	2. 빼도 지장이 없는 단어가 만연
3. 독자의 입장에서 읽고 윤문한 글	3. 외래어나 전문용어를 남발
4. 명확한 기승전결(PDCA)	4. 근거 없는 황당한 내용
5. (목적에 맞는) 충실한 내용과 정보	5. 사실과 정보 사이에 관계 불분명

자료원: 유시민(2015), 『유시민의 글쓰기 특강』; 유홍준(2013.6.2), '나의 문화유산답사기' 강연 내용 중; 조지 오웰(2010), 『나는 왜 쓰는가』(경영실적보고서 작성과 관련된 부분만 요약·발췌)

[표 2-29]는 좋은 글과 나쁜 글의 특징이다. 먼저 좋은 글은 헤드라인이 분명하다. 필자가 의도한 주제를 포괄하는 표현이 담겨 있다. 헤드라인에 진부한 비유를 늘어놓으면 일단 관심도가 급강하한다. 신입보다는 고참 직원이 실수를 자주 저지르는 부분이다. 기관 내에서는 기관장이나 상사의 선호도에 따라 먹힐 수도 있지만, 기관 외부 평가위원이 독자라는 점을 감안해야 한다. 격언이나 사자성어, 불필요한 비유 등은 사용하지 않는 게 낫다.

둘째, 좋은 글은 짧고 간단하다. 말이 장황하면 상대방이 피곤하지만, 글이 장황하면 상대방이 책을 덮는다. 아예 보지 않게 되는 것이다. 경영실적보고서 작성 과정에서 한 가지 실적을 중언부언하는 것처럼 위험한 일은 없다. 그동안의 경험에 비추었을 때 글이 길어지면 실수가 나온다. 치명적인 실수를 범하지 않으려면 핵심을 중심으로 보고서를 짧게 구성하는 훈련을 해야 한다.

셋째, 좋은 글은 상대방을 염두에 둔다. 기관 내에서 사용되는 외래어나 전문용어의 사용을 가급적 줄이고, 평가위원의 입장을 상정해 보고서를 작성해야 한다. 평가위원은 보고서만 가지고 실적을 판단한다. 물론 실사 과정을 거쳐 보완이 이루어지기는 하지만 대체로 보고서에서 받은 첫인상이 평가등급에 결정적인 영향을 미친다. 활자로 인쇄된 뒤에는 변명의 여지가 없다. 평가위원이 충분히 이해할 수 있게 쓰고, 다시 고치고 확인하는 작업이 반복되어야 한다. 고객들에게 권고했던 한 가지 방법이 있다. 자신의 배우자나 연인, 아니면 부모나 친구에게 보고서를 읽어 보게 하는 것이다. 내부 직원이 아니면서도 기관의 업무를 가장 잘 이해할 수 있는 집단이기 때문이다. 이들이 이해하지 못하는 용어나 표현은 과감히 버리고 바꿔야 한다.

넷째, 좋은 글은 기승전결이 명확하다. [표 2-28]에 제시된 '전년도-당해년도-차년도'와 관련된 활동이 명확히 구분되며, 각 연도에 이루어진 활동이 논리적으로 연계되어야 한다. 좋은 경영실적보고서는 당해년도에 추진된 실적을 중심으로 1) 추진된 배경과 근거, 2) 추진 과정에서 발생한 문제와 해결 노력, 3) 추진 전·후의 변화, 4) 향후 개선계획이 명확하게 제시되어 있다. 기본적으로 이 네 가지를 명확히 설명할 수 없다면 보고서에서 빼는 것이 낫다.

다섯째, 좋은 글에는 글을 쓰게 된 목적에 부합한 내용과 정보가 충실하게 담겨 있다. 반면에 나쁜 글에는 내용과 정보(근거)가 불충분하다. 그래서 읽는 사람이 쉽게 판단을 내리지 못한다. 무언가 했다고 하는데 구체적인 내용이나 근거가 없는 경우 평가위원이 실사 이전에도 자료를 요청한다. 그리고 그 과정에서 불충분하다고 판단되면 평가위원들은 실적을 허위 또는 과장해 작성한 것으로 판단한다. 이런 상황에 처하면 높은 등급을 받는 게 불가능하다. [표 2-30]에는 각종 보고서의 핵심 메시지에 포함되어야 할 것이 제시되어 있다. 경영실적보고서를 포함해 어떤 보고서를 작성하건 해당 보고서를 통해 제공되어야 하는 것을 항상 염두에 두어야 한다.

[표 2-30] 보고서에 담겨야 할 핵심 메시지

보고서 유형	핵심 메시지
(고객)제안	기존 제품 대비 비교 우위
벤치마킹	자사와의 차이점 및 즉시 적용 가능한 것
진단	문제와 상황에 대한 새로운 발견
업무개선 제안	개선 효과(비용과 편익)
의사결정	각 대안에 대한 객관적인 평가
상품기획	트렌드에 대한 진단과 전망
신사업	경쟁 우위 확보 및 기존 사업과의 시너지 확보 방안
경영실적보고서	전년도에 비해 달라진 사항(성과 향상도)과 개선계획

3. 좋은 보고서 작성을 위한 실천 방법

앞에서 우리는 좋은 글과 나쁜 글의 몇 가지 특성을 검토해 보았다. 지금부터는 경영실적 보고서에 초점을 맞추어 보고서의 효과적 작성을 위해 고려해야 할 사항들을 논의하고자 한다.[54]

(1) 간결한 문장

현재는 모든 기관이 경영실적보고서를 개조식으로 작성한다. 개조식은 서술식과 달리 몇 개 단어를 중심으로 핵심 내용만 제시한다. 개조식으로 작성된 보고서는 서술식에 비해 간결하다. 그러나 개조식 문장을 복잡하게 작성하면, 오히려 읽는 사람에게 혼란을 가중시킨다.

[표 2-31] 경영실적보고서 작성 사례(나쁜 예)

라. 전국 호환 교통카드 레일플러스(R+) 출시

□ (추진배경) 교통카드 사업자가 지역마다 달라서 지역 간 호환되지 않는 불편을 해소하고, 운송사업자의 대중교통 이용정보 통합 수집을 통해 고객 맞춤형의 열차 서비스 제공

□ (추진실적) 전국 지자체, 교통카드사업자 등 이해관계자들과의 전국 호환 협약을 추진하고, 전국 호환 선불 교통카드 발행을 위한 인프라 구축

  ㅇ 전국의 교통카드 호환을 위한 코레일 주도의 업무협약 체결

    - (전국 호환) 국토교통부, 전국지자체, 도로공사 등과 '전국 호환 협약' 추진

    - (정산 협약) 교통카드 정산기관과 '전국 호환 및 정산 협약' 체결

(이하 생략)

자료원: 한국철도공사(2015.3.), 2014년도 경영실적보고서(본보고서)

[표 2-31]은 한국철도공사가 2014년도 경영평가 시 제출한 보고서 내용이다. 보고서 자체는 개조식이지만, (추진배경)과 (추진실적)에 제시된 내용을 보면 서술식에 가깝다. (추진

---

[54] 2016년과 2017년에 이 부분에 대한 강의 요청이 많았다. 비슷한 어려움을 겪고 있는 기관이라면 이 책 3편 3장에 추가된 강의내용을 참조하길 바란다.

배경)에 제시된 내용 중 핵심이 되는 메시지는 '교통카드 사업자가 지역마다 달라서 고객이 불편'했다는 내용이다. 이를 감안하면 '고객'이 주어가 되도록 문장을 작성해야 하는데, 길어지다 보니 '공사'가 주어가 되었다. 복문으로 구성된 두 문장이 모두 '고객 맞춤형 열차서비스 제공'을 수식하면서, 사업을 추진하게 된 배경이 아니라 사업 추진의 목적으로 메시지가 변질되었다. (추진배경)을 (추진목적)으로 바꿔야 하는 상황이다. (추진실적)에서도 마찬가지다. (정산 협약)에는 (전국 호환)에 들어간 내용이 다시 포함되어 있다. 평가위원 눈에는 '내용은 없는데 동일한 문구를 자꾸 반복'하는 것으로 보일 수밖에 없다.

[표 2-32] 경영실적보고서 작성 사례(좋은 예)

바. 에너지 효율 사업 강화 추진
  □ 고효율 기기 보급을 통한 국가 에너지 총소비량 절감 추진
    ㅇ고효율 기기 보급: 연 383,186MWh 에너지 절감 및 180,786tCO2 감축

고효율 기기 보급 사업실적

구분	LED 조명	인버터	냉동기	히트 펌프	변압기	사옥 LED	합계
보급 수량	948,559	1,968	32	725	66,268	11,880	1,029,432
절감량	211,262	108,791	4,416	8,156	58,780	780	393,185
CO2 감축	97,138	50,482	2,030	3,750	27,027	359	180,786

추진 성과	단기	▶ 에너지자원 절감, 고효율 기기 보급을 통한 산업경쟁력 확보 가능
	장기	▶ 피크 억제를 통한 부하율 개선 및 합리적 전력설비 운영 가능

(이하 생략)

자료원: 한국전력공사(2015.3.), 2014년도 경영실적보고서(본보고서)

반면에 [표 2-32]에 제시된 한국전력공사의 사례는 [표 2-31]에 제시된 사례와 차이가 있다. 무엇보다 개조식 보고서의 취지에 맞게 문장이 간결하다. 또한 구체적인 내용과 정보를 함께 제공하고 있다. 2014년도 경영평가 시 그래픽 사용을 자제하라는 권고가 있었다. [표 2-32]와 같이 추진실적에 표를 많이 사용하라고 권하고 싶다. 개조식 보고서에 표를 많이 사용하게 되면, 자연스레 간결한 문장이 된다. 표에 충분한 내용과 정보가 제공되어 장황하게 설명할 필요가 없기 때문이다.

[표 2-33] 간결한 문장 작성을 위한 체크리스트

구분	점검 및 조치사항
① 한 문장(줄)에 한 개의 메시지만	전달하고자 하는 핵심 메시지가 무엇인지 확인한 후 관련 없는 내용은 과감히 삭제
② 메시지에 비해 장황한 내용	같은 말을 반복해 어렵게 쓰려고 했다면 과감히 삭제
③ 제거할 수 있는 군더더기	삭제 시 어색하지 않은 단어나 문장은 과감히 삭제
④ 내용의 중복	한 문장, 한 단락 내에 중복되는 내용은 과감히 삭제
⑤ 과도한 수식어 사용	맥락에 어긋나는 불필요한 수식어는 과감히 삭제
⑥ 접속어 남용	개조식이라는 점을 항상 명시 (□, ○, -, · 이외의 것은 사용하지 않음)
⑦ 한 문장에 쉼표 1개만 사용	2개 이상 필요한 경우는 문장을 나누거나 표에 넣음

처음부터 간결하고 완벽한 문장으로 작성할 필요는 없다. 다만, 초안이 완성되고 나면 반드시 간결한 문장으로 다듬는 작업을 수행해야 한다. [표 2-33]은 필자가 경영실적보고서 작성 시 개인적으로 활용해 왔던 체크리스트이다. 본인만의 체크리스트를 만들고 초안이 작성된 후 확인해 보기 바란다. [표 2-33] 혹은 본인이 작성한 체크리스트에 해당되는 내용이 있다면 초안을 수정하라. 이전보다 조금은 나은 보고서가 되어 있을 것이다.

모 기관에서 경영실적보고서 작성과 관련해 강의를 진행할 때였다. 그때도 앞에 설명한 바와 같이 '간결한 문장'의 필요성에 관해 설명했다. 질의시간에 직원 한 사람이 반론을 제기했다. 선배들에게서 배운 내용과 다르다는 것이다. '문장은 복잡하게 늘여라'라는 게 선배들의 조언이었다고 한다. 이유인즉슨, 복잡하게 늘여서 평가위원에게 혼란을 주어야 지적사항이 적다는 것이었다. '대부분의 평가위원은 교수이고, 교수들은 자존심이 강하다. 교수들은 자존심 때문에 무슨 소리인지 모르는 부분을 실사 때에도 질문하지 않는다. 고로 복잡하게 보고서를 작성해야 지적사항도 없고 점수도 높다'는 것이 그 주장의 요지였다. '철학 전공인가? 3단 논법이군' 하는 생각이 들어, 나도 모르게 웃음이 나왔다. 참석자들도 웃었는데, 저마다 웃는 이유는 다르다고 생각했다. 당시 내가 대답했던 내용이다.

"평가위원은 경영실적보고서를 읽는 고객입니다. 고객에게는 항상 친절하게, 정성을 다하는 게 좋습니다. 고압적인 마케팅은 어느 때이건 뒤통수를 맞는 법입니다. 교수들은 자존심이 높을지는 모르지만, 자존심이 높은 사람이 질문하지 않으리라는 법은 없습니다. 기본적으로 교수라는 집단은 논쟁을 좋아합니다. 아니, 그렇게 하라고 배웠습니다. 평가위원 중에는 이미 몇 년 동안 경영평가를 지속해 오고 있는 분들이 계십니다. 유형이 바뀌게 되지만 10년 가까이 평가단에 계신 분들도 있습니다. 보고서를 잘 작성할 수 없어서 그런 게 아니라 요행을 바라기 위해 복잡하게 보고서를 작성해 오셨다면, 이제 그런 생각을 버리시는 게 좋습니다. 또 한 가지 반드시 기억하셔야 할 것이 있습니다. 지적사항이 많다는 것은 평가위원의 기대가 많다는 것을 의미하기도 합니다. 실제로 지적이 많을 경우 최악의 등급을 받거나 아주 높은 등급을 받습니다. 간결한 질문에 대답을 길게 했군요. 죄송합니다."

그해 모 기관은 간결한 문장으로 보고서 체계를 정비했고, A등급을 받았다. 보다 좋은 등급으로 평가받기를 원하는가? 그렇다면 간결하게 보고서를 써라.

(2) 읽기 쉬운 문장

문장 길이와 상관없이 읽는 사람을 지치게 하는 보고서가 있다. 좋은 보고서는 읽는 사람이 전혀 불편함을 느끼지 못하는 가운데 메시지를 전달한다. 반면, 나쁜 보고서는 읽는 사람에게 고도의 해독능력을 요구한다. 우스개로 이런 보고서에 작성된 문장을 '암호'라고 한다.

[표 2-34] 경영실적보고서 작성 사례(나쁜 예)

추진 배경	• 재직근로자 대상의 산재예방 활동만으로는 더 이상의 재해감소에 한계 • 특성화고 등 미래 근로자를 대상으로 안전의식 함양을 통한 선진국 수준의 재해예방문화 확산 필요

□ 특성화고 등 예비산업인력에 대한 취업 전 안전보건교육 시스템 구축

ㅇ (장애요인) 양질의 안전보건교육 관련 콘텐츠를 보유하고 있으나, 학생 등 예비산업인력을 대상으로 직접 교육하기 위한 협력채널 미확보

ㅇ (추진내용) 교육부와 협력체계를 구축, 학생들의 산업현장 진입 전 '취업 전 안전교육 이수 의무화' 추진·정착

(이하 생략)

자료원: 한국산업안전보건공단(2015.3.), 2014년도 경영실적보고서(본보고서)

[표 2-34]에 제시된 추진배경의 내용을 살펴보자. 첫 번째 문단에는 재해감소를 위해 공단이 수행하는 사업을 '재직근로자 대상의 산재예방 활동'으로 기술했다. 반면에 두 번째 문단에서는 '미래 근로자를 대상으로 안전의식 함양'으로 공단이 수행해야 할 사업을 정의했다. 두 번째 문단에서 중요한 부분은 '미래 근로자를 대상으로 안전의식 함양'이다. 그러나 [표 2-34]에서 알 수 있듯이, 중요한 이 부분이 두 번째 문단에서는 '선진국 수준의 재해예방 문화 확산'이라는 목적을 달성하기 위한 '수단'으로 바뀌어 있다. 이런 식으로 보고서를 작성하면 전달하고자 하는 메시지가 분산된다. 비교되는 두 개의 메시지를 가장 효과적으로 전달하는 방법은 '대구법'이다. 경영실적보고서는 '당기에 추진한 실적'으로 '전년도와 무엇이 달라졌는가'에 핵심을 두어야 한다. 이를 위해 기관들이 가장 많이 사용하는 것이 '전(전기)'과 '후(당기)'를 비교하는 표 양식이다. 반면에 문장으로 이를 전달하기 위해서는 대구를 명확하게 제시해야 한다. 이를 위해 보통은 '~에서, ~으로' 등을 하나의 문장으로 구성한다.

[표 2-35] 경영실적보고서 작성 사례(나쁜 예)

가. 윤리교육 프로세스 정립을 통한 청렴 의식 제고
□ (맞춤형 윤리교육 전개) 교육대상별 맞춤형 윤리교육 정립으로 의사결정 능력 제고
○ (연간교육계획) 필수·기본·심화 과정으로 세분화하여 연간 윤리교육계획 수립
○ (교육이수시간) 연간 1인당 6.98H 이수(전체 928명)
(이하 생략)

자료원: 한국산업안전보건공단(2015.3.), 2014년도 경영실적보고서(본보고서)

'대구'와 함께 주의를 기울여야 할 부분이 있다. '문장의 호응관계'이다. 개조식으로 보고서를 작성하다 보면 문장의 호응관계가 모호해지는 경우가 많다. 이럴 때는 너무 축약하지 말고, 관련 내용을 충분히 기술할 수 있도록 해야 한다. [표 2-35]의 두 번째 줄을 살펴보자. 전달하고자 했던 메시지는 아마도 '교육대상별로 맞춤형 윤리교육 프로그램을 제공하여, 직원들이 윤리적으로 의사결정을 내릴 수 있는 기반을 강화하였다' 정도였다. 먼저 문장 자체의 호응관계를 보면 '교육'은 '제공'되는 것이고, '교육시스템'이 '정립'되는 것이다. 문법적으로 오류가 발생했다.

여기에 더해 '내용(구성)의 호응관계'도 고려해야 한다. 일반적으로 개조식 보고서에서 '○'

는 '□'에 대한 상세설명이다.[55] 위 단계에서 '교육대상별'로 무엇인가를 제공했다고 나왔다면, 아래 내용에는 교육대상별 프로그램이 나와야 한다. 반면에 [표 2-35]에서는 교육대상과 상관없이 교육과정을 '필수, 기본, 심화'로 나누고 있다. 또한 의사결정 능력이 제고되었다고 판단할 정보도 없다. 평가위원들은 이런 보고서를 보면, '그냥 이것저것 막 가져다 붙였다'고 생각한다. '평가 매뉴얼에 있는 나와 있는 내용을 그대로 옮겨 적었고, 그래서 세부실적에 관련 없는 내용이 나올 수밖에 없다'고 생각하기 때문이다. 물론 나 자신도 경영평가를 처음 받는 기관, 경영평가에서 계속 하위권을 유지하고 있는 기관에 가면 '평가 매뉴얼에 제시된 단어를 중심으로 보고서를 작성하라'고 조언한다. 평가 매뉴얼 상에 제시된 내용이 보고서에 없으면, 실적이 아예 없는 것으로 판단하기 때문이다. 그러나 옮겨 적을 때도 이해를 하고 옮겨야 한다. 평가착안사항을 충분히 이해하고 나면, 어떤 실적들이 따라오는지 이해할 수 있다. 메시지에 호응해 제시할 정보와 근거가 충분히 반영되어야 평가위원의 이해와 호감도가 높아진다. 제시된 메시지와 이하에 제시되는 실적(근거) 간의 호응관계가 불분명하면, 평가위원이 앞뒤 페이지를 뒤지기 시작한다. 그래도 보이지 않으면, '역시 말로만'이라는 심증이 굳어진다.

끝으로 단어의 배치에 주의해야 한다. 단어를 잘못 배치하면 번역투의 문장으로 보인다. 기관들이 메시지에 제시하는 문장 중 가장 많이 사용하는 표현 중 하나가 '~에 의한', '~를 통한', '~에 따른'이다. 메시지가 길어질 때 흔히 사용되는 표현들이다. 이런 번역투에 가까운 문장은 어딘가 부자연스럽고 어색하다. 특히 이러한 문장들은 과도한 수식어를 대동하는데, 이로 인해 전달되는 메시지에 혼란이 생긴다.

---

[55] 물론 기관마다 보고서 작성 스타일에 따라 달라질 수는 있다. 이해를 돕기 위해 공무원들이 보편적으로 활용하는 순서(□, ○, -, ·)에 따라 설명했다.

[표 2-36] 경영실적보고서 작성 사례(나쁜 예)

나. 경영전략과 사업별·부서별 목표의 합리적 연계
□ 목표 성과관리 및 합리적 환류 체계를 통한 지속적인 Rolling 시스템 구축
○ 전략경영계획(10년) 바탕으로 1년(운영계획), 5년(경영 목표) 계획 및 실행사항 점검
□ 개인 성과평가의 운영체계 정립으로 성과주의 조직문화 확립
○ 신전략목표와 부서·개인 KPI간 체계적인 연계로 전략실행력 제고 및 성과보상 연계
(이하 생략)

자료원: 한국광물자원공사(2015.3.), 2014년도 경영실적보고서(본보고서)

[표 2-36]에서 전달하고자 하는 핵심은 첫 번째 줄에 제시된 바와 같이 경영전략과 사업·부서별 목표 간의 연계이다. 제시된 내용과 같이 경영전략과 부서목표가 연계되려면 지속적 점검이 필요하다. 이 경우 '목표를 관리하고 환류'하는 것이 목표가 되고, 이러한 목표 달성을 위해 '시스템이나 프로세스를 구축·운영'하는 것은 수단이 된다. 반면에 '~를 통한'이라는 수식어의 위치 때문에 [표 2-36]에서는 Rolling 시스템을 구축하는 것이 목표가 되고, 경영전략에 연계된 목표를 관리하는 일이 수단이 되었다. 이러한 실수를 막기 위해 아예 번역투의 단어를 사용하지 않는 게 좋다. 부득이 사용하는 경우에는 목적과 수단을 분명히 해야 한다. 나는 개인적으로 두 번째 문장보다 네 번째 문장을 선호한다. '~을 통한' 내지 '~를 위한'이라는 형태에는 '수단과 목적' 내지 '추진과제와 추진실적' 순으로 메시지가 담긴다. 반면에 '~으로'와 같은 형태에는 '실적과 결과' 순으로 메시지가 담긴다. '~도입으로 비용절감 100억 원 실현', '~추진으로 고객 대기시간 30일 단축' 등의 표현이 눈에 더 잘 들어온다. 앞에서 계속 강조했듯이 경영실적보고서에는 1) 왜 이런 활동을 하고자 했으며(추진배경), 2) 기존과 다른 어떤 시도가 이루어졌으며(추진실적), 3) 그래서 얻은 결과가 무엇인가(추진성과)가 분명히 제시되어야 한다. 그래서 고객들에게 헤드라인(핵심 메시지)에서는 추진실적과 달성한 성과 내지 결과물(기대효과)을 제시하고, 하단의 내용에서는 추진배경, 추진실적, 추진성과를 구분해 제시하도록 권고해 왔다.

[표 2-37]은 내가 경영실적보고서 작성 시 활용해 왔던 체크리스트이다. [표 2-33]에서 이미 논의했듯이 자신만의 체크리스트를 만드는 게 중요하다. 아래 체크리스트에 본인만의 점검 항목을 추가하라. 그리고 초안을 작성한 후 확인하라.

[표 2-37] 읽기 쉬운 문장 작성을 위한 체크리스트

구분	점검 및 조치사항
① 대구를 활용	전기-당기, 개선 전-후가 명확한가를 점검
② 문장의 호응관계	주어와 서술어가 일치하는가를 점검
③ 내용의 호응관계	메시지와 근거가 일치하는지를 점검
④ 단어(수식어)의 배치	수식어에 의해 목적-수단, 원인-결과가 바뀌었거나 혼란을 유도하지는 않는가를 점검
⑤ 번역투의 문장	수동태 등 번역투로 문장이 작성되지 않았는지를 점검(다르게 표현하는 방법을 고민해 최선안을 택함)

(3) 적절한 단어 사용

앞에서 경영실적보고서 작성 시 '길이는 짧게, 내용은 이해하기 쉽게' 작성해야 하는 이유를 설명했다. 여기서 또 한 명의 악당이 등장한다. 바로 단어다. 단어는 문장의 길이와 내용에 절대적 영향을 미친다. 기관 내부에서 통용되는 단어와 국민 일반이 사용하는 단어 가에는 현격한 차이가 존재한다. 기관이 수행하는 사업의 전문성 때문에 그런 경우도 있고, 일제 강점기에 사용되었던 단어가 그대로 남아 있는 경우도 있다. '경영실적보고서 작성지침'은 전문용어 사용 시 한자와 영문을 병기할 수 있게 했으나, 2014년도부터는 세칭 '날개' 사용을 금지했다. 그동안 '날개' 부분에는 '본문'에 사용된 단어(전문용어)와 분석 틀에 대한 설명, 그리고 평가 방법이 정리되어 있었다. 추가 입증자료를 별도 참고자료 보고서로 제출할 수 있게 했으나, 평가위원이 본 보고서에 작성된 내용을 참고자료와 대조하리라 기대하는 것은 무리다.

[표 2-38] 경영실적보고서 작성 사례(나쁜 예)

□ 사갱 권양기 무인화 시스템 개선 확대로 인력 감축
ㅇ (개선배경) 광산설비 운영 효율화 대두(복수 운전에 따른 운반 재해 빈번)
- 조차원 Bell 신호에 의한 운전(조차원+운전원)

(이하 생략)

자료원: 대한석탄공사(2015.3.), 2014년도 경영실적보고서(본보고서)

[표 2-38]에는 국민 일반에게 친숙하지 않은 단어가 나온다. '사갱(경사가 있는 갱도)', '권양기(물건을 들어 올리는 기구)', '조차원(차량교체 등을 담당하는 사람)' 등이 여기에 해당된다. '조차원 Bell 신호'가 의미하는 것을 외부에서 알 수 있을까? 반면에 [표 2-39]에서는 사용된 용어가 어떤 의미인지를 별도 공간을 할애해 설명하고 있다.

[표 2-39] 경영실적보고서 작성 사례(좋은 예)

대상사업 1 자율개선 유도 강화

실행과제 1-1 지표연동자율개선제 활성화

※ 지표연동자율개선제: 불필요한 진료를 유발하는 항목에 대하여 의료기관에 맞춤형 정보를 제공함으로써 자율적으로 의료행위를 개선하도록 유도

가. 맞춤형 정보제공으로 진료행태 개선율 29.4% 증가

○ 의료기관별 맞춤형 정보제공으로 적정진료 자율개선 유도

- 자율개선 관리기관 31.9% 확대 및 맞춤형 상담 107.6% 확대
- 자문단회의, 간담회, 교육 등 의료기관과의 쌍방향 소통 활성화

추진실적				관리항목별 개선기관율			
구분	'13년	'14년	증감(%)	관리항목	'13년	'14년	증감(%)
관리기관 확대(기관)	13,821	18,224	31.9	내원일수	29.5	41.9	42.0
상담 활성화(회)	30,447	63,197	107.6	항생제 처방률	39.5	51.0	29.1
방문상담 강화(회)	2,446	2,842	16.2	주사제 처방률	32.5	40.9	25.8

○ 상시 모니터링 및 피드백 등 환류체계 강화로 자율개선 유도

- 지표변화추이 등 상시 모니터링 및 본·지원 실무 피드백(수시)
- 현지조사, 평가, 급여기준 등 연관부서에 정보제공으로 사업간 연계 확대(분기)
- 본·지원 실무사례 공유 및 교육 제공(전략회의 5회, 실무교육 7회)

추진 성과	▶ 진료행태 개선율 전년 대비 29.4% 증가('13년 29.9%→'14년 38.7%) ▶ 적정진료 자율개선 유도로 2,468억 원 재정절감

(이하 생략)

자료원: 건강보험심사평가원(2015.3.), 2014년도 경영실적보고서(본보고서)

전문용어 외에도 단어 선정에 몇 가지 주의를 기울여야 한다. 먼저 은어나 비속어를 사용하지 말아야 한다. 경영실적보고서는 기관이 외부에 제출하는 공식문서다. 따라서 공식

문서에 맞는 적절한 단어나 어휘를 선택해야 한다. [표 2-40]을 살펴보자.

[표 2-40] 경영실적보고서 작성 사례(나쁜 예)

4.3 인체상해도 분석기법 고도화로 나이롱환자 감소 기여

추진 배경	• 최근 교통사고 피해과장, 허위 입원 등 보험 사기 적발액 11.2% 증가 추세 • 인체상해도 분석 증가 예상에 따라 기존 분석 모형의 신뢰성 및 효율성 제고를 위해 상해도 분석 기법 고도화 필요	한국일보 경미한 교통사고에 생떼, 사기죄 기소 부쩍 늘었다. ('14.2.18)	SBS, 연합뉴스 9년간 나이롱환자 행세, 보험금 6억 챙긴 부부 덜미 ('14.3.25)

□ 인체상해도 분석기법 고도화를 위한 개선 방향 도출
　○ 경미 사고 분석의 효율화 및 신뢰성 제고를 위한 개선 방향 및 추진 과제 선정

2013년		개선 방향		추진 과제
MADYMO*를 활용한 인체상해도 분석기법 도입(88건 처리)	⇨	• 사회적 분위기에 편승한 상해분석 요구 증가에 대비 신속대응방안 마련 • 기존 분석기법의 유형성 검증으로 신뢰성 제고('13년 평가지적사항)	⇨	• 차종별, 충돌속도별 유형분류를 통한 효율·효과적 적용기준 정립 • 충돌상황 재현 및 MADYMO 시뮬레이션 비교분석을 통해 유형성 검증

　* MADYMO(MAthematics DYnamic MOdel): 자동차 강성, 인체모형 등 기반의 충돌해석 프로그램

□ 경미 사고 분석방법을 유형화하여 전년 대비 처리건 556% 증가
　○ (경미 사고의 특징) 대다수 15km/h 이내의 저속충돌사고이므로 차량 손상 상태가 경미하고 탑승자의 상해가 대부분 1주 내외(진단유형: 경추 및 요추 염좌)
　○ (추진내용) 경미 사고 분석 유형화 및 사고조사연구원 분석역량 강화 교육 시행
　○ (추진결과) ① 전년 대비 처리건 556% 증가(88→577), '14년 상반기 대비 하반기 처리건 350% 증가(105→472)
　　② (공유) 경찰청 '무상해 사고 판단 기준' 배포

(이하 생략)

자료원: 도로교통공단(2015.3.), 2014년도 경영실적보고서(본보고서)

분석기법을 개선해 보험사기 가능성이 큰 사례를 발굴할 수 있게 되었고, 그 결과 경찰청 지원의 생산성을 높였다는 것이 실적의 골자이다. 첫째 줄에 가장 눈에 띄는 단어가 '나이롱환자'다. 언론에서 사용한 단어라도 핵심 메시지에 은어를 쓰는 행동은 자제할 필요가 있다. 이 경우 '인체상해도 분석기법 고도화로 보험사기범 검거에 기여' 정도로 대체하는 것이 좋다. '나이롱환자'라는 은어는 쉽게 이해된다는 장점이 있다. 하지만 가벼워 보인다. 반

면에 같은 의미를 지닌 '보험사기범'은 범죄라는 이미지가 겹쳐지면서 '나이롱환자'에 비해 무게감이 있다. 단어(명사)는 뒤에 붙는 동사에도 영향을 미친다. '나이롱환자'는 '감소시키는 데 기여했지만, '보험사기범'은 '검거'에 기여했기 때문에 마찬가지로 더 무게감이 있다. 대체로 공식용어, 전문용어를 사용했을 경우에 무게감이 있다. 이를 감안해 적절한 단어를 선택해야 한다.

[표 2-41] 경영실적보고서 작성 사례(나쁜 예)

나. 부탄캔 가스안전기술 해외 전파에 따른 국내 제품 해외수출 장벽 제거

○ (추진배경) 호주 내 약 90% 점유율을 차지하고 있는 부탄캔 및 이동식부탄연소기 사고증가로 소비자 안전확보가 필요

- 부탄캔 사고 지속 시 호주정부에서 한국 제품 유통금지 가능성 시사

○ (추진내용) 국내 업체 보유 안전장치 신기술을 호주 가스안전정책에 반영하도록 선제적 대응

- AGA 초청 산업포럼에 참가하여 한국의 안전기준 및 가스제품 우수성 소개

추진실적	추진성과
• 한국 이동식부탄연소기 및 부탄캔 안전관리 추진사항 발표 - 사고감소를 위한 제도 및 국내 기준 현황 소개 • 국내 부탄캔 제조업체의 안전장비 및 이동식 부탄연소기 제품 안전성 홍보	• 국내 부탄캔 가스안전기술 호주 가스안전기준에 반영 • 국내 기업의 호주수출 기술장벽을 제거, 지속적인 해외 시장 확보가 용이

(이하 생략)

자료원: 한국가스안전공사(2015.3.), 2014년도 경영실적보고서(본보고서)

전문용어나 은어와 같은 단어의 선정과 함께 주의해야 할 것이 있다. 단어 자체(명사)를 지나치게 나열하지 말라는 것이다. 경영실적보고서를 개조식으로 작성하다 보면 명사를 나열하는 경우가 많다. 그러나 명사를 지나치게 나열하면 읽기가 불편하고 의미를 파악하기 힘들다. [표 2-41]에 제시된 핵심 메시지에는 개조식 서술의 폐해가 여실히 나타난다. '부탄캔', '가스안전기술', '해외', '전파', '국내', '제품', '해외수출', '장벽', '제거'. 메시지 한 줄에 9개에 명사가 사용되었다. 본인이 작성한 보고서를 한 번 살펴보자. 아마 유사한 부분을 적어도 몇 개는 발견할 수 있을 것이다.

이렇게 해결하자. 먼저 자신이 작성한 내용을 이해하기 쉽게 하기 위해 몇 개 조사를 넣는다. 예를 들어, '부탄캔 가스안전기술을 해외에 전파해 국내 제품의 해외수출 장벽을 제거'와 같이 조사 몇 개를 추가하면 메시지가 조금 더 명확해진다. 길이를 줄이기 위해 이번에는 명사를 삭제해 보자. '부탄캔 가스안전기술을 해외에 전파해 수출 장벽을 제거'와 같이 몇 단어를 삭제해도 의미는 그대로 전달된다. 반면, 28글자에서 20글자로 메시지 전체의 길이는 8글자 줄일 수 있었다. 말장난이 아니고 글 장난이다. 하지만 이런 작업에 익숙해질수록 보고서의 품질은 높아진다.

국립국어원 홈페이지(www.korean.go.kr)에 가면 『한눈에 알아보는 공공언어 바로 쓰기』라는 간행물을 구할 수 있다. 적절한 단어의 사용, 정확한 맞춤법의 확인, 그리고 간략하고 이해하기 쉽게 글을 줄이는 법이 다양한 예시와 함께 제시되어 있다. 또한 어문규범 시스템에 접속해 적절한 대구와 호응관계도 확인할 수 있다. 여러분이 신나게 글 장난하는 데 도움이 될 것이다.

(4) 논리적 전개

평가위원(교수)들은 논리적인 보고서를 좋아한다. 모든 보고서가 마찬가지겠지만, 경영실적보고서는 더욱 그렇다. 실사가 이루어지기는 하지만 보고서 자체가 논리적이지 못하면 거기서 끝이다.

'우리 기관이 지난해 이런 성과를 거두었습니다' 하고 경영실적보고서를 마음대로 작성할 수가 없다. 경영평가편람에 제시된 내용에 한하여, 평가 매뉴얼과 경영실적보고서 작성지침에 따라 작성해야 한다. 따라서 경영평가편람과 평가 매뉴얼에 내재된 논리구조를 이해하고, 여기에 맞춰 적절한 성과를 선택해 제시하여야 한다.

경영관리 범주의 지표들은 세부평가내용이 계획, 집행, 성과, 환류와 관련된 내용으로 구성되어 있다. 반면, 주요사업 범주의 지표들은 세부평가내용 자체가 아예 계획, 집행, 성과, 환류로 구성되어 있다. 따라서 계획-집행-성과-환류에 이르는 과정(이른바, PDCA 사이클)을 충분히 이해해야 한다. [그림 2-9]는 이 과정을 보고서를 작성하는 기관의 입장과 보고서를 평가하는 평가단의 입장에서 재구성한 것이다.

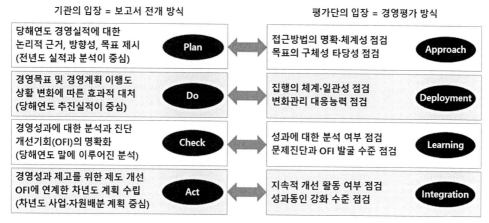

기관의 입장 = 보고서 전개 방식   평가단의 입장 = 경영평가 방식

당해연도 경영실적에 대한 논리적 근거, 방향성, 목표 제시 (전년도 실적과 분석이 중심) **Plan**	접근방법의 명확·체계성 점검 목표의 구체성 타당성 점검 **Approach**
경영목표 및 경영계획 이행도 상황 변화에 따른 효과적 대처 (당해연도 추진실적이 중심) **Do**	집행의 체계·일관성 점검 변화관리 대응능력 점검 **Deployment**
경영성과에 대한 분석과 진단 개선기회(OFI)의 명확화 (당해연도 말에 이루어진 분석) **Check**	성과에 대한 분석 여부 점검 문제진단과 OFI 발굴 수준 점검 **Learning**
경영성과 제고를 위한 제도 개선 OFI에 연계한 차년도 계획 수립 (차년도 사업·자원배분 계획 중심) **Act**	지속적 개선 활동 여부 점검 성과동인 강화 수준 점검 **Integration**

[그림 2-9] PDCA 대 ADLI

보고서 가장 앞에는 계획(Plan)과 관련된 내용을 기술하는데, 평가위원은 계획 수립 과정의 체계성을 중점적으로 평가한다. 특히 뒤에 제시되는 추진실적과 관련해 설정한 지표와 목표치에 관심을 갖는다. 전년도 실적에 대한 체계적 분석 내지 진단에 근거해 지표와 목표치가 설정되었는지, 여기에 합당한 자원계획이 수립되었는지를 점검한다. 사실 요즘 같이 급변하는 환경하에서 정밀한 사업 계획을 수립하라는 것 자체가 무리다. 그래서 대부분의 기관은 추진실적에 맞추어 계획을 역으로 수립해 보고서에 반영한다. 대부분의 평가위원들도 이러한 사실을 알고 있다. 그래서 계획의 체계성, 계획 수립에 활용된 분석 틀이나 방법론보다는 지표와 목표치가 얼마나 도전적인지에 관심을 집중한다. 또한 해외 유사기관 벤치마킹 결과에 초점을 둔다. 보고서를 작성하는 내가 보기에 논리적인 것은 중요하지 않다. 평가위원이 보기에 논리적인 것으로 보여야 한다. 이 점을 감안해 지표와 목표치 설정 근거를 작성하는 데 많은 비중을 두기를 바란다.

집행(Do) 단계에는 당해년도에 추진한 다양한 활동과 성과를 평가착안사항에 따라 기술한다. 개별지표 자체를 PDCA라는 큰 틀로 구성해야 하지만, 세부평가내용별 추진실적을 작성할 때는 평가 매뉴얼에 제시된 몇 가지 평가착안사항을 따라야 한다. 개별 평가착안사항은 PDCA의 하부를 구성하는 작은 질문들로 이해하는 게 좋다. 이에 대한 답변도 PDCA 관점에서 기술해야 한다. 그런데 한정된 보고서에 모든 내용을 담기에 역부족이다. 그래서 대부분의 기관이 3단계로 추진실적을 구성한다. 사용하는 용어는 조금씩 차이가 있다. 하지만 기본적으로 결론(주장, 메시지), 근거(추진성과), 그리고 방법(세부추진내역)으로 이루어져 있다.[56] [표 2-42]는 추진실적을 구성하는 항목이다. 개별 추진실적의 핵심 메시지는 결론 부분에 제시한다. 핵심 메시지(제목)가 결정되면, 왜 그러한 사업이나 과제를 추진하게 되었는가(근거)를 설명한다. 그리고 어떤 노력(방법)이 이루어졌는가를 설명한다. 이때 추진내용을 이해하기 쉽게 전년도와 비교해 제시한다. 구체적 수치를 기준으로 제시하여 설명하는 게 좋다.

[표 2-42] 추진실적 구성 항목(번호는 보고서 내 작성 순서)

구분	주요 내용	예시
결론(So what)	① 핵심 메시지(추진실적의 제목) ④ 추진성과(기대효과 포함)	외주공정의 내부화로 재정절감 100억 원 달성
근거(Why so)	② 추진배경(자체 진단, 지적사항)	고객 프로세스 지연 외주비용의 급격한 증가
방법(How so)	③ 추진내용(전년 대비 변화, 장애요인 및 변화관리 과정 등)	직무 중심 교육훈련 추진 외부협력으로 핵신기술 확부

성과(Check) 부분에는 대부분 계획에 제시된 목표와 추진실적을 비교해 당기 중 거둔 성과의 달성 수준을 제시한다. 동시에 성과가 기대 이상 혹은 기대에 미흡하게 된 원인을 작성한다. 현재 공공기관 경영평가는 말콤 볼드리지 모델을 차용했는데, 성과(Check)와 환류(Act) 부분에 대해서는 점검이 거의 이루어지지 못한다. 평가착안사항이 성과와 환류에 맞추어져 있지 않을뿐더러, 말콤 볼드리지 모델에서 제시하는 성과와 환류 부분이 지향하는 목적 자체를 이해하지 못한 측면이 크다. 말콤 볼드리지 모델에서는 '계획과 집행'보다는 '성과와 환류에 많은 비중을 둔다. 지속적 개선 활동을 추진할 수 있는 기반(프로세스 재정립), 학습 조직(CoP, Community of Practice)의 운영, 그리고 개선기회 발굴(OFI, Opportunity for Improvement) 등이 수상대상 선정의 핵심기준이다.

2017년도 보고서는 분량이 더 줄어들 전망이다. 따라서 성과와 환류 부분이 과거보다 더

---

56 고객과는 앞 글자를 한 글자씩 따서 '결', '근', '방'이라고 불렀다. 보고서 초안 작성이 완료되면 각 페이지에 결·근·방이 제대로 구성되어 있는지를 검토한다 누락된 부분, 보완이 필요한 부분을 확인할 때에도 결·근·방 중 어디에 해당하는가를 보고 판단하는 게 좋다.

형식화될 우려가 있다. 2016년도 경영실적보고서를 검토한 결과, 거의 모든 기관이 이 부분을 한 페이지로 요약했다. 평가위원이 보기에는 똑같다. 이래서는 차별화하기 힘들다.

환류(Act) 부분에는 성과 부분에서 제시한 성과분석 결과에 따라 차년도에 어떤 조치 내지 계획이 예정되어 있는가를 제시한다. 이 부분도 매우 형식적으로 작성되고 있다. 차년도 자원계획이 핵심이 되어야 하는데, 보고서 작성 단계에서 정확한 예측이 어려운 경우가 많다. 평가위원들도 이 점을 잘 알고 있다. 그래서 성과 부분에서 진단한 내용에 맞춰 개선방향을 제시하는 수준으로 작성하면 된다.

공공기관에는 대부분 풍선효과가 존재한다. 한쪽으로 자원을 확대하면, 어딘가에서 자원을 줄여야 한다. 그래서 경영실적보고서에 부진한 부분을 만회하기 위해 자원을 늘리거나 잘하는 부분에 자원을 확대하는 계획을 제시하는 데 부담을 느낀다. 자문을 하던 모 기관에서 갑자기 보고서 작성 담당자 한 명이 몇 개 부서에 불려 다녔다. '네가 맘대로 이 사업을 키워? 네가 사장하지 그러냐?'라는 게 질책의 핵심이었다. 하소연을 듣고 주간회의 때 전체 간부가 모인 자리에서 내가 발표했던 내용이다.

"보고서 제출까지 열흘 정도 남았습니다. 처·실장님들 중에 보고서 내용에 불만이 있으신 분이 있다고 들었습니다. 전담반이 보고서 작성에 들어가기 이전에 약속했던 것 두 가지를 기억해 주셨으면 합니다. 첫째, 전담반이 요구하는 자료는 가감 없이 제공할 것. 둘째, 보고서 내용에 대해서는 왈가왈부하지 말 것. 보고서에는 여러분이 자랑하고 싶은 실적이 아니라 경영평가단에서 요구하는 실적이 들어가야 한다고 말씀드렸습니다. 그리고 해당 실적에 대한 평가와 향후 계획도 평가위원의 관점에서 기술할 것이라고 말씀드렸습니다. 특히 보고서에 나와 있는 계획은 말 그대로 계획입니다. 바람직한 방향을 담았다고 보시면 됩니다. 올해 사업, 예산, 정원은 아직 조정 중이지 않습니까? 지금은 전담반 인원들을 불러서 야단치실 때가 아닙니다. 여기 계신 분들의 사명은 전담반이 작성한 보고서에 화룡점정 하시는 일입니다. 계획에 처·실장님들이 평소에 생각하셨던 의견을 추가해 주셨으면 합니다. 감사합니다."

경영실적보고서를 논리적으로 구성하지 못하게 되는 원인에는 세 가지가 있다. 첫째, 전담반의 역량 부족이다. 논리적인 글쓰기에 익숙하지 않은 직원들로 전담반이 구성되는 경우다. 의외로 이런 기관이 많다. 매년 경영실적보고서 작성을 담당하던 직원을 교체하기 때문이다. 당신이 여기에 해당되는가? 그렇다면 앞에서 설명했던 것들을 계속 읽어라. 다른 기관 보고서를 보고, 참고자료도 만들고 하면서 훈련을 하는 길밖에 없다. 경우에 따라서는 예전에 경영실적보고서를 작성했던 인원을 직급에 상관없이 전담반에 소환하라. 둘째, 논리적으로 구성해 제시할 실적이 정말로 없는 경우다. 그냥 마음 편하게 올해 농사는 망했다고 보면 된다. 셋째, 내부의 적이 있는 경우다. 옛말에 사공이 많으면 배가 산으로 간다고 하지 않았던가. 위에 계신 어르신들이 이리 틀고 저리 틀면 보고서의 논리체계가 엉망이 된다. 중간중간 많은 사람의 피드백을 받는 일은 좋은 보고서 작성의 핵심요건이다. 그러나 일정 단계에 이르면 보고서 작성자에게 전적으로 맡겨야 한다. 기관 내부에서 보고서 전체 내용을 뒤엎을 수 있는 사람을 오로지 한 사람으로 한정해 두자. 많은 기관에서 그렇게 하고 있다. CEO와 간부진이 참석하는 'CEO 검독회의' 때 여러 의견을 취합해 CEO가 최종 판단하는 방법이다. 때에 따라 경영관리 범주는 부사장이나 기획이사, 주요사업 범주는 본부장 중 한 명이 담당하게 할 수도 있다. 최종결정자와 보고서 작성자 간의 교감을 확보하는 일은 향후 실사를 받는 데에도 필수적이다.

4. 내가 만난 덕후들

앞에서 경영실적보고서를 효과적으로 작성하기 위해 고려해야 할 몇 가지를 살펴보았다. 앞에 제시한 내용은 경영실적보고서를 처음 작성하거나, 전담반 운영을 처음 맡은 관리자들에게 필요한 내용이다. 당신이 몇 년째 경영실적보고서를 써 왔다면 그다지 도움이 되지 못했을 것이다. 그래서 특별히 당신을 위해 다른 기관에서 비슷한 입장에 있는 사람들은 어떻게 하고 있는지를 설명하고자 한다. 만약 10년 가까이 경영실적보고서 작성에 참여하고 있다면… 도대체 왜 이 책을 보고 있는지 내가 묻고 싶다.

(1) 보고서를 작품처럼

N실장을 만난 건 2007년(당시에는 차장)이었다. N실장이 몸담고 있는 기관은 1984년부터 경영평가를 받아 왔다. 그래서 내가 많은 부분을 오히려 N실장에게 배웠다. 무엇보다 개조식 문서 작성에 대해 배웠다. N실장은 자신이 작성하거나 기안하는 보고서는 작품을 만드는 것처럼 심혈을 기울여야 한다고 생각한다.

"저는 보고서를 작성할 때 한 페이지에 세 가지 내용만 작성합니다. 그리고 세 가지 안에는 다시 세 가지 내용만 제시합니다. 그것이 대안이 되었든, 방법이 되었든, 근거가 되었든 마찬가지입니다. 한 페이지 내에 너무 많은 내용을 집어넣으면 기억에 남지 않습니다."

"강조가 필요한 부분을 작성할 때는 표와 그래프를 사용해야 합니다. 개조식으로만 한 페이지를 작성하면 지루합니다. 두 줄로 넘어가는 건 개조식 문장이 아닙니다. 문장을 작성할 때 세 번 더 고민하세요. 그러면 적정한 내용과 길이가 보이게 됩니다. 보기 좋은 떡이 먹기도 좋은 법입니다."

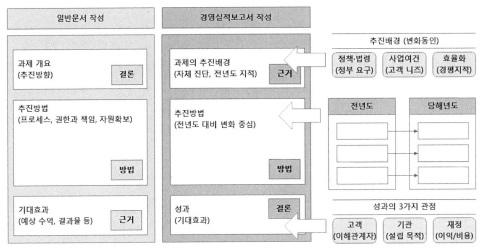

[그림 2-10] N실장의 3단 구성법

[그림 2-10]은 N실장이 주로 활용하던 템플릿이다. 일반문서(내부 기안문)와 경영실적보고서 작성 간에 다소 차이가 있다. 일반문서 작성 시에는 결론을 먼저 서술하고, 구체적인 방법과 기대효과를 제시한다. 무엇을 하자는 것인지 제안하는 것이 핵심이다. 반면에 경영실적보고서는 어떤 과제를 추진하게 된 이유를 가장 먼저 설명한다. 경영평가에서는 구체적 진단에 입각해 계획을 수립하도록 요구하기 때문이다. 추진방법 기술 시에는 주로 전년도와 비교해 달라진 점을 기술한다. N실장이 가장 차별화된 점은 성과 부분이다. N실장은 항상 성과를 세 가지 관점에서 정리한다. 고객 내지 이해관계자(비용절감, 편익증진, 만족도 증가, 대기시간 단축 등), 기관의 설립 목적 기여도, 그리고 재정(이익의 개선, 비용의 절감) 관점이다. N실장은 이런 방식으로 미리 프레임워크를 설정해 두는 것이 보고서 작성에 소요되는 시간을 극적으로 단축해 준다고 이야기한다. 경영실적보고서 작성 업무를 맡은 전담반에서는 보통 사전에 아래한글로 서식을 구성해 이러한 활동을 지원한다. 보고서 작성 담당자가 자신이 만든 고스트 팩을 서식에 맞춰 작성할 수 있도록 지원하는 것이다.

"효과적으로 보고서를 작성하려면 전체 업무를 총괄하는 전담반(주로 평가부서)의 역할이 매우 중요합니다. 경영평가단에서 요구하는 방식을 이해하고 있어야 하고, 경영진의 성향도 잘 파악해야 하기 때문입니다. 저는 일관성을 유지하는 데 많은 비중을 둡니다. 특히 한 페이지 안에 결론, 근거, 방법을 모두 담습니다. 한 페이지만 떼어 놓았을 때 이해될 수 없다면 잘못 작성한 것입니다. 그래서 핵심을 정리하는 능력이 매우 중요하죠. 저도 선배들한테 엄청 깨지면서 배웠습니다. 핵심을 정리하려면 업무에 대한 이해가 필요합니다. 업무에 대한 이해는 하루아침에 나오는 것이 아닙니다."

N실장은 업무에 대한 충분한 이해를 바탕으로 핵심을 보고서에 담는 데 일가견이 있다. N실장은 업무에 대한 이해가 부족한 상태로 제대로 된 보고서를 작성하는 것은 불가능하다고 한다. 그리고 누구도 자신이 담당한 분야의 업무를 완벽하게 알 수는 없으므로, 상사나 동료에게 끊임없이 조언을 구하라고 한다. 또한 N실장은 경영실적보고서에 무수히 많은 직원의 노력이 담겨야 좋은 결과가 나온다고 믿는다. 경영진에서 신입사원까지 모두가 기관을 생각하는 마음으로 노력을 기울이는 모습. N실장은 기관의 그런 조직문화가 강한 기관을 만든다고 믿는다.

(2) 말콤(LeTCI)빠

J실장을 만난 건 2005년(당시에는 차장)이었다. 기획예산처(현 기획재정부)가 주관한 '사전 규제 완화 스터디그룹'에서였다. J실장은 경영혁신에 관심이 많았다. 당시 J실장이 소속된 기관은 타 기관에서 시도되지 않았던 다양한 혁신이 추진되고 있었다. 새로 부임한 CEO는 기업가 출신이었고, 부사장(기획이사)도 마찬가지였다. 특히 모든 직원이 두 분 경영진의 요구로 경영에 대해 공부를 해야 했다. J실장이 말콤 볼드리지 모형에 관심을 가지게 된 것이 그때(나중에 경영평가가 말콤 볼드리지 모형을 기반으로 재편되었을 때 어떤 기분이었을지 알 수 있을 것이다)였다. 두 경영진은 무엇보다 특정 업무를 처리할 때 예상되는 결과를 중요하게 생각했다. 그리고 J실장은 자신이 담당한 업무를 보고할 때 말콤 볼드리지 모형에 제시된 프레임워크를 활용했다.[57]

---

[57] 말콤 볼드리지 모형에 관심이 있다면 『말콤 볼드리지 MB 모델 워크북』을 참조하면 된다. 경영실적보고서 작성뿐만 아니라, 실제 경영혁신을 위해 참조할 많은 자료와 방법론이 제시되어 있다.

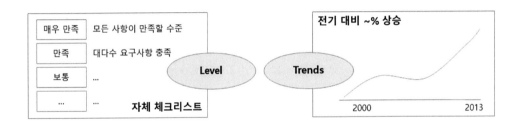

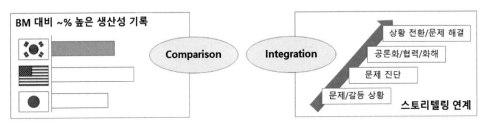

[그림 2-11] 말콤 볼드리지의 LeTCI

[그림 2-11]는 J실장이 애용하는 말콤 볼드리지 모형에 포함된 LeTCI 모델이다.[58] LeTCI 는 앞에서 설명한 ADLI와 달리 경영의 품질 수준을 평가하는 프레임워크는 아니다. LeTCI 는 특정한 과제의 추진이나 활동이 실제 성과로 나타나고 있는지를 점검하는 프레임워크이 다. 2014년도 경영평가부터 그래프 사용을 제한하게 되었지만, 성과 내지 기대효과를 제시 할 때 반드시 활용해야 하는 내용임이 틀림없다. 평가 매뉴얼에 제시된 평가착안사항 중에 는 특정 항목의 추세(Trend)를 확인하기 위한 공통 양식이 제시되어 있다. 또한 경영평가단 은 계획 및 성과 부문에 해외 유사기관 내지 선진기업과의 비교를 제시하도록 권고하고 있 다. 반면에 레벨이나 통합적 관점에서 성과를 바라보고 제시하는 방법은 거의 활용되지 않 고 있다.

"저는 경영실적보고서에는 주로 트렌드(Trend)나 벤치마킹(Comparison) 관련 데이터를 활용하 고, 기관 내에서 일반기획 업무를 수행할 때는 레벨(Level)이나 통합(Integration) 관련 자료를 활용합니다. 특정 업무를 기획하는 일 중에 가장 어려운 부분이 이해관계자 간의 갈등 수 준을 파악해 적정한 수준을 결정하는 일입니다. 저는 업무를 제안할 때 대안별로 어떤 차

<hr>

58 LeTCI는 [그림 2-11]는 성과를 제시하는 네 가지 방법 Level, Trend, Comparison, Integration의 머리글자를 따온 것이다

이가 있는지, 그것이 경영진의 요구에 얼마나 부합하며 얼마나 많은 자원이 소요되는지를 레벨을 구분해 제시합니다. 또한 연간 경영 목표 달성에 특정 활동이나 성과가 어떻게 기여할 수 있는지를 전망(Integration)하기도 합니다. 특히 CEO 경영방침 이행 수준을 제시하는 데 이 방법이 유용했습니다."

J실장은 액세스의 달인이기도 하다. J실장은 항상 무엇인가 데이터를 수집해 액세스로 정리해 두는 습관이 있다. 그리고 그런 그의 노력이 경영평가 때 빛을 발한다. 성과를 가장 명확하게 설명해 줄 수 있는 방법을 찾고, 그 방법 뒤에는 풍부한 데이터베이스가 뒷받침된다. J실장은 말콤 볼드리지 모형의 취지를 잘 이해하고 있다. 경영에 품질 차이가 있듯이, 경영실적보고서에도 품질 차이가 있다. 기관이 당해년도에 창출해 낸 실질적 성과도 중요하다. 하지만 그러한 성과가 지속되기 위해서는 J실장과 같이 누군가 성과를 진단·분석하고, 체계적으로 관리하는 것이 필요하다.

(3) 용인술의 대가: 기자에서 국문학과 출신까지

L팀장은 2006년에 같이 일을 했다. 그리고 2014년에 다시 만났다. L팀장이 몸담고 있는 기관은 국내 3년, 해외 3년 단위로 보직 순환이 이루어진다. 8년 만의 조우였다. 2014년에 L팀장은 경영평가 전담반을 맡고 있었다. 강의해 달라는 부탁을 받았을 때 난감했다. 계속해 A등급을 유지하고 있는 기관에 가서 내가 무슨 말을 해 줄 수 있을까 하는 우려 때문이었다.

"이번에도 내가 드림팀을 짰어요. 전직 기자 출신도 있고, 특별히 국문학과 출신도 끌어왔습니다. 경영실적보고서도 윤문을 거친 뒤 경영진에게 보고할 수 있다는 거죠. 그런데 문제는 너무 우리 기관스럽다는 겁니다. 최 이사님의 역할이 그겁니다. 외부자의 시각으로 우리 드림팀을 공격하는 것!"

결국 L팀장의 부탁대로 전담반이 작성한 보고서를 검토했다. 빨간 펜을 들고, 이리 찍, 저리 찍…. 내가 빨간 펜으로 그은 위에 L팀장이 다시 파란 펜을 들고 찍찍 그어댔다. 내가 보고서 작성을 담당했었다면 아마 멘붕에 빠지지 않았을까 싶다. 내가 L팀장의 부탁을 수용한 이유 중에 하나는 A등급을 계속 받는 힘이 어디서 나올까 궁금해서였다. 답을 찾았다.

거의 매일 본부장과 처·실장들이 번갈아 전담반 사무실을 찾았다. 그냥 둘러보는 게 아니었다. 자신과 관련된 경영실적보고서를 확인한 뒤, 그 자리에 앉아 보고서 작성 담당자와 의견을 나누었다. 펜을 든 게 아니라 칼을 든 것 같았다. 날카로운 지적과 조언이 이어졌다. 그리고 그 자리에서 전화를 걸어 관련 부서에 자료를 직접 요청했다. 보고서 작성 담당자들의 어깨에 놓인 짐을 현장에서 바로 덜어 주었다. 모든 지표에서 그랬다. 평가에 살고 평가에 죽는 기관이라는 명성에 걸맞은 모습이었다.

> "사실 내가 뭐라고 떠드는 것보다 저렇게 경영진과 처·실장들이 와서 보고 격려해 주는 게
> 중요합니다. 내가 각 부서에서 차출된 전담반 직원들에게 해 줄 수 있는 게 뭐가 있겠습니
> 까? 나중에 며칠 휴가라도 보내줘야 하는데, 경영진과 처·실장들이 보내 주지 않으면 내가
> 방법이 없거든요."

경영진 중 한 명은 전담반 직원들에게 다음번 배치 시 원하는 곳으로 보내 준다며 동기부여를 했다. 물론 지난해만큼 좋은 등급을 유지했을 경우라는 전제하에 말이다. 2006년에는 전담반에 별도 포상금이 있었다. L팀장 이야기로는 그런 제도가 없어졌다고 한다. 직원들 입장에서 매력적으로 보이지 않았기 때문이다. 대신 원하는 부서에 보내 준다. 다음해에 전반담에 다시 차출될지 어떨지는 모른다. 하지만 직원들 입장에서는 자신이 원하는 부서, 근무를 희망하는 지역을 선택할 수 있는 것만큼 멋진 일이 없다. 특히 지방 이전 때문에 더 그렇다. 본사보다는 수도권 근무를 희망하는 직원들이 많다. L팀장은 전담반 직원들에게 이것보다 큰 동기부여가 없다고 말한다.

> "석 달을 버틸 힘은 다음 아홉 달이 얼마나 행복할까 하는 기대 때문입니다. 아홉 달을 선
> 택할 기회를 주는 일, 이게 전담반 운영에 필요한 용인술의 핵심입니다. 동기부여가 이루어
> 지지 않으면 어떤 일도 이루어지지 않습니다. 대부분의 기관에서 실적이 없는 게 아닙니다.

보여 주어야 하는 실적을 찾으려고 노력하지 않기 때문에 좋은 평가를 못 받는 겁니다. 전담반에 직원이 많은 건 중요하지 않습니다. 그러나 동기가 부여된 직원이 많은 건 매우 중요합니다."

(4) 언제나 게임처럼: 즐겁게 놀 때 점수가 좋다

P실장은 2006년에 처음 만났다. 당시 성과평가부 부장을 맡고 있었고, 그래서 나와 인연을 맺었다. P실장은 운도 좋았다. 그가 성과평가부 부장으로 재직한 3년 동안 계량지표가 거의 만점에 가까웠고, 3년 동안 동일 유형에서 1위를 차지했다.[59] 물론 비계량지표도 동일 유형 내에서 항상 1위였다.

P실장의 놀라운 점은 본인은 보고서 작성에 거의 개입하지 않는다는 점이다. 자신이 담당한 지표(성과관리) 외에는 마지막 편집을 확인하는 정도이다. 그는 주로 전담반 직원을 살피는 데 시간을 투자한다. P실장이 이끄는 전담반을 처음 만났을 때 모든 직원이 다트 게임을 하고 있었다. '보고서를 작성해야 하는 시점에 이 무슨…' 하는 생각이 들었다. 하지만 잠시 뒤 다시 보고서 작성에 들어가 몰입하는 직원들은 보니 생각이 달라졌다.

> "석 달을 버티려면 무엇보다 웃고 떠들 수 있는 분위기를 형성해 두는 게 중요합니다. 하루 종일 모니터만 바라보고, 키보드만 두들겨대면 능률이 오를 수가 없죠. 우리 기관 직원 대부분이 하루 종일 모니터 앞에 앉아 있어요. 전담반에 차출되어서도 똑같은 모양으로 일한다면 재미없겠죠. 저는 재미가 있어야 직원들에게 동기부여가 가능하고, 서로 토론도 가능하다고 봅니다. 이 안에서도 토론이 이루어지지 못하는데 외부의 평가위원을 설득할 수 있는 논리를 만든다는 건 불가능한 일입니다."

P실장은 항상 유쾌하다. 그가 지닌 긍정의 에너지가 전담반을 활기차게 만드는 원동력이다. 이후로 몇 번 다른 기관에서 P실장 사례를 이야기했지만 제대로 실행에 옮길 수는 없었

---

59 지금은 순위가 발표되지 않고 등급만 발표된다. 그러나 과거에는 종합점수를 기준으로 순위가 나왔다. 그래서 대부분의 기관이 점수(등급)보다는 순위에 민감했다.

다. 보고서를 작성하는 기술이나 노하우는 배우면 실천할 수 있다. 하지만 조직문화를 형성하는 일은 배워서 되는 일이 아니었다. 그래도 전담반 생활을 하는 데 참조할 필요는 있다. 어떤 기관은 기관이 보유한 교육원 등의 장소에 합숙을 들어간다. 합숙에 들어가면 으레 밤마다 술을 마신다. 그러고 나면 다음날 능률이 떨어진다. 전담반 직원들 사기를 독려해야 한다고 경영진과 주요 처·실장이 방문해 저녁에 회식을 하고, 일이 안 된다고 전담반 직원들끼리 술잔을 기울이기도 한다. 계속해서 능률이 떨어진다. 석 달 가까운 기간을 이렇게 지내면 몸도 마음도 상하기 마련이다.[60] 담배나 술 말고 다른 무언가 같이 즐길 수 있는 것을 마련하는 게 그래서 중요하다.

---

60 석 달 가까이 합숙하는 기관은 없다. 보통 2주가량 별도 공간에서 합숙하는 기관이 많다.

Chapter 6

나만의 체크리스트 만들기

끝으로 그동안 경영평가와 관련된 업무를 담당하면서 만들었던 체크리스트에 관해 설명하고자 한다. 체크리스트를 만들게 된 것은 서울대 김준기 교수님 덕분이다. 모 공사에서 초청한 강연에서 김준기 교수님 다음 순서로 내가 강연을 했다. 그래서 김준기 교수님 강연을 들을 수 있었고, 내가 고려하지 못했던 몇 가지에 대한 아이디어를 얻을 수 있었다.

1. C-MAG(Choi's Management Assessment Grid)

기본적인 아이디어는 이렇다. 경영평가에서 좋은 점수를 받기 위해서는 모든 실적을 두 가지 관점에서 설명해야 한다. 그리고 평가위원 역시 두 가지 관점에서 기관이 작성한 경영실적보고서를 평가한다. 한 가지는 '기관의 경영(시스템) 품질 수준(X축)'이다. 각 지표에서 요구하는 혁신과 품질 수준에 얼마나 근접해 있는가에 초점을 맞춘다. 다른 한 가지는 '기관의 개선 노력(Y축)'이다. 전년도에 비해 진단, 분석, 개선 활동이 얼마나 적극적으로 이루어졌는가에 초점을 맞춘다.

분석/개선	A 탁월한 분석/개선	-	B+	A0	A+
	B 효과적 분석/개선	-	C0	B+	A0
	C 임의적 분석/개선	D0	D+	B0	B+
	D 개선실적 없음	E0	E+	C0	B0
분석/개선 vs. 시스템		D 임의적 실시	C 시스템 장착	B 효과적 시스템	A 탁월한 시스템
		시스템 구축/실행			

D	• 실시한 근거나 자료가 존재하지만 시스템으로 정착되어 정기적으로 실시되고 있지는 않음 • 임원, 부서장, 담당자의 의지에 따라서 때때로 이루어짐	X축
C	• 시스템이 구축되어 있으며 시스템 운영의 유효성에 대한 수준 파악이 가능(2년 이상 실행되어 실효성에 대한 판단이 가능) • 문서화된 매뉴얼은 없지만 이행실적을 인정할 충분한 근거 확인이 가능	
B	• 평가착안사항의 효율적/효과적 이행에 필요한 모든 핵심성공요소를 균형있게 적용하는 수준으로 조직 경쟁력의 기반이 되는 수준을 의미 • 평가착안사항과 관련된 방법, 도구, 기법 등이 목적에 맞게 적절히 활용	
A	• 매우 우수하여 Best Practice로 타 기관에 전파될 수 있는 수준 • 타 기관의 벤치마킹의 대상이 될 수 있으며 새로운 방법론/접근방식의 흐름을 개척한 수준(trend setter)	
D	• 분석/개선 실적을 확인할 수 없음 • 분석/개선이 형식적으로 이행되어 실질적 개선에 기여한다고 볼 수 없음	Y축
C	• 예방적 개선이 때때로 이루어지고 있으나 분석/개선 시스템이 미정착 • 문제나 사고 발생 후, 사후대응적 차원에서 분석/개선을 추진하는 수준	
B	• 문제 도출을 위해 주기적 진단/분석을 실시하고, 개선/혁신을 시도 • 체계적 피드백 메커니즘이 정착되고, 구성원의 분석/개선 활동이 체질화	
A	• 시스템과 성과의 인과관계 분석으로 체계·예방적인 분석/개선 추진 • 과학적 방법을 활용한 대안발굴과 문제해결, 전사 차원의 문제해결 역량 제고가 이루어짐	

[그림 2-12] 비계량지표의 혁신등급표(ISC: Innovation Scorecard)

자료원: 김준기(2006.8.24.), 공기업 경영평가: 내외부적 전략 구축

지금도 공공기관 경영평가의 핵심은 '전년도에 비해 기관이 기울인 개선 노력'과 '동일 유형에 속한 타 기관에 비해 얼마나 시스템적으로 우수한가'에 맞추어져 있다. 당시 많은 기관이 나에게 문의했던 것은 지표별로 어떤 것이 우수한가였다.

경영평가와 관련된 자문을 할 때 내가 주로 활용하는 체크리스트는 [그림 2-13]과 같은 형태로 구성되어 있다. 중요한 것은 높은 등급을 받은 기관에서 주로 나타나는 지적과 낮은 등급을 받은 기관에서 나타나는 지적을 구분하는 일이다. 이를 통해 각 지표에서 시스템의 우수성을 측정하는 기준을 만들어 낸 것이다. 매년 이 작업을 반복하여 트렌드를 선도하기 위한 이니셔티브를 제안하는 것이 내가 수행한 프로젝트의 많은 부분을 차지해 왔다.

평가지표	전략기획 및 기관혁신		평가방법	9등급평가	
지표정의	기관의 비전과 목표를 구현하기 위한 경영전략의 수립과 시행, 국정과제 이행 노력, 윤리성·투명성·안전성 제고와 공정사회 구현, 미래대비 중장기 경영 혁신 등을 위한 기관의 노력과 성과를 평가한다.				
세부평가내용	① 전사적 경영목표 설정과 중장기 경영전략의 수립·실행, 국정과제 이행, 윤리경영·내부견제 시스템의 운용과 대내외 이해관계자와의 의사소통 등을 위한 기관의 노력과 성과는 적절한가?				

Level 0	Level 1	Level 2	Level 3	Level 4	Level 5
• 기관의 사업이나 목표 설정에 비전과 미션, 국정과제가 미활용 • 직원의 참여 없이 비전 및 전략 수립 • 기관장과 직원 간 커뮤니케이션이 원활하지 않음 • 사기가 침체되고 내부에 다양한 갈등과 마찰 발생	• 비전 및 핵심가치에 대한 이해/공감 수준 낮음 • 비전 및 핵심가치에 대한 형식적 수준의 교육 프로그램 운영 • 비전 달성을 위한 사업전략과 기관의 핵심역량 불명확 • 핵심가치에 대한 내부의사결정 활용 사례 미비	• 비전 및 핵심가치 전파 위한 기관장의 다양한 노력 • 경영가치체계가 제시되고 있으나 사업 및 경영성과에 직접 연계되지 않음 • 중기 경영계획과 인력, 예산 등의 연계가 불명확 • 기관장의 현장방문, 직원의견수렴 활발	• BSC, ERP 등을 활용해 비전-전략의 체계적 연계와 관리 • 내·외부 이해관계자 대상 프로그램 확충 • 관리자 역량 강화를 위한 조치 • 자율적 참여와 우호적 협력 분위기 강화로 조직 내 갈등 사전예방	• 다양한 경영분석을 통해 비전과 핵심가치에 대한 지속적 점검 실시 • 정기적으로 조직을 진단하고 이를 경영 개선에 반영 • 비전과 전략 실행에 필요한 다양한 제도 개선 추진	• 국정과제와 관련된 범정부 차원의 대표성과 창출 • 경영목표 및 사업 전략과 관련해 가시적 성과 창출 • 조직개편, 보상 차등 등을 통해 조직 특성에 맞는 혁신 방안을 설계·운영

높은 등급과 낮은 등급을 받은 기관의 평가 결과를 참조해 리스트를 정리함

세부관리지표	경영여건 변화에 따른 비전 및 핵심가치 재정립 노력, 중기 경영계획의 수립과 추진성과, 비전과 핵심가치에 대한 조직원의 이해도 및 공감 수준, 비전 및 전략 공유도 제고를 위한 프로그램 및 운영성과, 기관장의 변화관리 노력, 당기 중 추진된 경영혁신 실적, 주요 경영현안과 장애 극복사례, 직무만족도 등

타 기관이 전년도 경영실적보고서 작성 시 활용한 데이터를 확인해 리스트를 정리함

[그림 2-13] C-MAG(Choi's Management Assessment Grid) 초기 모델

[그림 2-13]은 지표별로 어떤 내용을 기술하는 게 좋은 평가를 받을 가능성이 있는지를 제시해 준다. 평가착안사항을 보다 구체적으로 해석한 것으로 보면 된다. 기관 입장에서는 지표 단위로 해야 할 과제를 도출하는 기준이 된다. '이것을 추진한 기관이 상대적으로 좋은 평가를 받았다'는 사실만큼 매력적인 게 없다. 그러나 개별지표 단위로 C-MAG을 만드는 일은 지난至難하다. 그리고 내가 만난 고객 대부분은 자신이 소속된 기관보다 낮은 수준에 대해서는 관심이 없었다. 한발 더 나아가기 위해 해야 할 것에만 관심이 있었다. 그래서

[그림 2-14]와 같이 간략한 형태로 체크리스트를 정비하는 작업을 추진했다.

일반적 기대(다수 기관)	우수 사례(우수 기관)	추가적 기대
• 구성원들의 참여를 통해 다양한 혁신과제 발굴 • 혁신과제의 발굴 및 선정과 관련된 체계적인 프로세스와 기준 정립 • 기관의 미래를 대비하기 위한 기능과 사업 재편방향 설정 • 사업 포트폴리오에 대한 체계적 분석과 시나리오에 연계한 미래 변화상 명확화 • 업(業)의 특성을 감안한 기관의 기능 및 서비스 고도화 방향 제시	• 혁신과제 발굴과 실행력 제고를 위해 개방형 혁신 플랫폼 구축 • 미래과제 발굴을 위한 체계적 프로세스와 기준 운영 • 미래과제와 연계한 투자계획을 수립해 추진 • 신성장 사업 모델을 위한 포트폴리오 수립 및 KPI 설정과 관리가 체계적으로 진행 • 선제적 제도 개선으로 재정절감 및 국민부담 완화 성과 창출 • 효율화와 혁신역량 강화를 위해 조직편제를 개편 • 서비스 혁신으로 정부3.0 경진 대회 최우수상 수상	• 기관의 사업 포트폴리오 변화에 연계해 조직 및 인력 구조를 재설계하기 위한 방안 제시 • 발굴된 혁신과제를 실행과제로 전환하기 위해 과제의 기대효과, 타당성 검증, 환경 및 투입자원 분석 등을 추진 • 도출해 추진한 혁신과제 외에도 기관의 혁신성(혁신문화)을 평가하기 위한 노력 병행 필요 • 미래사업과 관련된 로드맵 상의 단계 구분을 명확화 • 만족도 조사에 그치지 말고 VOC 분석으로 임의성 극복 • 제도 및 프로그램 혁신에 그치지 말고 혁신문화로 승화

[그림 2-14] C-MAG(Choi's Management Assessment Grid) 간편 모델

[그림 2-14]는 크게 세 가지 영역으로 구분된다. '일반적 기대'는 다수 기관에서 공통적으로 이루어진 변화 노력과 성과를 의미한다. 이 부분은 각 지표별로 작성되어 있는 경영실적 평가 총괄 의견을 정리한다. '우수 사례'는 각 지표에서 가장 좋은 등급을 받은 기관의 사례를 정리한다. 평가위원이 '우수' 혹은 '높이'라는 단어를 토대로 평가한 사항을 기술하면 된다. 특히 타 기관에 전파할 만한 사례는 가장 위에 배치시켜 우선순위를 판별할 수 있게 한다. '추가적 기대'는 각 지표에서 가장 좋은 등급을 받은 기관이 평가위원으로부터 지적받은 사항이다. 만일 내가 소속된 기관이 각 지표에서 가장 높은 등급을 받은 기관 중 하나라면 이 항목에 주목할 필요가 있다. 더 높은 등급을 받기 위해 해결해야 할 과제가 담겨 있기 때문이다.

[그림 2-14]에 제시된 내용을 토대로 강의를 하면서 항상 고객들에게 제안하는 것이 있다. 당신들만의 체크리스트를 만들라는 것이다. 그럼 으레 '이런 걸 보고서를 쓰면서 어떻게 만들 수 있냐'고 물어본다. 그렇다, 경영실적보고서를 쓰는 기간에 이걸 만들 수는 없다. 중간보고서가 간행되는 시점(6월경)에 착수해 완료해야 한다. 그래야 부족한 부분을 보완해 당해년도의 실적으로 활용할 수 있지 않겠는가? 따라서 이 작업을 담당하는 것은 전담반이

아니다. 성과관리를 담당하는 부서 혹은 기획업무를 담당하는 부서에서 미리 수행해야 한다. 그리고 7월에서 8월 사이에 전사 워크숍을 추진할 때 해당 내용이 발표되어야 한다. 소관 지표를 담당하는 부서가 조사하고 발표해야 한다. 아브라카다브라! 말한 대로 이루어질지니, 담당한 부서가 말하게 하라. 다만, 여러분의 수고를 덜기 위해 2016년도 경영실적평가 보고서를 토대로 정리해 둔 부분을 공개한다. 이 책 3편 2장에 제시된 내용을 참조하라.

2. 내부평가 활용하기

2015년 임금피크제가 그랬듯이, 참여정부 때 모든 공공기관이 BSC를 도입해야 했다. 기관마다 다양한 우여곡절을 겪었지만, BSC는 공공기관에서 내부평가를 위한 주요 관리 도구로 여전히 활용되고 있다. 그러나 일반적으로 우리가 알고 있는 BSC와 많은 점에서 차이가 있다. 일반적인 BSC는 전략의 실행 수준을 모니터링하는 데 초점을 맞추지만, 공공기관의 BSC는 부서평가를 통해 내부경쟁을 촉진시키는 수단이 되고 있다. 또한 경영평가에서 '외부평가와 내부평가와의 연계'가 평가착안사항으로 반영된 이후, 대부분의 기관이 BSC에 경영평가 관련 사항을 포함시켰다. 어떤 기관은 경영평가 지표를 세분화하여 부서 단위로 책임과 역할을 배분했다. 또 어떤 기관은 경영실적보고서 작성 과정에서 얼마나 적극적 지원을 했는가를 기준으로 별도의 가감점 평가를 실시하기도 했다. 그러나 가장 큰 차이는 부서 단위로 경영실적보고서를 작성하게 한다는 데 있다. 전략을 관리하기 위해 평가를 하는 게 아니라, 평가를 위해 평가를 하게 된 것이다.

하지만 긍정적 측면도 있다. 경영실적보고서를 작성할 때 내부평가(BSC) 과정에서 얻은 자료보다 귀중한 게 없다. 대부분의 기관이 경영평가에 내부평가 자료를 활용하기 위해 평가주기를 조정했다. 12월이면 내부평가보고서를 각 부서에서 제출하고, 해당 자료는 기관에서 자체적으로 구성한 평가단과 함께 경영평가를 준비하는 전담반에 배포된다. 그리고 전담반은 내부평가를 진행하는 평가단의 지적사항을 확인한다. 경영평가 때에도 동일한 실적에 동일한 지적이 나올 수 있기 때문이다.

[그림 2-15]는 모 기관에서 내부평가 때 도출된 결과물이다. 내부평가 시 지적받은 사항 중 '시나리오 분석의 문제점을 보완하기 위해 근거자료를 추가 확보하는 일'은 경영실적보고서를 작성하는 과정에서 충분히 해결 가능하다. 이것이 해결되면 경영실적보고서는 내부평가보고서에 비해 한 단계 업그레이드된 것이다. 두 번째 지적사항인 벤치마킹 대상 기관의 경우도 마찬가지다.

잘된 점(우수한 사업성과)	개선이 필요한 점(미흡한 사업성과)
• 부채관리 투명성 및 관리 전략이 우수하며, 자체수입 증대 노력을 적극적으로 추진한 점이 높이 평가됨 • 재무 영향요인 및 시나리오 고도화를 통한 자금수요 예측의 정확성 제고를 위해 노력을 기울였으며, 또한 이를 토대로 중기 재무계획의 구체성을 확보하고자 노력한 점이 인정됨 • 수탁계약 체결 지연 등 자금운용 문제 발생 시 건강보험 예산 없이 최적의 자금조달 방안을 마련해 금융비용을 절감하는 등 안정적 재무관리 노력을 추진한 점이 인정됨 • 정부지침 및 권장정책을 성실히 수행한 점이 인정됨	• 시나리오 분석 시 과거추세와 미래추세를 동시에 제공해 추세 예측의 타당성을 평가할 수 있어야 함 • 계량지표 목표설정근거가 일관성이 부족하며, 부채관리 적정한도 설정을 위해 실시한 벤치마킹 대상인 인천국제공항공사의 경우는 우리원의 업무 특성과 유사성이 없어 적절하다고 보기 어려움

평가단 평가결과(원 점수)		평균편차 조정결과(보정 점수)		최종결과
내부위원	외부위원	내부위원	외부위원	
85.200	81.000	81.882	91.995	86.939

[그림 2-15] 평가 결과 개관: 재무예산관리

몇 년 동안 현장에서 느낀 경험에 따르면, 내부평가단에서 나오는 지적이 경영평가 때 받는 지적보다 구체적이다. 또한 대부분의 기관이 경영평가와 마찬가지로 서면평가가 끝난 뒤에는 현장평가를 실시한다. 내가 수행했던 프로젝트에서는 과거 KOTRA에서 경영평가단이 제공하던 방식을 도입했다. 현장평가 시 피평가부서 직원들과 함께 경영실적보고서 담당자가 참석해 평가위원의 견해를 듣는다. 그리고 지적사항을 해결하기 위해 어떤 과제 내지 활동을 추진하는 게 바람직한지 조언을 받는다.

전담반에서 경영실적보고서를 작성하는 직원에게는 이 과정이 세 가지 측면에서 도움이 된다. 먼저, 내부평가위원의 지적사항을 토대로 자신만의 체크리스트를 만들 수 있다. 긍정적으로 평가되는 부분과 부정적으로 평가되는 부분을 확인함으로써, 긍정적으로 평가되는 부분의 비중을 늘리고 부정적으로 평가되는 부분은 줄일 수 있다. 둘째, 자신이 담당한 지표의 계획 부분과 향후 계획 부분을 보완할 수 있다. 내부평가위원의 지적은 자체 진단 결

과와 같다. 그리고 내부평가위원이 현업부서에 제안해 준 내용은 성과와 환류 부분에 담을 수 있다. 셋째, 보고서와 함께 제공되는 별첨자료로 활용할 수 있다. 일부 평가위원은 소관 지표에 대해 기관이 자체적으로 당해년도 실적에 대해 잘한 점과 못한 점을 기록해 제출하도록 요구한다. 이때 내부평가 시 외부평가위원이 지적했던 문제점과 권고사항을 제시해 주면 된다. 물론 내용을 잘 선별해야 한다. 스스로 찍는 발등도 아프기는 마찬가지이다.

타 기관 벤치마킹을 통해 확보한 체크리스트와 내부평가단을 통해 확보한 체크리스트로 본인이 작성하는 보고서를 점검해 보자. 아마 자신이 보지 못했던 문제점 몇 가지를 확인할 수 있을 것이다. 스스로 예비평가를 해 보자. 나중에 후회될 것 같다고 판단되는 사항을 정리해 보자. 당신은 한층 업그레이드된 보고서를 작성한 것이고, 당신이 소속된 기관을 위해 최선을 다한 것이다.

쉽게 배우는 경영평가

Chapter 1

경영평가에 대한 이해와 대응전략

안녕하십니까? '공공기관 경영평가에 대한 이해'란 주제로 강의를 맡게 된 JCDA 파트너즈의 최은석이라고 합니다.

오늘 강의는 공공기관 경영평가를 처음 접하시는 분들을 위해 다양한 관점의 이야기를 들려 드리는 데 집중할 계획입니다. 경영평가에 대한 이해가 어느 정도 있으신 분들은 특별히 듣지 않으셔도 좋습니다.

1. 공공기관 경영평가의 핵심(?) 성공요인

먼저 공공기관 경영평가의 핵심(?) 성공요인입니다. 핵심 뒤에 (?)가 붙어 있습니다. 어떤 기관에서는 그럴 수 있는데, 다른 기관에는 그렇지 않을 수 있기 때문입니다. 정해진 답은 아니라는 이야기입니다. '시작부터 무슨 생뚱맞은 이야기인가?' 하시겠지만 실제로 그렇습니다. 100% 통하는 방법은 아니라는 점을 염두에 두고 들어주시면 감사하겠습니다.

저는 여러분들처럼 기관 입장에서 경영평가와 관련된 업무를 수행해 왔습니다. 그동안 제가 같이 일했거나 몸담았던 기관들은 성과가 좋았던 경우도 있었고, 그렇지 못했던 경우도 있었습니다. 개인적 경험에 비추어 본다면 잘하는 기관과 그렇지 못한 기관 사이에 몇 가지 차이가 있었던 것 같습니다. [그림 3-1]에 잘하는 기관과 그냥 그런 기관의 차이가 몇 가지 주제 영역별로 제시되어 있는데, 오늘 강연의 전반부에서는 이 점에 대해서 주로 논의하고자 합니다.

첫째, 평가위원 내지 평가단에 대한 변화관리입니다. 김영란법이 발효되면서 더욱 조심스러워진 영역이기는 한데, 그동안 많은 기관이 차년도에 평가위원으로 들어올 만한 분들을 대상으로 직·간접적으로 사전에 많은 로비를 해 왔습니다. 최근에는 기획재정부의 감시를 피해 컨설팅 회사를 중간에 껴서 자문료를 드리는 방식으로 진행되는 경우도 있습니다. 안타까운 현실이죠.

		잘하는 기관	그냥 그런 기관
1	평가위원(평가단)	직원을 학생으로...	금전 내지 향응 제공
2	혁신	장기투자(주무부처 지원)	컨설팅(연구용역)
3	회계기준 재정립	체계적 성과관리	1박2일 정신
4	실적보고서 위탁	전담직원 역량 강화	컨설팅(연구용역)
5	경영진의 관심	평소에 관심	막판(보고서) 뒤집기
6	성과에 대한 태도	지속적인 개선 대상	노력해 온 결실

[그림 3-1] 공공기관 경영평가 시 핵심 성공요인

둘째, 해마다 많은 기관이 평가편람에 있는 내용과 관련한 실적을 만들기 위해 컨설팅 내지 연구용역을 실시했습니다. 저 같은 업자들이 그 덕분에 먹고살고 있습니다. 물론 정기적으로 컨설팅을 통해 변화를 추구하는 일은 꼭 필요합니다. 그러나 컨설팅 자체가 '지적사항을 개선하기 위해'라는 면피용으로 자주 활용되다 보니 대부분의 직원들이 컨설팅이나 연구용역에 대해 시니컬한 반응을 보이는 게 현실입니다.

셋째, 다수 기관이 회계기준이나 업무관리기준을 바꿔서 실적치를 보정해 왔습니다. 평가단에 충분한 설명을 제공하기 위해 노력하는 경우도 있지만 외감법인과 협의해 내부적으로 계수 조정을 하는 경우도 있었습니다. 어느 순간부터 공공기관 경영평가단에 회계법인이 대거 참여하게 되었습니다. 마음이 아프지만, 이런 게 여러분이 치러야 할 홍역의 본질입니다.

넷째, 제일 골치 아픈 경영실적보고서 작성을 외부에 맡기는 겁니다. 기획재정부 방침에 따르면 그렇게 하면 벌칙을 받게 됩니다. 그래서 검수 내지 자문, 혹은 내부평가를 진행하면서 같이 봐 주는 형태 등으로 도움을 받는 경우가 많습니다. 저 같은 컨설턴트들이 연말연시에 잘 팔리는 것도 이 덕분입니다.

다섯째, 공공기관 경영평가에서 좋은 성과를 거두기 위해서는 '기관장의 관심이 필수적'입니다. 그렇지 않다고 생각하시는 분 계십니까? 그런데 여기에 단어가 하나 더 추가되어야 합니다. 공공기관 경영평가에서 좋은 성과를 거두기 위해서는 기관장이 '평소에' 관심을 가지는 것이 필요합니다.

여섯째, 당기에 달성한 성과를 바라보는 자세입니다. '올해 거둔 성과는 운이다. 그러니 더 열심히 일해야 한다'는 기관과 '올해 거둔 성과는 기존에 어떤 경영자도 달성하지 못했던 우수한 성과다라고 자부하는 기관 사이에는 차이가 있습니다. 뒤에서 어떤 차이가 나타나는지 살펴보겠습니다.

강연 중간 중간에 본인이 재직 중인 기관 내지 본인의 경험에 비추어 이해가 다르다고 생각되시는 부분이 있거나 궁금한 점이 있다면 손을 들고 의견을 제시해 주시면 감사하겠습니다. 그럼 지금부터 여섯 가지 주제 영역별로 하나씩 살펴보겠습니다.

(1) 평가위원 혹은 평가단

먼저 평가위원 내지 평가단을 해부해 보겠습니다.

[그림 3-2] 좋은 평가위원의 요건

자료원: SBS 홈페이지

한류韓流를 이끌고 있는 원동력, 시쳇말로 요즘 대세는 오디션 프로그램입니다. 그중에서도 대표적인 프로그램이 'K팝스타'입니다. 이 프로그램에는 박진영, 양현석, 유희열 씨가 나와서 아웅다웅합니다. 한 가지 재미난 사실은 이들의 평가에 대해 누구도 이의를 제기하지 않는다는 점입니다. 그 이유는 이들이 [그림 3-2]에 제시된 바와 같이 좋은 평가위원의 요건을 갖추고 있기 때문입니다. 그림 우측에 제시된 요건 중에서 우리가 주목해야 할 점은 이러한 오디션 프로그램에서는 신속한 피드백이 이루어진다는 점입니다. 반면에 공공기관 경영평가는 준비 단계(12월)에서부터 7개월가량이 소요됩니다. 이러한 차이가 발생하는 이유는 평가위원들의 풍부한 실전 경험이 뒷받침되기 때문입니다. 또한 이들은 참가자들에게 직·간접적인 지원을 제공하기 때문에, 절대적인 권위를 확보할 수 있습니다. 그것이 가능한 것은 방송국의 전폭적인 지원이 있기 때문입니다. 공공기관 경영평가가 그렇게 되지 못하는 이유는 무엇이겠습니까? 예, 그렇습니다. 바로 시스템의 차이 때문입니다. 특히 우리가 눈여겨보아야 하는 시스템 간 차이는 [그림 3-2]에서 회색으로 표시된 부분에 있습니다. K팝스타와 같은 오디션 프로그램에서는 평가위원들의 평가 결과가 차이가 있습니다. 평가위원들끼리 견제가 있습니다. 여기에 더해 ARS 내지 SNS와 같은 보완적 장치가 있습니다. 공공기관 경영평가는 어떻습니까? '그래서 어쩌라는 것이냐'는 표정이시네요. 맞습니다. 별수 없죠. 피터 드러커도 이런 말을 했습니다. "이 세상의 모든 결정은 그 결정을 내릴 만한 힘을 가진 사람들이 내린 것이다. 이 점을 받아들여야 한다." 결국 우리가 이해하고 준비해야 하는 것은 몇 달 후 만나게 될 평가위원들이 아닌가 싶습니다.

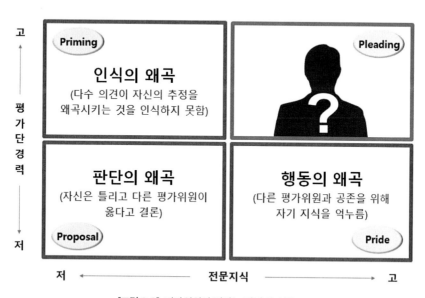

[그림 3-3] 평가위원이 범하는 판단의 오류

자료원: 마이클 J. 모부신(2016), 『판단의 버릇』; JCDA 파트너즈 재구성

그동안 경영평가와 관련된 일을 하면서 저는 평가위원을 [그림 3-3]에 제시된 바와 같이 네 가지 유형으로 분류해 왔습니다. X축은 '소관 지표에 대한 전문지식이 어느 정도인가', Y축은 '평가단에서의 경력이 어느 정도인가'입니다. 인지심리학자들에 따르면 사람들은 지식과 경험에 따라 판단의 오류를 범한다고 합니다. 평가위원들도 마찬가지입니다. 유형별로 흔히 범하는 판단의 오류가 있는데, 이를 효과적으로 활용하는 방안이 있습니다.

오른쪽 하단에 있는 유형은 소관 지표와 관련해 전문지식은 많은데 평가단 경험은 거의 없는 유형입니다. 이런 유형에 속한 분들은 다른 평가위원들이 이상한 소리를 해도 그냥 참습니다. 자기 일만 하면 된다고 생각해 묵묵히 소관 지표에 대해서만 생각합니다. 반면에, 이로 인해 발생하는 스트레스를 피평가기관에 쏟아냅니다. 이런 분들과 싸우기 시작하면 사태가 심각해집니다. 이런 분들의 지적에는 항상 감사를 표하고, 현장평가를 받을 때 전문가로서 자부심을 느낄 수 있도록 해 드리는 게 관건입니다. 전에 함께 일했던 기관 중에서 어떤 기관(물론, 매우 우수한 성적을 거두었으며 여전히 거두고 있는 기관)은 이런 유형의 평가위원들이 확정되면, 평가위원에 대해 리서치를 했습니다. 리서치라고 하니까 굉장히 거창하게 들리죠? 진짜로 거창합니다. 그 기관에서는 해당 평가위원의 최근 3년간 발표논문과 저술을 확인하고, 평가위원이 주로 강조하는 키워드와 프레임을 확인했습니다. 그리고 기관의 성과를 여기에 비추어 구조화하여 현장평가를 준비했습니다. 대부분의 기관이 현장평가 때 평가위원이 제공한 사전 질의사항에 맞추어 책자를 만듭니다. 말씀드린 기관은 이때를 잘 활용했습니다. 또 다른 기관은 사전에 비슷한 준비를 해서 현장평가 중간중간에 평가위원의 지식과 전문성에 존경을 표하는 방법을 사용했습니다. 자긍심(Pride)을 느낄 수 있게 말입니다. 특정 지표와 관련해 사전에 개선 방향을 설정할 때 해당 평가위원의 논문에서 많은 도움을 받았다고 감사를 드립니다. 앞을 다시 봅니다. 여러분은 평가위원의 얼굴에서 미소를 보시게 될 것입니다. 이런 상황을 연출하고 나면 평가위원이 판단의 오류에서 벗어나 기관이 거둔 성과를 보다 우호적인 관점에서 바라볼 수 있게 됩니다.

왼쪽으로 한 칸 가 볼까요? 가끔 왜 왔는지 의문이 드는 평가위원들이 있습니다. 평가단이야말로 전공 불문, 제4차 산업혁명의 선두를 걷고 있죠. 전에 어느 기관에서 저한테 하소연을 하시더라고요. 본인은 조직관리 담당인데, 평가위원이 식품영양학을 전공하신 분이라고. 저라고 별수 있었겠습니까? 재미있는 사실은 이런 분들이 늘어난다는 점입니다. 제 경험으로는 이런 분들에게는 판단에 필요한 충분한 자료를 드리는 게 오히려 역효과가 납니다. 가끔 평가위원이 먼저 요구하시는 경우도 있는데, 이 유형에 속하는 평가위원들에게는 1페이지로 잘된 점과 지적사항을 요약해 제공(1page proposal)해 드릴 필요가 있습니다. 특히, 기관 입장에서만 생각하지 말고, 경영실적평가보고서에 제시될 내용을 미리 작성해 본다는 느낌으로 접근하는 게 중요합니다. 즉, 누가 봐도 수긍이 갈 수 있도록 잘된 점과 개선할 점을 제시해야 합니다. 평가위원들이 공통적으로 강조하는 사항 중 하나가 '진실성'입니다. 개선해야 할 점은 보고서에 없는 사항이라도 괜찮습니다. 기관의 발전을 위해 필요하다고 생각되는 부분을 스스로 작성해 보고, 평가위원에게 충분한 설명을 드리는 것입니다. '이런 점을 특별히 강조해 지적해 주시면 감사하겠습니다'라고 이야기 드렸을 때 거절하셨던 분은 한 명도 없었습니다.

다시 한 칸 위로 올라가 볼까요? 이 유형에 속한 분들은 평가단 워크숍이나 총괄반 회의에서 나온 이야기에 많이 영향을 받습니다. 이런 분들 앞에서는 우는 게 제일입니다. 그러기 위해 뭔가 우호적인 감정을 점화(Priming)시킬 이벤트가 필요합니다. 저 같은 컨설턴트들이 주로 활용하는 방법은 아닌데, 스토리텔링을 적절히 활용하면 우호적인 감정을 점화시킬 수 있습니다.

자, 다시 오른쪽으로 한 칸 가서 마지막 유형을 살펴보겠습니다. 이 유형에 속한 분들은 몇 분 안 계십니다. 대부분 총괄반에서 오랫동안 핵심적 역할을 하시는 분들입니다. 이분들은 어떤 방법으로도 설득이 되지 않습니다. 이 유형에 속한 분들은 높은 유연성과 융통성을 갖고 계십니다. 기관 입장에서는 다른 평가위원들에 비해 만나기도 수월합니다. 하지만 거의 모든 기관을 만나 주시기 때문에 평가 시즌을 앞두고 하는 인사치레로는 그다지 인상을 남기기 어렵습니다. 경영평가를 담당하는 실무자들은 대개 평가를 준비하는 과정에 기관장의 관심도를 제고하기 위해 이 유형에 속한 평가위원들과 인터뷰를 추진합니다. 그럼 이 유형에 속한 평가위원은 관리하지 않는가? 그렇지는 않습니다. 경영평가에서 우수한 성적을 거두고 있는 기관들은 대개 학회 활동을 통해 이 유형에 속한 분들과 교류를 합니다. 평소에 경영혁신이나 사업전략과 관련해 다양한 논의를 하고, 학술적인 교류를 갖는 것입니다. 이 유형에 속한 분들 중 일부는 본인보다는 본인이 속한 학회를 후원하는 데 더 만족감을 느낍니다.

그동안 이렇게 할 수 있던 기관들은 사실 공공기관 경영평가를 넘어 실질적으로 기관을 지속적으로 성장시키는 데 많은 투자를 하고, 그러한 투자가 다년간 응축되어 조직역량으로 굳어진 기관들입니다. 그리고 대개 이 과정에 참여한 직원들은 은퇴 전에 경영자가 되는 경우가 많았습니다. 고민하시기 바랍니다. 어떻게 하면 이 유형에 속한 평가위원들에게 매달릴 (Pleading) 수 있을지 고민하시는 게 기관과 본인에게 긍정적인 성과를 가져다줄 것입니다.

(2) 혁신

첫 번째 산이 좀 높았죠? 두 번째 산부터는 조금 낮아집니다. 우리가 넘어야 할 두 번째 산은 '혁신'입니다.

경영평가의 가장 큰 문제는 비계량평가에 의존하는 것입니다. 비계량평가에 의존하기 때문에 기관 입장에서는 매년 이벤트를 만들어야 합니다. 많은 기관에서 저에게 문의하고 있는 것 중 하나도 '지표별로 어떤 콘텐츠를 만들어야 하는가'입니다. 타 기관에서 추진 내지 도입한 것 중에서 쓸 수 있는 아이디어를 얻고 싶어 하는 고객이 많습니다. 그리고 그런 접근방식을 '혁신'이라고 생각합니다.

저는 개인적으로 혁신은 박피라고 생각합니다. 박피를 하면 단기적으로 예뻐지죠. 그런데 이게 중독성이 있어서 하면 할수록 더해야 합니다. 점점 더 많은 돈이 들어가는 것도 문제이지만, 자신의 생명에도 큰 위험을 초래하게 됩니다. 대부분의 평가위원들은 혁신의 이러한 속성을 잘 알고 있습니다. 그래서 기관에서 추진하는 변화가 정말 의미 있는 변화로 비춰지기 위해서는 주무부처의 정책과 연계해 장기적인 그림을 그릴 수 있어야 합니다. 하지만 쉽지 않습니다. 특히, 준정부기관들은 주무부처의 정책이 자주 흔들려서 장기적인 계획을 수립할 수 없는 경우가 있습니다. 제 경험에 비추어 보면, 경영평가에서 좋은 점수를 받는 기관들은 이러한 사실을 잘 알고 있기 때문에 '정책은 기다리지 말고 만들어야 하는 것'으로 인식하고 있었습니다. 문제는 이러한 노력을 경영실적보고서에 담을 수 없다는 점입니다. 그럼에도 불구하고 장기적으로 높은 성과를 유지하려면 '경영평가를 위한 광을 치는 혁신'과 '기관의 미래를 위한 진정한 혁신'을 모두 염두에 두어야 합니다. 그러한 노력은 보고서에 담지 못해도, 현장평가를 통해 평가위원들에게 충분히 전달할 수 있습니다.

(3) 회계기준 재정립

세 번째 산은 회계기준 내지 업무관리기준을 재정립하는 일입니다. 이 작업은 계량지표 내지 계량지표 평가방법의 한계로 발생하는 실적치의 등락을 막기 위해 추진됩니다. 그나마 회계기준은 추적이 가능할 수 있으나, 주요사업 부문의 계량지표는 데이터베이스가 무너지면 추적이 불가능합니다. 일부 기관이 ERP 내지 업무관리시스템을 재편한다는 이유로 데이터를 변경해 왔습니다. 데이터를 이관(Migration)하는 과정에서 기존의 데이터가 꼬이거나 깨지는 경우가 많은데, 평가위원은 그것이 기관의 자의에서 이루어졌는지 혹은 타의(위탁업체)에 의해 이루어졌는지 알 수가 없습니다. 전에 산업부의 어떤 공무원이 저에게 그러더군요.

"공무원 통계가 다 그렇죠. 매년 안 달라지면 그건 공무원 통계가 아니죠."

그런데 이런 상황이 생기고 나면 기관 내부에서는 폭탄 돌리기가 시작됩니다. 폭탄을 터뜨리는 것은 평가단이지만, 기관 내부적으로는 누가 책임을 져야 할 것인지를 두고 폭탄을 돌리기 시작합니다. 이러한 계수조정 행위는 공정한 경쟁을 저해하는 원인이 되기 때문에, 내부 동료뿐만 아니라 다른 기관으로부터 보복을 당하게 됩니다. 저는 그동안 가급적 계수조정을 하지 않도록 설득해 왔습니다.

(4) 실적보고서 위탁

네 번째 산은 실적보고서의 위탁입니다. 여기서 말하는 위탁은 편집을 말하는 것이 아닙니다. 기관이 작성한 보고서를 외부인이 검토하는 것을 의미합니다. 기관이 작성한 보고서에 대한 제3자 검증을 실시하는 일은 매우 중요합니다. 무엇보다 '전문가의 함정'에 빠지는 일을 방지하는 데 도움이 됩니다. 내부의 시각으로 보지 못했던 문제를 볼 수 있기 때문입니다. 그런데 재미난 사실은 기관들이 이 과정의 역할을 오해한다는 점입니다. 보고서에 대한 검증과정을 거치면 평가 결과가 좋아질 것 같은 착각에 빠지곤 합니다. 피터 드러커가 부활해 여러분을 도와준다고 해도, 기관의 성과와 역량이 부족하면 좋은 평가 결과를 얻는 게 불가능합니다. 그럼에도 불구하고 많은 기관이 오해의 늪에서 벗어나지 못하는 데에는 저 같은 컨설턴트들이 잘못한 측면이 많습니다. 저는 한 번도 그런 약속을 해본 적이 없는데, 어떤 컨설턴트들은 몇 점을 올려줄 수 있다는 약속을 한다더군요. 어떤 기관에서 경영평가와 관련해 그 기관을 도와주고 있던 컨설턴트가 공식 석상에서 했던 발언이 생각이 납니다.

> "여러분, 속이는 것은 잠깐이지만 평가 결과는 영원히 남습니다. 제가 가이드해 드리는 대로 보고서를 고치세요."

저는 그날 경악을 금치 않을 수 없었습니다. 그 이야기를 들은 경영진과 관리자들이 고개를 끄덕이고 있었거든요. 그해 그 기관은 해당 유형에서 최하위 등급을 받았습니다. 여러분이 반드시 아셔야 할 것이 있습니다. 평가위원들은 바보가 아닙니다.

어떤 컨설팅 업체가 좋으냐고요? 그런 컨설팅 업체는 없습니다. 가끔 고객들이 유사한 질문을 하십니다. 그러면 저는 '여러 넝에게 보이시는 게 가장 좋습니다'라고 말씀드립니다. 직업적으로 보면 보고서를 검토하는 역량은 컨설턴트보다 교수들이 좋습니다. 그리고 같은 보고서를 여러 명에게 검토하게 하는 게 더욱 좋습니다.

(5) 경영진의 관심

우리가 다룰 다섯 번째 주제 영역은 경영진의 관심입니다. 차마 타고 넘어갈 수 없어, 산이 아니라 주제 영역으로 부르겠습니다. 많은 기관이 경영실적보고서 제출을 2주일 정도 남기고 검독회의를 합니다. 이른바 막판 뒤집기를 시도하는 거죠. 씨름을 좋아하는 사람들은 알 것 같은데, 씨름 기술 중 백미는 뭐라고 생각하십니까? 저는 뒤집기라고 생각합니다. 그런데 누구나 할 수 있는 기술이 아닙니다. 생각은 씨름선수인데 몸은 갓난아기 같아서, 잘못 뒤집으면 '위기탈출 넘버원'에 나올 법한 상황이 되기 쉽습니다. 아기가 뒤집기를 할 때 부모가 방심을 하면 얼굴 충돌, 호흡 곤란, 침상 추락 등의 위기가 발생합니다. 경영진과 검독회의를 하면서 우왕좌왕하다가 보면 종종 가만히 있는 것만 못한 결과를 초래합니다.

두 가지 이유 때문입니다. 첫째, 보고서 내에서 서로 다른 이야기가 나오기 때문입니다. 지표마다 담당자가 다르다 보니 기관 내부에서 발생한 갈등이 보고서에 그대로 남게 됩니다. 그렇게 되면 평가위원들이 가장 싫어하는 실수를 하게 됩니다. 바로 보고서의 신뢰성을 상실하는 것입니다. 둘째, 경영실적보고서 작성 과정에 참여한 직원들에게 상실감을 초래합니다. 그래서 막판 뒤집기를 한 기관들의 보고서를 보면 오자가 많습니다. 가끔 수치도 앞뒤가 다르게 기술되어 있습니다. 그러면 어떻게 되죠? 맞습니다. 보고서의 신뢰성을 상실하게 됩니다. 보고서 뒤집기는 가급적 경영진이 아니라 앞에서 설명해드린 자문을 담당한 컨설턴트나 교수님들에게 맡기시는 편이 좋습니다.

2. 평가내용 이해하기

지금부터는 조금 더 지루한 이야기를 하게 될 것 같습니다. 평가지표 단위로 어떤 내용을 준비해야 하는가를 다루게 됩니다. 경영실적보고서를 한 번이라도 써 보셨던 분은 평가 매뉴얼에 대해 잘 아시고 계실 것입니다. 경영실적보고서는 매뉴얼에 맞춰 써야 합니다. 그중에서도 비계량지표는 평가 매뉴얼을 정확히 이해하고 작성해야 합니다. 평가 시 무엇이 강조되며, 어떤 활동을 추진해야 하는가를 결정하기 때문입니다. 그래서 보고서를 작성하는 과정에서 평가 매뉴얼을 토대로 본인이 작성하고 있는 보고서에 대한 지속적인 점검이 필요합니다. 지금부터 평가 매뉴얼상의 이슈를 중심으로 하나씩 설명하겠습니다.

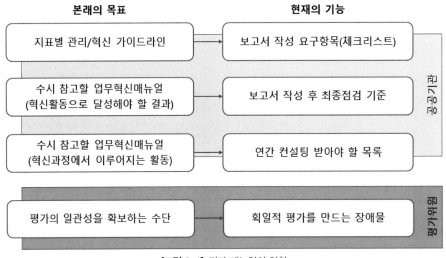

[그림 3-4] 평가 매뉴얼의 역할

(1) 중장기 경영전략 수립

'중장기 경영전략 수립'은 [그림 3-5]에 제시된 바와 같이 크게 네 가지 항목을 중심으로 평가가 진행됩니다. 그동안 많은 고객들이 주셨던 질문을 토대로 몇 가지 쟁점사항을 설명해 드리겠습니다.

평가착안사항	FAQ
• 중장기 경영목표 설정 및 변경의 적절성 : 중장기 경영전략 수립 시 기관의 설립목적을 달성하기 위한 중장기 경영목표 설정 및 변경이 체계적이고 타당한지, 목표 수준이 적정한지(도전성, 실현가능성 등)를 평가한다. [중장기 경영목표 및 전략수립 근거 자료(비전 체계도 포함)]	• 중장기 경영목표와 경영전략을 해마다 바꾸어야 하는가? → (Yes)
• 중장기 경영전략 구성의 적절성 : 중장기 경영전략을 구성하는 전략목표, 전략과제 및 세부과제 등이 명확하게 정의되고, 체계적으로 일관성 있게 구성되어 있는지를 평가한다. 또한 기관의 미래 대비를 위한 계획이 중장기 경영전략 체계에 적절히 포함되어 있는지를 평가한다.	• 평가위원들이 생각하는 전형적인 전략체계가 있는가? → (Yes)
• 중장기 경영전략과 사업(부서)별, 단계(연도)별 목표의 연계성 : 중장기 경영목표 달성을 위한 전략과제의 수행주체가 명확하고, 중장기 경영전략과 사업별, 단계별 목표가 연계되어 조화롭게 추진될 수 있는지를 평가한다.	• 모든 전략목표와 전략과제에 대해 설명되어야 하는가? → (No, but~)
• 중장기 경영전략 실행을 위한 노력과 성과 : 중장기 경영전략 실행을 위한 노력과 성과를 평가한다. 특히 목표 달성을 위한 메커니즘 구축 과정, 실적 및 성과 등을 평가할 수 있는 체계 구축 과정, 환류 활동 수행 과정에서 기관의 노력과 성과를 평가한다. [전략과제 및 세부과제, 과제별 대표 성과지표 목록]	• 반드시 BSC를 기준으로 전략과제를 관리해야 하는가? → (Maybe)
	• 해마다 돈을 들여서 경영전략을 수립(롤링)해야 하는가? → (Maybe)

[그림 3-5] 중장기 경영전략 수립

자료원: 기획재정부·공공기관 경영평가단(2017.2.),
2016년도 공기업·준정부기관 경영평가 비계량 공동지표 평가 매뉴얼; JCDA 파트너즈 재구성

먼저, '중장기 경영목표와 경영전략을 해마다 바꾸어야 하는가?'입니다. 대답은 'Yes'입니다. 기획재정부 방침에 따라 매년 중기 경영계획을 제출하고 있기 때문에, 이 부분에 의문을 품는 고객은 거의 없었습니다.

둘째, '평가위원들이 생각하는 전형적인 전략체계가 있는가?'입니다. 이 질문에 대한 대답 역시 'Yes'입니다. 평가위원들은 전략목표 내지 전략방향을 설정할 때 사용한 프레임워크에 초점을 맞춰 평가합니다. 기관의 핵심기능 내지 현안을 중심으로 선정했는지, 핵심고객을 중심으로 선정했는지, 혹은 단위부서별 책임과 역할을 중심으로 선정했는지를 확인하는 것입니다.

셋째, '모든 전략목표와 전략과제에 대해 설명되어야 하는가?'입니다. 이 질문에 대한 대답은 'No'입니다. 다만, 부분으로 제시되는 전략목표와 전략과제에 대해서는 상세한 분석과 설명이 예시로 제시되어야 합니다.

넷째, '반드시 BSC를 기준으로 전략과제를 관리해야 하는가'입니다. 대답은 'Maybe'입니다. 반드시 BSC를 기준으로 서술할 필요는 없지만, BSC 기준으로 작성하는 것이 여러분과 평가위원 모두에게 친숙하기 때문입니다. 실제로 공기업 일부에서 새로운 시도가 있었는데 다시

BSC 형태로 돌아왔습니다. 평가위원들에게 효과적으로 어필하기 어려웠던 것 같습니다.

다섯째, '해마다 돈을 들여서 경영전략을 수립(롤링)해야 하는가?'입니다. 이 질문은 첫 번째 질문과 같은 맥락에서 이해하시면 될 것 같습니다. 수정의 범위나 내용을 감안해 프로젝트 규모를 결정하시되, 컨설팅이 되었건 자문이 되었건 간에 많은 기관이 변화를 위한 노력을 제시하는 데 이 방법을 사용하고 있는 실정입니다.

(2) 국정과제 발굴 및 수행 노력

국정과제 발굴 및 수행 노력은 2016년까지 [그림 3-5]에서 살펴보셨던 중장기 경영전략 수립에 포함되어 있다가 2017년에 처음으로 분리되었습니다. 국정과제 이행과 관련해서도 다섯 가지 정도의 쟁점 이슈가 있습니다.

첫째, '국정과제 수행을 위한 조직을 만들어야 하는가'입니다. 다른 말로 바꾸어 보면, '국정과제 수행을 위해 많은 자원을 투입해야 하는가'입니다. 모든 공공기관에는 기관 나름대로의 설립목적과 기능이 있습니다. 국정과제 이행을 별도 요구하는 것은 이렇게 보면 현실적이지 않은 방법입니다. 그럼에도 불구하고 경영평가에서 점점 더 이러한 측면의 내용이 강조되고 있고, 2017년에는 정점을 찍을 것 같습니다. 현재 대부분의 기관이 국정과제 중 '일자리 창출'과 관련해 전담조직을 만들어 운영하고 있습니다. '열린 혁신'이란 주제로도 전담조직을 만들어 문재인정부가 강조하는 '사회적 가치 창출'을 위한 과제를 발굴하도록 요구하고 있습니다.

둘째, '국정과제를 경영전략에 반영해야 하는가'입니다. 대답은 'Yes'입니다. 아니, 반드시 그렇게 하셔야만 합니다. 공공기관 경영평가에서는 정책 변화를 기관이 전략을 변경해야 하는 핵심적인 변화 동인 중 하나로 보고 있습니다. 따라서 문재인정부 100대 국정과제에 맞추어 기관의 기능 내지 사업과 관련된 내용을 변경하고, '사회적 가치 창출'을 위한 신규 과제 발굴이 경영전략에 반영되어야만 합니다. 이건 고득점 전략이 아닙니다. 모든 기관이 갖추어야 할 최소요건에 해당됩니다.

평가착안사항	• **국정과제 발굴 및 수행 노력의 적절성 :** 국정과제 수행을 위한 ① 효과적인 추진체계의 구축 및 ② 성과, ③ 국정과제 홍보 노력을 평가한다. [기관에 부여된 국정과제 및 협업과제 목록] [기관의 국정과제 추진 관련 노력과 성과 자료] ※ 기관의 주요현안 과제 해결 및 국정과제 수행을 위한 기관의 노력과 이에 실질적인 결과 및 성과를 확인하여야 한다. 국정과제의 의미가 적절하게 반영되었는가를 확인할 필요가 있다.

FAQ

- 국정과제 수행을 위한 조직을 만들어야 하는가? → (No, but~)
- 국정과제를 경영전략에 반영해야 하는가? → (Yes, and Good)
- 실질적인 성과 달성이 어려우면 홍보에 집중하면 되는가? → (No)
- 국정과제 이행이 '전략기획 및 사회적 책임'의 핵심? → (Maybe)
- 기관이 지향하는 바가 다른 경우도 따라야 하는가? → (Maybe)

[그림 3-6] 국정과제 발굴 및 수행 노력의 적절성

자료원: 위의 자료; JCDA 파트너즈 재구성

셋째, '실질적인 성과 달성이 어려우면 홍보에 집중하면 되는가'입니다. 대답은 'No'입니다. 국정과제는 '정부 3.0'과 달리 성과를 측정하기 위한 기준이 있습니다. 그리고 성과 달성 여부에 대해 시민사회로부터 검증을 받아야 합니다. 따라서 관련된 국정과제를 홍보한 실적만으로는 성과로 인정받기 어렵습니다. 사업을 발굴하는 데 그치지 말고 가시적인 성과를 창출해 제시하는 데 집중해야 하는 이유가 여기에 있습니다.

넷째, '국정과제 이행이 〈전략기획 및 사회적 책임〉 지표에서 핵심인가'입니다. 그렇게 돼서는 안 되겠지만, 작금의 현실을 보면 2016년도 평가와 마찬가지로 국정과제 이행이 핵심 변수가 될 전망입니다. 다른 점이 있다면 2016년도 평가 시에는 '적폐 청산'이 핵심 주제였다면, 2017년도 평가 시에는 '일자리와 사회적 가치 제고'가 핵심된다는 사실입니다.

다섯째, '기관이 지향하는 바가 다른 경우에도 따라야 하는가'입니다. 계속 강조하고 있는 것처럼, 2017년도 평가도 2016년도 평가와 마찬가지로 국정과제 이행을 위해 얼마나 적극적으로 노력했는가에 초점이 맞추어질 전망이고, 여기에 반하는 기관 운영은 좋은 평가와 거리가 멀어질 수밖에 없습니다.

(3) 대내외 이해관계자 관리

대내외 이해관계자 관리도 중장기 경영전략의 연장선상에 있습니다. [그림 3-7]에 제시된 평가착안사항에도 명시되어 있듯이, 이해관계자 관리의 목적은 '기관의 비전, 핵심가치 및 전략에 대한 지지 확보'에 있습니다. 그래서 [그림 3-7]에 제시된 첫 번째와 두 번째는 질문은 정답이 없습니다. 기관이 해결하고자 하는 현안에 따라 상황이 달라질 수 있기 때문입니다.

세 번째 질문 역시 동일한 맥락에서 이해할 수 있습니다. 기관의 비전과 전략의 공유 수준을 측정하는 표준화된 방법이나 지표는 없습니다. 그래서 기관 스스로 방법론과 지표를 개발해 제시해야 합니다. 그러한 방법론 중 대표적인 게 설문조사 결과입니다. 네 번째 질문이 이와 관련됩니다. 매년 정기적인 조사를 통해 기관이 추진하는 사업에 대한 지지를 확보하고 공감대를 형성하는 것이 핵심입니다.

| 평가착안사항 | • 대내외 이해관계사와 비전 및 핵심가치와 전략을 공유하기 위한 노력과 성과 : 기관의 특성에 따라 ① 대내외 이해관계자를 명확하게 구분하여 정의하고 있는지를 평가한다. 이에 기초하여 ② 대내외 이해관계자별 특성에 적합한 의사소통 계획, 핵심 메시지 및 효과적인 전달방법이 존재하는지를 평가한다.
[대내외 이해관계자와의 협력 활동 실적]
[기관의 대내·외적인 소통노력을 보여주는 자료]

• 이해관계자별 의사소통 활동 평가 및 환류 노력 : 이해관계자별 의사소통 결과를 적절하게 모니터링, 평가하고 있는지, 그 결과가 피드백되어 기관에 반영되고 있는지에 대한 노력 및 성과를 평가한다.
[비전 및 전략 공유 활동 보고서, 공유수준 측정 자료] | **FAQ**

• 이해관계자를 구분하는 공통된 기준이 있는가? → (No, but~)

• 이해관계자별 적합한 의사소통 채널 내지 방법이 있는가? → (No, but~)

• 비전/전략 공유수준을 측정하기 위한 표준이 있는가? → (No, but~)

• 매년 이해관계자 대상 설문조사를 해야 하는가? → (Yes, and Good)

• 이해관계자에게 지원 혹은 성과를 거두어야 하는가? → (No, but~) |

[그림 3-7] 대내외 이해관계자 관리

자료원: 위의 자료; JCDA 파트너즈 재구성

끝으로, 확인해야 할 이슈는 '이해관계자에게 가시적 지원 내지 성과를 얻어야 하는가'입니다. 물론 그러한 성과를 제시할 수 있다면 높은 평가를 받을 수 있습니다. 하지만 비전이나 전략이 지니는 특성 때문에 단기에 가시적 성과를 창출하는 것은 어렵습니다.

(4) 윤리경영

윤리경영과 관련된 이슈는 상대적으로 쉬운 것과 어려운 것으로 양분되어 있습니다. 전자의 경우 윤리경영이 갖추어야 할 기본요건에 맞추어 보고서를 정리하기만 하면 특별한 문제가 되지 않습니다. 윤리경영시스템, 지속가능경영 보고서 발간, 윤리 및 인권 경영 관련 인증 등이 여기에 해당됩니다.

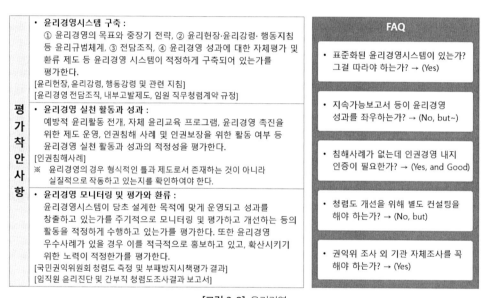

[그림 3-8] 윤리경영

자료원: 위의 자료; JCDA 파트너즈 재구성

반면 후자의 경우는 기관의 노력과 성과가 비례하지 않기 때문에 대부분의 기관이 관리의 어려움을 겪습니다. [그림 3-8]에 제시된 네 번째와 다섯 번째 이슈가 바로 이런 문제에 해당됩니다. 고객만족도 평가와 마찬가지로 청렴도 조사도 설문조사 결과에 의존하기 때문에, 실질적인 서비스 내지 윤리 수준과는 무관합니다. 실제로 청렴도 조사에서 좋은 평가를 받는 기관 상당수가 각종 비위로 검찰에 고발되고 있기 때문입니다. 그럼에도 불구하고 청렴도 조사 결과가 윤리경영 및 내부견제시스템과 관련된 세부평가내용을 평가할 때 핵심이 됩니다. 그래서 국민권익위원회로부터 컨설팅을 받거나 기관 자체적으로 청렴도 향상에 도움이 되는 제도를 발굴하는 체계를 갖추어야 합니다. 자체 청렴도 조사 등 진단과 모니터링 체계를 구축해 운영하고 있다는 점을 강조해야 합니다.

(5) 내부견제시스템

내부견제시스템은 '전략기획과 사회적 책임'에 속하는 항목에 비해 경영평가 시 소홀하게 취급되고 있습니다. 성과를 창출하기 어려운 점도 있지만, 평가착안사항 자체가 제도 도입 초기에나 사용할 수 있는 내용으로 구성되어 있기 때문입니다. 그래서 실제로는 [그림 3-9] 에 제시된 이슈에서 확인할 수 있듯이 청렴도 조사결과나 외부감사 시 지적사항이 많은 영향을 미칩니다. 최근에는 기관 간 협업을 통해 교차 감사를 추진하는 사례가 늘고 있으나, 평가 시 많이 고려되지는 못했습니다.

| 평가착안사항 | • 내부견제시스템 구성의 적절성 :
① 비상임이사, ② 감사, ③ 내부고발제도, ④ 옴부즈만 등 내부견제시스템 체계 구성의 적정성(전문성, 독립성)을 평가한다.

[내부견제시스템]

• 내부견제시스템의 운영 및 성과의 적정성 :
내부감사시스템이 제대로 작동하고 있는가를 평가하며, 내부감사활동에 대한 지원, 외부의 참여수준 및 내부고발제도의 운영 등을 평가한다. 또한 감사활동 실적 및 성과와 사후관리 활동 등의 적정성을 평가한다.

[내부견제활동 실적 및 성과]
[내부감사 결과 및 사후관리 활동 실적자료]
※ 내부견제시스템의 운영 및 성과의 평가와 관련하여 감사원의 공공기관 내부감사 활동실적 평가 및 국민권익위원회 부패방지시책평가 결과, 국회지적사항 등을 참고하여 평가할 수 있다. | **FAQ**

• 표준화된 내부견제시스템이 있는가? 그걸 따라야 하는가? → (Yes)

• 청렴도 조사 결과가 절대적인 영향을 미치는가? → (No, but~)

• 감사원 및 국회 지적이 절대적인 영향을 미치는가? → (No, but~)

• 내부감사활동이 많으면 오히려 문제가 되지 않는가? → (No)

• 외부 참여가 필수적인가? → (No, but) |

[그림 3-9] 내부견제시스템

자료원: 위의 자료; JCDA 파트너즈 재구성

(6) 민간부문의 새로운 일자리 창출

2017년도 평가 시에는 '일자리 창출'이 가점 10점으로 별도 평가됩니다. 그럼에도 불구하고 [그림 3-10]에 제시된 세부평가내용이 정비되지 않았습니다. 따라서 별도 제출하는 보고서와 무관하게 본보고서 내에 평가착안사항에 제시된 내용을 담아야 합니다.

평가착안사항

- **기관의 설립목적사업 수행과 관련된 활동을 통한 민간부문의 새로운 일자리 창출 노력 :**
  기관의 설립목적사업 수행 과정에서 기관 특성에 맞는 민간 부문의 새로운 일자리 창출에 기여하기 위한 과제 발굴 및 실천 노력을 평가한다. 기관의 설립목적 사업 수행과 관련된 민간부문의 새로운 일자리 창출 노력의 범위에는 **공공기관 업무의 민간위탁, 투자사업 발주, 공공기관 고용디딤돌 운영성과** 등이 포함된다.

  [창출된 일자리의 사실 여부를 판단할 수 있는 근거자료]
  ※ 민간부문의 일자리 창출은 민간 영역에서의 새로운 고용 창출을 위하여 공공기관이 어떠한 역할(직·간접적 역할)을 하였는지를 평가한다. 따라서 공공기관이 직접 고용한 인력(공공기관의 신입직원 채용, 인턴사원 등)은 이 지표의 평가 대상에 제외
  ※ 기관에 의하여 직접적으로 창출되는 일자리와 더불어 일자리 창출을 위한 지원 노력 부분을 확인하여 평가한다.

- **민간부문의 새로운 일자리 창출 활동의 성과 :**
  공공기관에 의하여 창출된 민간부문의 새로운 일자리 숫자와 질을 확인한다. 창출된 일자리 숫자는 기관의 정원과 비교하여 어느 정도 수준인가를 평가하고, 또한 창출된 일자리의 질은 정규직 또는 비정규직인가의 여부를 기준으로 판단한다. 이와 관련해 공공기관은 아래 **양식에 의거** 민간부문의 새로운 일자리 창출 실적을 제시한다.

FAQ

- 기관 특성상 성과를 내기 어려운데 이런 점은 감안되는가? → (No)
- 기관 특성에 맞는 일자리 창출 관련 모델을 필요한가? → (Yes, and Good)
- 민간위탁이나 투자사업을 늘려야 하는가? → (No, but~)
- 민간위탁이나 투자사업 수행업체의 데이터를 확보하는가? → (Yes)
- 경쟁기관보다 일자리 창출 규모가 커야 하는가? → (Maybe)

[그림 3-10] 민간부문의 새로운 일자리 창출
자료원: 위의 자료; JCDA 파트너즈 재구성

[그림 3-10]에 제시된 다섯 가지 이슈에서 알 수 있듯이 기관의 특성보다는 달성한 성과에 초점이 맞춰집니다. 기관의 정원 대비 일자리 창출 성과가 중요한 평가의 요소이기 때문에, 2017년도에 달성한 일자리 규모가 중요합니다. 가점 평가에서는 비정규직의 정규직 전환을 포함해 내부적인 이슈가 큰 비중을 차지하는 반면, [그림 3-10]에 제시된 세부평가내용은 타이틀에서 알 수 있듯이 민간부문의 일자리 창출에 기여한 성과가 중요합니다.

(7) 사회공헌활동

사회공헌활동과 관련된 이슈도 [그림 3-11]에 제시된 바와 같이 다섯 가지 정도로 살펴볼 수 있습니다.

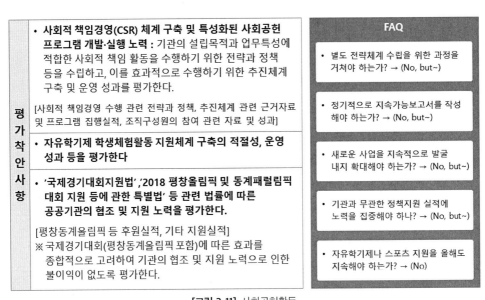

[그림 3-11] 사회공헌활동

자료원: 위의 자료; JCDA 파트너즈 재구성

먼저, 사회공헌활동과 관련해 별도로 전략을 수립하거나 윤리경영과 연계해 지속가능보고서를 작성하는 경우가 있는데, 평가위원들에게 기관의 관심도를 보여주는 사례로 좋습니다. 다만, 이러한 활동이 이루어졌다고 높은 평가등급을 부여하지는 않았습니다. 평가위원들이 강조했던 것은 세 번째 이슈와 관련되는데, 기관이 지속적으로 사회공헌활동을 추진하기 위해 과제를 발굴하고 참여를 확대해 왔느냐 하는 점입니다. 따라서 기관이 수행하는 사업 내지 기관이 보유한 역량을 활용해 지속적으로 새로운 지원사업을 발굴하고 실행해 옮기는 일이 중요합니다. 자유학기제나 평창올림픽 후원과 같은 스포츠 지원 등 예기치 않은 항목이 추가되고는 하는데 이 부분은 평가위원들도 평가 시 중요하게 반영하지는 않았습니다.

(8) 공정거래 및 동반성장

공정거래 및 동반성장은 윤리경영과 함께 2016년도 평가 시 '전략기획과 사회적 책임' 지표 내에서 가장 많은 지적이 있었던 항목입니다.

| 평가 착안 사항 | • **공정거래 질서 확립을 위한 노력과 성과 :**
선지급율 확대, 상생결제시스템 활용, 하도급 지킴이, 직불조건부 발주 등 2·3차 협력사 자금 결제 감독 강화, 주계약자 공동 도급 제도 운영, 표준계약서 활용 확대, 공공기관의 불공정한 관행, 제도 등의 개선과제 발굴 및 추진실적을 평가한다.

[공공기관의 고객서비스 및 협력중소기업과의 계약 약관]
[공정거래위원회의 공공기관 불공정거래행위 조사 결과(자료)]
• **중소협력사 경쟁력 강화 지원을 통한 동반성장 추진 노력 :**
성과공유제 활성화, 물품·용역·발주공사 참여 확대, 판로 확대 지원, 핵심기술 보호, 기술공유 확대, 공동 연구개발 확대, 생산성 제고 등 기관의 사업적 특성을 반영 노력과 성과를 평가한다.
• **공공기관 동반성장 평가 대상 기관의 경우 산업부(동반성장위원회)가 평가한 동반성장 평가결과를 제시한다.**

[산업부의 공공기관 동반성장 평가 대상인 경우에 기관 동반성장평가 실적보고서] | **FAQ**

• 불공정 사례가 없는데 지속적으로 제도를 개선해야 하는가? → (Yes)

• 자체적인 진단 내지 평가 보고서를 내야 하는가? → (No, but~)

• 협력사가 특별히 없는데 실적을 만들어야 하는가? → (No, but~)

• 정부방침 내지 내규에 어긋나도 되는가? → (No, and Never)

• 동반성장위원회의 권고가 있으면 반영해야 하는가? → (No, but~) |

[그림 3-12] 공정거래 및 동반성장

자료원: 위의 자료; JCDA 파트너즈 재구성

[그림 3-12]에 제시된 바와 같이 주로 제도 개선에 초점이 맞추어집니다. 다만, 동반성장위원회의 평가 결과가 참조사항이 되는데, 2016년도 평가 시 동반성장 평가 결과에 초점을 맞춘 지적사항이 많았습니다. 2017년도 평가 시에도 동반성장 평가가 전년도보다 향상될 수 있도록 노력해야 합니다.

(9) 사이버 안전 및 정보보안

사이버 안전 및 정보보안은 보고서보다는 실제 외부평가(국정원 평가 등) 결과에 따라 평가
결과가 달라집니다.

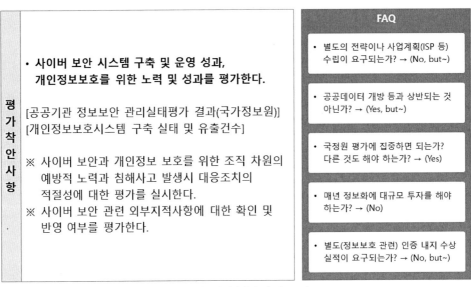

[그림 3-13] 사이버안전 및 정보보안

자료원: 위의 자료; JCDA 파트너즈 재구성

[그림 3-13]에 제시된 바와 같이 정보화 전략계획, 정보화를 위한 대규모 투자계획, 대외
인증 및 수상에 초점을 맞추기보다는 국가정보원에서 실시하는 정보보안 평가에 주력하는
것이 좋습니다. 다만, 국가정보원 평가 결과에만 의존하지 말고, 기관이 자체적으로 정보보
안과 관련된 진단 내지 점검 활동을 추진하라는 평가위원들의 요구가 있었습니다.

(10) 근로자와 국민의 안전과 건강

'전략기획과 사회적 책임' 지표에서 마지막으로 점검하는 평가 항목은 '간접고용 인원을 포함한 근로자의 안전'과 '국민의 안전과 건강' 확보를 위한 기관의 노력과 성과입니다.

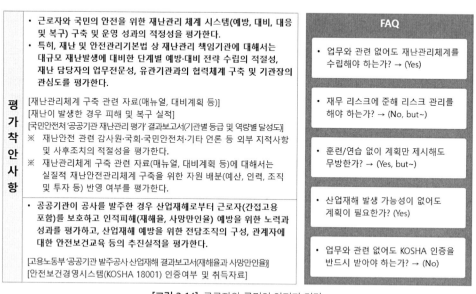

[그림 3-14] 근로자와 국민의 안전과 건강

자료원: 위의 자료; JCDA 파트너즈 재구성

특히 2017년도에는 2016년도와 마찬가지로 지진으로 인해 재난 상황이 발생해 여기에 대한 효과적인 대응과 지원 노력이 중요한 점검사항이 될 예정입니다. 또한 문재인정부에서 강조하는 사회적 가치와 관련해 용역근로자 근로조건 보호지침 등의 점검도 이루어질 수 있습니다. 따라서 사전에 이에 대한 준비를 병행해야 합니다.

(11) 미래전략 수립

평가내용 (11)~(13)은 '기관 경영혁신' 지표에 해당됩니다. 세 가지 평가내용 중 '미래전략 수립'이 가장 중요한 역할을 합니다. 몇 가지 쟁점 이슈를 살펴보면 다음과 같습니다.

| 평가착안사항 | • **경영환경 변화에 대응한 중장기 미래전략 수립이 적절한지를 평가한다 :**
외부환경 변화에 대한 분석·예측, 시나리오별 장애요인 극복방안, 이를 위한 환경변화에 대응하는 사업·기능조정, 추진체계, 자원배분 (예산, 인력, 조직 및 투자), 신성장 동력 및 신규사업 발굴 등을 포함한다.

[경영환경 변화에 대한 분석 및 예측이 포함된 중장기 전략계획 등 자료]
※ 기관별 기능조정 방안이 주요사업의 성과관리 지표와 연계되고 있는지를 확인

• **공공기관 기능조정 대상 기관의 경우에는 당초 기능조정 추진계획 대비 이행실적을 확인하여 평가한다.**

[정부의 공공기관 기능조정 추진계획 및 기관의 이행실적]
※ 기관별 기능조정 방안이 주요사업의 성과관리 지표와 연계되고 있는지를 확인 | **FAQ**

• 기관의 중장기 경영전략과 별도로 미래전략을 짜야 하는가? → (No)

• 정부정책에 맞춰 사업계획을 짜는데 시나리오가 필요한가? → (Yes)

• 신성장동력 및 신규사업이 법적으로 불가능한데 해야 하는가? → (Yes)

• 신성장동력/신규사업을 발굴하는 원칙이 있는가? (Yes, and Good)

• 박근혜정부에서 세운 기능조정 계획을 따라야 하는가? → (No, but~) |

[그림 3-15] 미래전략 수립

자료원: 위의 자료; JCDA 파트너즈 재구성

먼저, '기관의 중장기 경영전략과 별도로 미래전략을 짜야 하는가'입니다. 경영전략의 핵심은 사업구조를 개선하는 것이고, 미래전략은 바로 사업구조 개선과 직결됩니다. 따라서 미래전략을 별도로 마련하기보다는 중장기 경영전략에 포함시키는 것이 바람직합니다.

둘째, '정부정책에 맞춰 사업계획을 짜는 데 시나리오가 필요한가'입니다. 평가위원들은 정부정책에 대한 의존도가 높을수록 미래전략이 현실성을 갖기 위해 시나리오 계획이 필요하다고 봅니다. 따라서 미래전략 실행을 위해 요구되는 제도·기술적 측면의 제약조건을 명확히 하고, 이를 극복하기 위한 다양한 상황을 가정해 계획을 작성하는 것이 좋습니다.

셋째, '신성장동력 내지 신규사업 추진이 법적으로 불가능한데 미래전략을 수립해야 하는가'입니다. 역설적이게도 평가위원들은 그런 제약 때문에 공공기관에 미래전략이 필요하다고 생각합니다. 제도적 제약을 극복하는 것 자체가 미래전략 실행을 위한 기관의 노력으로 평가됩니다.

넷째, '신성장동력 내지 신규사업을 발굴하는 원칙이 있는가'입니다. 평가위원들은 미래전략의 현실성을 '현재 기관이 보유한 역량과 기능의 연장선상'에 있는가에 초점을 맞춰 판단합니다. 따라서 제시한 미래전략이 현재 기관이 추진하고 있는 사업 및 기능과 체계적으로 연계되어 발전해 가는 것임을 강조할 필요가 있습니다.

다섯째, '박근혜정부에서 세웠던 기능조정 계획 등을 따라야 하는가'입니다. 문재인정부의 기조는 일자리 창출 등 양적 확대에 있기 때문에 특정 사업이나 인력을 축소할 필요는 없습니다. 다만, 기관의 효율화 측면에서 강조되었던 이슈라면 적절한 검토와 대응 노력을 경영실적보고서에 담아야 할 것입니다.

(12) 경영효율화

기관 경영혁신과 관련된 두 번째 평가내용은 '환경변화 대응능력 제고 노력과 성과'입니다. 특히, 변화하는 환경에 대응하기 위해 '경영 효율화'에 필요한 과제를 발굴하고 혁신하는 데 초점을 맞추어 평가가 이루어집니다.

| 평가착안사항 | • 경영환경 변화에 대응 능력을 제고하기 위한 경영효율화와 업무 프로세스 혁신 등 제도 개선 노력을 평가한다 : 제도 개선 발굴 노력, 제도 개선 효율화 방안 마련, 임직원의 내재화 노력, 운영성과 및 환류체계 구축을 포함하여 평가한다.

[경영효율화 및 업무 프로세스 혁신 등 제도 개선안 마련 및 운영실적]
※ 경영혁신 과제와 경영전략 체계와의 연계성을 평가하여야 한다.
※ 경영혁신 과제의 성공적 수행을 위한 혁신에 대한 기관장의 지원과 임직원의 내재화 노력을 평가한다.
※ 경영혁신 과제의 발굴과정에서 기관의 내·외부 참여자의 참여 정도를 평가한다.
※ 투입요소의 절감 뿐 아니라 산출요소의 증가를 포함하여 평가한다. | **FAQ**

• 프로세스 혁신과 관련된 별도 컨설팅을 받아야 하는가? → (No)

• 제도 개선과 관련된 계획만 잘 작성하면 되는가? → (Never)

• 형식적일 수 있는 교육이나 행사를 꼭 해야만 하는가? → (Maybe)

• 외부전문가 위원회 내지 자문단을 운영해야 하는가? (Yes, and Good)

• 혁신과제에 대한 별도의 성과관리가 필요한가? → (Yes, and Good) |

[그림 3-16] 경영효율화와 업무 프로세스 혁신 등

자료원: 위의 자료; JCDA 파트너즈 재구성

이 평가내용은 경영효율화 및 업무 프로세스 개선 등의 제도 개선 노력이 사업 및 경영 여건 변화에 대응하는 데 도움이 되는가를 점검하는 것에 초점을 맞춥니다. [그림 3-16]에 제시된 바와 같이 컨설팅을 받거나, 계획을 잘 수립하거나, 교육과정을 운영했다는 사실만으로는 좋은 평가를 받기 어렵습니다. 외부전문가의 자문이나 혁신과제에 대한 성과관리가 중요한 점도 그런 이유 때문입니다. 경영효율화와 관련된 구체적인 변화 내용과 성과를 제시해야 좋은 평가를 받을 수 있습니다.

(13) 대국민 서비스 개선

기관 경영혁신과 관련된 마지막 평가내용은 대국민 서비스 개선과 관련된 항목입니다.

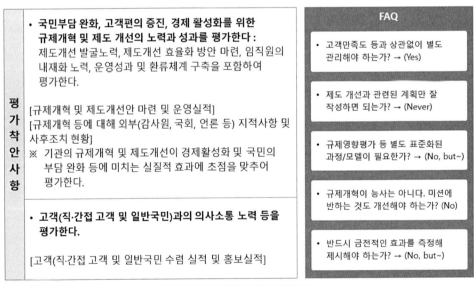

[그림 3-17] 대국민 서비스 개선 등
자료원: 위의 자료; JCDA 파트너즈 재구성

PCSI 조사 결과 등 고객만족도와 관련이 있습니다. 과거 PCSI 조사 결과와 별도로 '고객 만족경영(비계량지표)'이 경영평가에서 중요한 역할을 수행했습니다. 대국민 서비스 개선은 이런 관점에서 접근하는 게 중요합니다. 특히, 고객 서비스 개선을 통해 이루어진 전·후의 변화 내지 성과를 명확히 제시할 필요가 있습니다.

(14) 조직 진단 및 관리

평가지표의 명칭이 일부 변경된 '조직 및 인적자원관리'에는 '조직 진단 및 관리'를 포함해 총 7개의 평가내용이 포함되어 있습니다. 이 중에서 (14)~(17)에 제시된 네 가지 평가내용은 굉장히 많은 착안사항들을 포함하고 있습니다.

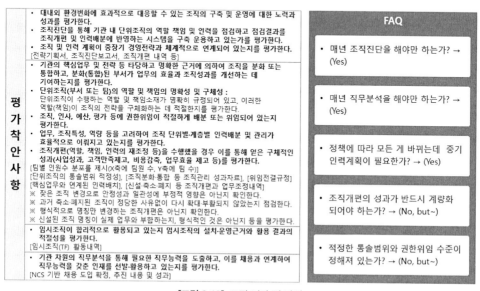

[그림 3-18] 조직 진단 및 관리

자료원: 위의 자료; JCDA 파트너즈 재구성

조직진단 및 직무분석을 매년 추진하는 이유는 [그림 3-18]에 제시된 다양한 평가착안을 충족시키기 위해서입니다. 매년 기획재정부에 제출하는 중기 인력운영계획도 같은 맥락에서 이해하시면 됩니다. 여기서 중요한 것은 네 번째 이슈입니다. 경영평가에서는 조직개편의 성과를 측정하기 어려워 조직개편 시 고려한 분화와 통합의 원칙을 제시하도록 요구합니다. 그러나 평가위원들은 단순한 원칙의 제시보다는 조직개편이 그러한 원칙 내지 목표를 달성했는지에 초점을 맞춥니다.

(15) 인력의 수급과 관리

'인력의 수급과 관리'에는 [그림 3-19]에 제시된 바와 같이 다양한 이슈가 내재되어 있습니다. 그러나 기관의 내부적인 문제보다는 정부에서 제시하는 방침 내지 가이드라인을 얼마나 충실히 이행하는가에 초점이 맞추어져 있습니다.

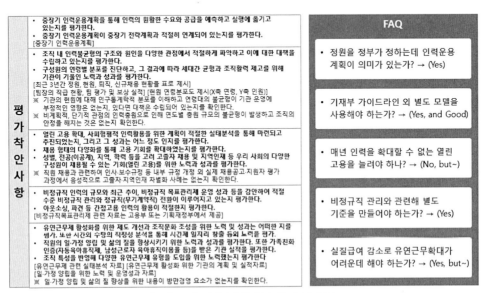

[그림 3-19] 인력의 수급과 관리(고용관계 등)

자료원: 위의 자료; JCDA 파트너즈 재구성

[그림 3-19]에 제시된 이슈들은 그동안 정부가 공공기관에 끊임없이 요구해 왔던 사항입니다. 특히, 2017년도 평가 시에는 문재인정부가 국정과제로 제시한 근무시간 단축과 관련된 이슈가 쟁점이 될 전망입니다. 또한 유연근무제 확대, 잡셰어링 등 탄력적 정원으로 일자리 창출을 위해 노력했는지도 쟁점이 될 전망입니다.

(16) 인력개발 및 인사관리

'인력개발과 인사관리'는 제도적 측면과 운영적 측면으로 이슈가 구분됩니다. 먼저 인력개발 및 인사관리와 관련된 계획의 합리성과 충실도를 제고하기 위해 기관의 중장기 경영전략에 연계한 인적자원개발계획, 인재상과 인사원칙의 정립이 필요합니다. NCS 기반의 인력운영, 저성과자 관리, 여성관리자 확대, 직원만족도 조사 등은 운영 측면의 이슈에 해당됩니다.

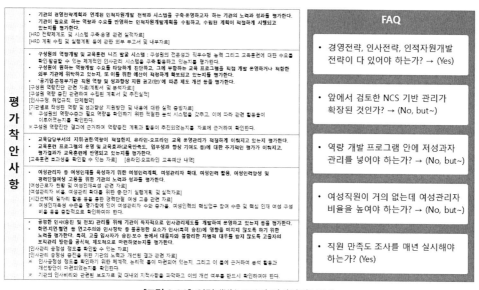

[그림 3-20] 인력개발(HRD)과 인사관리(HRM)

자료원: 위의 자료; JCDA 파트너즈 재구성

운영 측면의 이슈는 대부분의 기관이 관리에 어려움을 겪는 영역이기도 합니다. 경영평가 시 평가단의 지적사항이 집중되는 항목이기도 합니다. 이 중에서 가장 난이도가 낮은 항목의 직원 만족도 조사를 실시·관리하는 것입니다. 그러나 불행하게도 직원 만족도 조사 결과를 실제 인력개발 및 인사관리에 제대로 연계한 사례는 찾아보기 어렵습니다.

(17) 성과관리

'성과관리'는 [그림 3-21]에 제시된 바와 같이 성과지표, 평가방법, 평가절차 등 다양한 관점에서 매년 어떤 개선이 있었는가에 초점을 맞춰 평가가 이루어집니다. 특히 최근에는 외부전문가와 직원들의 참여를 확대해 평가의 공정성과 신뢰성을 제고하기 위해 기울인 노력과 성과에 많은 비중을 둡니다.

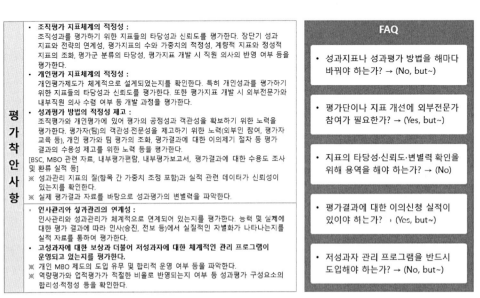

[그림 3-21] 성과관리

자료원: 위의 자료; JCDA 파트너즈 재구성

2016년도 평가 시부터 강조되기 시작한 저성과자 관리 프로그램의 도입과 운영도 쟁점이 될 전망입니다. 2017년도에는 임금피크제 적용 직원을 포함하여 고연령 직원의 복무관리체계에 대한 점검이 이루어질 수 있습니다. 특히, 이 과정에서 발굴된 저성과자 관리 문제가 평가에 중요한 영향을 미칠 전망입니다.

(18) 출자회사 및 출연회사 관리

그동안 '출자회사 및 출연회사 관리'는 공공기관 정상화 계획의 일환으로 추진된 출자·출연회사의 매각이 중요한 이슈였습니다. 그러나 문재인정부 출범으로 변화가 예상되어 매각보다는 출자·출연회사의 경영성과에 초점이 맞추어질 가능성이 높아졌습니다.

| 평가착안사항 | · 기관이 타법인에 출자·출연 시 내·외부 타당성 검토 과정을 거쳤는지, 그리고 주무부처 및 기획재정부와 사전협의 절차를 거쳤는지를 평가한다.

[타법인 출자에 대한 외부 용역 및 내부 리스크관리위원회 등 자료]
[주무부처 및 기획재정부 사전 협의 완료 통보 자료]
※ 타법인 출자 또는 설립 시 객관적 타당성 검증을 충분히 거쳤는지, 주무부처, 기획재정부와 사전협의를 하였는지를 확인

· 당초 출자 목적을 달성하기 위한 기관의 노력과 그 성과를 평가한다.
· 누적 출자액 대비 당기말 지분평가액, 출자회사 당기순이익 확대 등 출자회사 경영성과 제고를 위한 기관의 노력을 평가한다.
· 출자회사의 설립목적 달성여부 및 달성한 경우 사후처리 추진내용을 평가한다.

[기관의 각 출자회사별 출자 목적 및 목적달성 현황 자료]
[기관의 출자회사 누적출자액, 지분평가액, 당기순손익 등 재무현황자료]
[출자회사 설립목적, 목적 달성 사후처리 검토 내용 및 추진자료]
[기관의 임직원(과거 포함)의 출자회사 임용현황]
※ 연도별 출자회사 당기순손익 등 재무상태와 성과 제고를 위한 기관의 성과 제고 방안 마련 등 비계량적 노력을 확인 | **FAQ**

· 정부 지시로 설립한 경우도 타당성 검토가 필요한가? → (Yes)

· 출자회사가 목적을 달성하면 당연 정리해야 하는가? → (Maybe)

· 법령 등 정부 영향이 더 크게 영향을 미치는데 관리해야 하는가? → (Yes)

· 출자회사의 성과가 평가 결과에 직접 영향을 미치나? → (Yes)

· 통제권한이 없는데 성과 제고를 위해 노력해야 하는가? → (Yes) |

[그림 3-22] 출자회사 및 출연회사 관리

자료원: 위의 자료; JCDA 파트너즈 재구성

(19) 개방형 계약직제 운영

(19)와 (20)은 정부가 추진하는 인사혁신정책에 대한 수용도를 평가하는 항목입니다. 정부가 요구하는 인사혁신정책은 (15)와 (16)에도 나타나 있습니다. 다만, (19)와 (20)은 구체적인 목표치가 부여되어 있다는 점에서 차이가 있습니다.

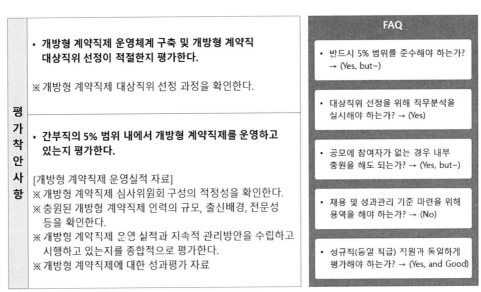

[그림 3-23] 개방형 계약직제 도입 및 운영

자료원: 위의 자료; JCDA 파트너즈 재구성

[그림 3-23]에 제시된 바와 같이 가이드라인에 제시된 목표치 달성이 우선적으로 이루어져야 합니다. 목표치 달성을 위해 기관이 기울인 노력은 [그림 3-23]에 제시된 이슈 목록에서 확인할 수 있듯이 ⓐ 직무분석을 통한 대상직위 선정, ⓑ 공모를 통한 적정인력 확보 노력, ⓒ 투명하고 공정한 채용과 성과관리기준의 마련, ⓓ 정규직 직원과의 차별 해소 노력에 대한 점검과 함께 이루어집니다.

(20) 전문직위제 운영

전문직위제 운영에서도 개방형 계약직제 운영과 마찬가지로 정부가 가이드라인으로 제시한 목표치 달성이 선행되어야 합니다. 또한 [그림 3-24]에 제시된 바와 같이 선정 기준과 절차의 합리성·공정성 제고를 위한 노력, 인사상 인센티브 부여 등 전문직위제 활성화를 위한 노력도 중요한 평가 대상입니다.

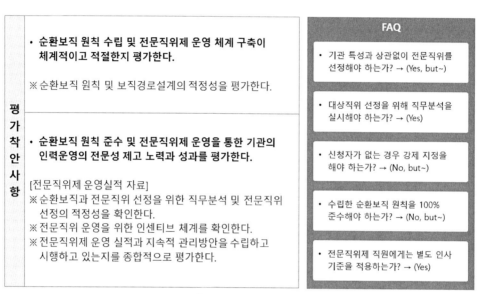

| 평가착안사항 | • **순환보직 원칙 수립 및 전문직위제 운영 체계 구축이 체계적이고 적절한지 평가한다.**

※ 순환보직 원칙 및 보직경로설계의 적정성을 평가한다.

• **순환보직 원칙 준수 및 전문직위제 운영을 통한 기관의 인력운영의 전문성 제고 노력과 성과를 평가한다.**

[전문직위제 운영실적 자료]
※ 순환보직과 전문직위 선정을 위한 직무분석 및 전문직위 선정의 적정성을 확인한다.
※ 전문직위 운영을 위한 인센티브 체계를 확인한다.
※ 전문직위제 운영 실적과 지속적 관리방안을 수립하고 시행하고 있는지를 종합적으로 평가한다. | **FAQ**

• 기관 특성과 상관없이 전문직위를 선정해야 하는가? → (Yes, but~)

• 대상직위 선정을 위해 직무분석을 실시해야 하는가? → (Yes)

• 신청자가 없는 경우 강제 지정을 해야 하는가? → (No, but~)

• 수립한 순환보직 원칙을 100% 준수해야 하는가? → (No, but~)

• 전문직위제 직원에게는 별도 인사 기준을 적용하는가? → (Yes) |

[그림 3-24] 전문직위제 운영

자료원: 위의 자료; JCDA 파트너즈 재구성

(21) 중장기 재무계획

'중장기 재무계획'과 관련된 이슈는 계획과 목표로 구분됩니다. [그림 3-25]에 제시된 바와 같이 중장기 재무계획에서는 중장기 경영전략에 연계된 모습을 갖추는 게 중요합니다. 별도 보고서보다는 경영실적보고서 내에서 연계성을 설명하는 게 좋습니다. 또한 평가위원들이 중장기 재무계획과 관련해 가장 중요하게 생각하는 성과지표와 목표치 설정에 대해 충분히 고민할 필요가 있습니다.

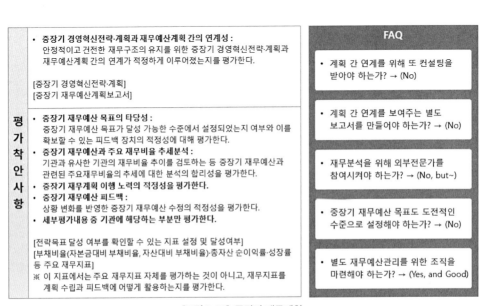

[그림 3-25] 중장기 재무계획

자료원: 위의 자료; JCDA 파트너즈 재구성

[그림 3-25]에 제시된 바와 같이 중장기 재무계획에서는 도전적 목표보다 합리적이고 타당한 목표를 설정하는 게 중요합니다. 이를 위해 사업 및 경영 여건의 변화(사업물량 축소, 핵심기능의 민간이양, 고연령·고임금 직원 증가 등)를 감안해 시나리오를 구성하고, 이를 근거로 목표치를 추정하는 일이 중요합니다.

(22) 재무구조의 안정성과 건전성

'재무구조와 안정성과 건전성'에서는 재무 리스크를 줄이기 위한 인프라(리스크 관리 계획 및 시스템)를 갖추고, 주기적인 점검과 모니터링을 통해 재무 리스크를 줄이려 노력한 점을 강조해야 합니다. 부채비율, 유동비율, 이자비용, 자본금 증감분 등 평가 매뉴얼에 제시된 재무지표의 개선도 중요하게 관리해야 할 항목입니다. 다른 항목과 달리 보고서의 작성 수준이 높더라도 가시적 변화와 성과가 있어야만 인정받을 수 있기 때문입니다.

[그림 3-26] 재무구조 개선(안정성과 건전성 제고)

자료원: 위의 자료; JCDA 파트너즈 재구성

(23) 자산운용

'자산운용' 역시 '재무구조와 안정성과 건전성'과 마찬가지로 가시적인 변화와 성과가 중요한 항목입니다. 다만, 일부 공기업을 제외하고는 자산운용이 사실상 어려운 점이 감안됩니다. 따라서 다양한 노력과 새로운 기법을 도입하는 게 실질적으로 창출한 성과만큼 중요합니다.

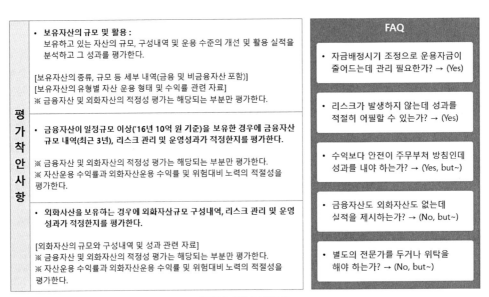

[그림 3-27] 자산운용

자료원: 위의 자료; JCDA 파트너즈 재구성

(24) 예산의 편성 및 집행

오늘 제가 강의하는 내용은 2016년도 평가 매뉴얼을 기준으로 하고 있습니다. '재무예산관리' 지표 중 2017년도 평가 매뉴얼에서 변화가 있을 부분이 바로 '예산의 편성 및 집행'입니다. 계량지표였던 '계량관리업무비'가 비계량지표인 '관리업무비'로 전환되면서 '원가 및 경비절감 등 예산절감을 위한 노력과 성과'를 '예산의 편성 및 집행'에서 분리시켰기 때문입니다.

'예산 편성' 부분은 기관의 중장기 경영전략과 재무계획에 연계되어 일관된 기준과 원칙이 적용되었다는 점을 강조하는 데 집중해야 합니다. 특히 이러한 일관성 확보를 위해 관련 부서의 의견과 내·외부 전문가로 구성된 위원회 조직의 점검을 실시했다는 점을 강조해야 합니다. 또한 개별 사업에 대한 성과분석에 근거해 자원배분의 우선순위를 조정하기 위해 노력한 점도 강조될 필요가 있습니다.

'예산 집행' 부분에서는 절감을 위해 활용한 다양한 방법과 성과에 초점이 맞추어집니다. 따라서 직원, 고객 및 이해관계자 의견수렴 등 비체계적 방법과 원가·프로세스 분석, 신공법·신기술 적용, MRO(Maintenance, Repair and Operations)를 통한 구매 혁신 등 체계적 방법을 기관 특성에 맞게 다양하게 적용할 필요가 있습니다. 이러한 노력은 새로 추가된 세부평가내용(원가 및 경비 절감 등 예산절감을 위한 노력 및 성과)에서 강조될 내용이기 때문입니다.

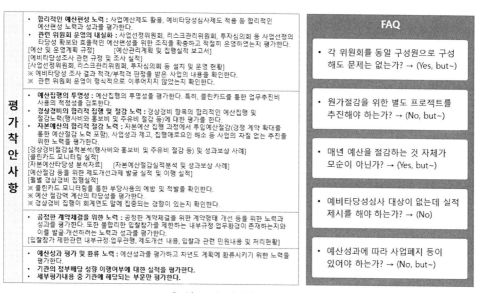

[그림 3-28] 예산의 편성과 집행

자료원: 위의 자료; JCDA 파트너즈 재구성

(25) 부채감축계획

부채감축계획은 기관이 제출한 중장기 재무계획을 검토해 공공기관운영위원회가 부여한 목표치에 근거해 평가가 이루어집니다. 따라서 개별 점검항목별로 계획의 이행을 위해 어떤 노력이 이루어졌는지를 명시하면 되는데, (30)이 부채감축을 위한 세부적이고 구체적인 활동에 집중하는 반면, (29)는 목표 자체(주요 재무비율)의 달성 노력과 성과에 초점을 맞춥니다.

| 평가착안사항 | · 장·단기 부채감축을 위한 세부실행계획과 달성방안이 구체적이고 적절하였는지 평가한다.
· 부채감축계획은 기관의 위험을 최대한 줄일 수 있도록 합리적으로 설계, 실행되었는지를 평가한다.
· 부채감축계획의 세부 실행방안을 적절히 추진하였으며, 부채감축을 위해서 필요한 조치가 적절히 집행되었는지를 평가한다.
· 부채감축계획 이행을 추진하기 위하여 각 부서별로 그에 적합한 업무를 부여하고 적절한 권한과 책임을 부여했는지를 평가한다.
· 기관장이 부채감축 추진을 위해 구성원에 대한 적절한 인센티브를 제공하고 합리적인 평가 제도를 도입하여 그 추진이 적극적으로 실행되도록 하였는지를 평가한다.
· 부채감축계획 이행과정에서 발생할 수 있는 재무위험이나 유가, 환율, 금리 등 환경 변화에 충분히 대응하여 동 계획이 원활히 추진될 수 있도록 했는지 평가한다.
[중장기 부채감축계획 및 실행방안]
[부채비율(자본금대비, 자산대비) 및 이자보상배율 등 재무건전성 관련 주요 재무지표]
※ 이 지표에서는 부채감축계획 전후의 재무지표 평가뿐만 아니라 장·단기적 관점에서 기관의 부채구조가 건전하게 유지될 수 있도록 부채감축을 실행했는지 평가한다.
※ 기관의 부채성이 금융성 부채가 아닌 충당성 부채인 경우에는 구별하여 평가한다. | **FAQ**
· 부채 특성과 상관없이 착안사항에 따라야 하는가? → (Yes, but~)
· 미션보다는 부채감축 수준에 초점을 맞추어야 하는가? → (Yes, but~)
· 부채감축계획에 맞추어 직제 변경을 추진해야 하는가? → (Yes, and Good)
· 내부평가에도 부채감축 내용을 반영해야 하는가? → (Yes, and Good)
· 위기관리계획에도 부채감축 내용을 반영해야 하는가? → (Yes, and Good) |

[그림 3-29] 부채감축계획

자료원: 위의 자료; JCDA 파트너즈 재구성

(26) 부채감축 이니셔티브

부채감축 이니셔티브는 부채감축을 위한 ⓐ 사업조정, ⓑ 경영효율화, ⓒ 자산매각, ⓓ 수익성 개선, ⓔ 자본 확충 등의 노력을 의미합니다. 대부분의 활동이 정부정책과 연계되어 일부 공기업을 제외하고는 차별화된 노력 자체가 어려운 경우가 많습니다. 특히 금융부채 없이 급여충당금성 부채가 대부분을 차지하는 기관에서는 가시적 성과 창출이 곤란한 경우가 많습니다. 그러나 평가위원들은 이러한 제약을 감안해 계획을 수립하지 못한 것 자체가 기관의 실수라고 생각합니다. 따라서 부채감축에 명시된 이니셔티브라면 충실히 이행하기 위해 노력해야 합니다.

| 평가착안사항 | • 사업조정과 경영효율화의 경우 단기적인 실적을 위해 장기적인 기관의 설립목표를 저해하는지 살펴봄으로써, 기관이 장단기의 관점에서 균형 있게 부채감축계획을 수립하고 집행하였는지를 평가한다.
• 자본 확충 이행 노력과 실적을 평가한다.
• 금융부채 감축 실적을 평가한다.
• 부채감축 계획 추진 관련 이해관계자와의 소통 노력을 평가한다.

[사업조정 실적 및 금융부채 감축 실적]
[이해관계자와의 소통 실적]
※자산 매각을 제외한 기타의 부채감축 노력을 중심으로 평가한다.
※기관의 부채성격이 금융성 부채가 아닌 충당성 부채인 경우에는 구별하여 평가한다. | **FAQ**
• 사업조정의 특별한 원칙과 기준이 있는가? → (No, but~)
• 가이드라인에 제시된 모든 항목에서 실적이 있어야 하는가? → (Maybe)
• 정부가 확충을 막는데 자본확충 성과를 제시해야 하는가? → (Yes)
• 미지급금이나 충당성 부채도 감축 방안을 제시하는가? → (Yes, but~)
• 장기·균형적 성과가 단기보다 중요하게 평가되는가? → (No, but~) |

[그림 3-30] 부채감축 이니셔티브

자료원: 위의 자료; JCDA 파트너즈 재구성

(27) 구분회계

구분회계는 사업구조 개선을 전제로 하기 때문에 [그림 3-31]에 제시된 바와 같이 구분회계의 실질적인 운영 노력과 성과에 집중해야 합니다. 이를 위해 단위사업의 성과를 측정할 지표의 개선, 소관부서의 역할과 책임 명확화, 성과분석에 근거한 사업 조정이 이루어져야 합니다. 또한 시스템으로 성과를 점검할 수 있는 기반을 제공·운영하는 것도 중요합니다.

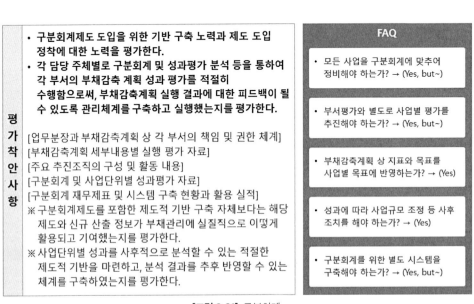

[그림 3-31] 구분회계

자료원: 위의 자료; JCDA 파트너즈 재구성

(28) 자산매각 활성화

자산매각에는 [그림 3-32]에 제시된 바와 같이 자산의 유형을 구분하고, 중장기 재무계획 및 부채감축계획에 명시된 매각 대상 자산의 처분 여부를 제시해야 합니다. 특히 매각이 지연될 경우 구체적인 개선 계획과 노력을 제시해야 합니다. 지방이전으로 발생한 본사 청사의 매각 이슈를 제외하고는 상당수 기관이 2016년도 평가 시점까지 어느 정도 이행이 완료된 항목으로 2017년도 평가 시 다른 항목에 비해 평가 시 영향은 적을 것으로 판단됩니다.

평가착안사항	FAQ
• **자산매각 관련 절차를 공정하고 투명하게 진행하였는지를 평가하며, 자산매각을 위한 사전 준비과정과 사후 정비 과정이 적절히 이루어졌는지를 평가한다.** • **자산매각 계획이 적절히 수립되고 이행상황이 적절히 점검되고 있는지를 평가한다.** • **자산매각을 위한 민간운용사 위탁이 적절한지에 대한 검토와 자산매각 실행 노력을 평가한다.** • **자산매각이 지연될 경우 문제해결 노력과 성과를 평가한다.** • **부채감축계획 운용지침을 준수하였는지 여부를 평가한다.** [자산매각 계획] [자산매각 이행상황 점검 실적] [민간운용사 자산매각 위탁의 선정과정 및 실적] [부채감축계획 운용지침] ※ 민간운용사 선정이 적절하였는지 검토하고, 부채감축을 위한 자산매각이 기관의 핵심사업 추진 기반을 훼손하지는 않았는지 유의하여 평가	• 필수자산과 기타자산을 구분하는 공통기준이 있는가? → (Yes, but~) • 당기에 구체적인 결과가 없어도 실적을 제시해야 하는가? → (Yes) • 매각 지연을 해결하는 공통된 해결방안이 있는가? → (No, but~) • 반드시 민간운용사를 통해 자산을 매각해야 하는가? → (No) • 사전 준비 및 사후 정비 과정을 대표할 지표가 있는가? → (No, but~)

[그림 3-32] 자산매각 활성화

자료원: 위의 자료; JCDA 파트너즈 재구성

(29) 공사채 총량 준수

공사채 총량 준수는 '공공기관 공사채 총량제 운영지침'의 준수 여부를 기준으로 평가합니다. 공사채 총량의 변동은 기획재정부의 점검하에 이루어지기 때문에, 보고서에는 구체적인 변동 내역만 제시하면 됩니다.

(30) 보수체계

2017년도 평가편람(수정)에 '공공기관 성과연봉제' 관련 세부평가내용이 삭제되면서 '보수체계의 합리적이고 공정한 운영 노력과 성과'가 추가되었습니다. '보수체계'와 관련된 내용은 2018년도 1월에서 2월 사이에 배포될 새로운 평가 매뉴얼상의 평가착안사항을 확인해야만 합니다. 다만, 수정된 편람에 명시된 세 가지 착안사항을 기준으로 사전에 논거를 마련할 필요가 있습니다. 이 중에서 두 번째 착안사항(평가절차)과 세 번째 착안사항(평가체계)은 기존 평가내용과 동일하고, 조직 및 인적자원관리에서 제시된 내용을 활용하면 됩니다. 다만, 첫 번째 착안사항(보수체계)에 대해서는 진단, 직원 의견수렴, 벤치마킹, 직무분석 및 직무평가 등 다양한 분석과 점검이 병행되어야 합니다. 직무급 도입 및 확대와 관련해 다수 기관이 2017년도에 다양한 검토와 준비작업을 거쳤습니다. 이러한 노력을 중심으로 실적보고서 작성이 이루어져야 하며, 특히 기관 특성에 맞는 보수체계를 명시해 당기 중 이루어진 노력과 연계시킬 필요가 있습니다.

(31) 복리후생

2017년도 평가편람(수정)상 '복리후생'에는 '방만경영 정상화' 관련 내용이 삭제된 것 외에 별다른 변화가 없습니다. 따라서 전년도에 준해 보고서 작성이 이루어져야 하며, 참고자료에는 '방만경영 정상화 이행계획'상 점검 항목 대신에 기획재정부의 예산편성지침 및 예산집행지침상 복리후생비 관련 항목을 중심으로 점검 결과를 제시하면 됩니다.

2017년도 평가에서도 [그림 3-33]에 제시된 바와 같이 과도한 복리후생비의 축소 여부가 관건이 될 전망입니다. 2016년도 평가와 달리 비정규직, 무기계약직, 고졸 사원 등에 대한 차별 해소가 강조될 전망입니다.

평가착안사항	FAQ
• **복리후생제도의 합리적 운영** : 복리후생제도의 항목 및 복리후생비 규모가 적정한가, 복리후생비 지급이 예산편성지침 및 예산집행지침을 따르고 있는가, 동일 복리후생 항목에 대하여 예산과 사내근로복지기금이 중복적으로 지출되고 있지 않은가 등을 평가한다. • **복리후생제도 개선의 적정성** : 기관별로 제시한 방만경영 정상화 계획의 이행을 위한 노력과 성과를 평가한다. 또한 가이드라인과 상이한 복리후생 항목이 개선되었는지, 정상화계획에 포함되지는 않았으나 과도한 복리후생 항목을 추가적으로 발굴하고 개선하려는 노력이 지속적으로 이루어졌는지 평가한다. • **복리후생비 수준의 적정성** : 고용형태 등에 따라서 보수규모(인건비) 대비하여 복리후생 규모가 적정한지를 파악한다. • **복리후생제도 개선의 지속가능성 확보 노력** : 기관이 기존에 운영하던 복리후생 항목을 정상화 계획에 따라 폐지한 경우 이를 대체하는 유사한 복리후생 제도를 도입하지 않았는지, 지속적인 복리후생 제도 개선에 대한 직원 공감대 형성을 위해 기관장이 적극적으로 노력하였는지, 개선된 제도가 실제로 적용되고 있는지 등을 확인하여 복리후생 제도 개선의 지속가능성 확보 노력의 적정성을 평가한다. [임금협약서, 보수산정 기준, 복리후생 규정의 개정 전후 비교 자료] [과거 3년간 주요 복리후생비 항목별 지급 현황] [과거 3년간 고용형태별 보수 및 복리후생 수준의 변화 자료] [무기계약직 및 비정규직의 복리후생 수준을 개선한 실적 자료 등] ※ 공공기관 방만경영 정상화계획 운용 지침과 복리후생 가이드라인을 참고한다.	• 가이드라인 준수가 가장 중요한 요소인가? → (Yes, but~) • 대부분이 지침을 어길 수 없는데 의미가 있는가? → (No, but~) • 제도의 적정성/지속가능성 확인을 위해 용역을 해야 하나? → (Maybe) • 직원 복리후생 수준을 줄이는 것이 능사인가? → (No, but~) • 고용형태와 관계없이 복리후생 수준을 통일해야 하는가? → (No, but~)

[그림 3-33] 복리후생

자료원: 위의 자료; JCDA 파트너즈 재구성

(32) 임금피크제

임금피크제는 2016년도부터 '제도 도입 노력'에서 '효율적 운영 여부'를 중심으로 평가의 초점이 바뀌었습니다. [그림 3-34]에 제시된 바와 같이 기존 제도를 보완하기 위해 직무분석 등을 통해 신규 직무를 개발하고, 내부관리기준을 고도화하는 일이 필요합니다. 이와 별도로 임금피크제 적용 직원의 복무관리 및 성과관리를 강화하기 위해 기울인 노력과 성과도 강조해야 합니다. 또한 임금피크제 직원의 생산성 하락 등을 감안해 중기 인력운영계획이 수립될 수 있도록 다양한 점검과 분석이 이루어져야 합니다.

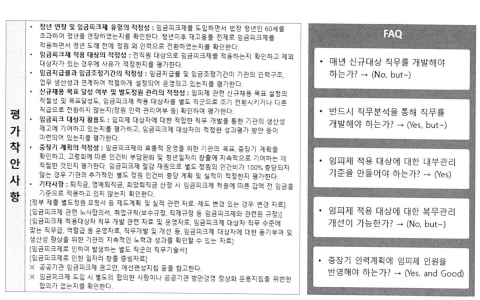

[그림 3-34] 임금피크제 운영

자료원: 위의 자료; JCDA 파트너즈 재구성

(33) 차별적 보수 정비

2016년도까지의 평가와 가장 크게 달라지는 부분은 '차별적 보수 정비'와 관련된 항목입니다. 이 부분은 '일자리 창출' 관련 평가, '조직 및 인적자원관리'에도 부분적으로 반영되어 있는 항목이기도 합니다.

기관에서 자체적으로 직무급 도입·확대를 추진한 경우는 차별적 보수 해소에 관한 원칙과 기준을 제시하는 데 어려움이 없습니다. 그러나 대부분의 기관에는 고졸, 무기계약직, 비정규직 등의 보수산정기준이 아예 없습니다. 이런 상황에 있는 기관이라면 고졸, 무기계약직, 비정규직 직원을 대상으로 '보수체계 개선을 위한 기관의 노력과 성과'에 관한 설문조사를 추진해야 합니다. 2017년도에 기울인 노력과 성과를 입증할 만한 객관적인 근거가 없기 때문입니다.

<table>
<tr><td rowspan="5">평가착안사항</td><td>• 고졸자, 무기계약직, 비정규직 등에 대해 불합리한 차별적인 보수·복리후생 제도를 운영하고 있는지 여부 및 개선 노력, 또는 불합리한 차별이 발생하지 않도록 추진한 노력과 성과를 평가한다.</td><td rowspan="5">**FAQ**

• 외부전문가 자문/용역을 통해 확인해야 하는가? → (No, but~)

• 매년 제도와 관련된 개선 실적을 제시해야 하는가? → (No, but~)

• 고졸자, 무기계약직, 비정규직 관련 직무분석을 해야 하는가? → (Yes)

• 별도로 차별 금지 관련 규정을 마련해야 하는가? → (No, but~)

• 별도의 설문조사 내지 정기적 진단을 해야 하는가? → (Yes, and Good)</td></tr>
<tr><td>[고졸자, 무기계약직, 비정규직 현황자료]
[고졸자, 무기계약직, 비정규직 관련 보수와 복리후생 제도 관련 개선된 제도적 내용의 전후 비교 자료]
[관계법령에서 정하고 있는 차별처우 여부를 확인할 수 있는 자료 등]</td></tr>
<tr><td>※감사원, 국회 등 외부기관의 지적사항을 참고하여 평가할 필요가 있다.</td></tr>
</table>

[그림 3-35] 차별적 보수 정비

자료원: 위의 자료; JCDA 파트너즈 재구성

(34) 노사관계 선진화 전략

노사관계 선진화 전략은 중장기 경영계획과 마찬가지로 해마다 롤링을 하는 게 일반적입니다. 평가위원들이 특별히 관심을 갖고 평가 시 확인하는 사항은 노사관계 선진화 전략의 이행수준을 측정하기 위해 각 기관이 제시한 성과지표입니다. 최근 몇 년 동안 평가위원들은 노사관계 선진화 전략에서 제시한 지표에 대해 많은 지적사항을 쏟아냈습니다. 그럼에도 불구하고 다수 기관이 노사관계 만족도 등 일반적인 내용의 지표를 제시하는 차원에 그쳤습니다.

2017년도에는 대부분의 기관에서 노사관계 선진화 전략에 큰 변화가 있었습니다. 문재인 정부 출범 후 '일자리 창출'이 최우선 과제로 제시되고, '일자리의 질 제고'에 대한 변화 요구가 크게 증가했습니다. 또한 직무급 등 새로운 보수체계 도입에 대한 공감대 조성을 요구하고 있기 때문에, 기관에 따라서는 노사관계가 악화될 우려도 있습니다. 2017년도 평가 시에는 이러한 상황 변화가 기관에 미치는 영향을 명확히 진단하고, 이에 대응하기 위한 과제를 발굴하는 것이 평가 결과에 중요한 영향을 미칠 전망입니다.

평가착안사항

• **노사관계 선진화 전략의 개발** : 기관의 노사관계에 대한 체계적인 분석 및 환류과정을 통하여 기관의 특성을 반영한 노사관계 개선 전력을 수립하고 있는지, 그리고 수립된 노사관계 전략이 적절한지 평가한다. 또한 기관의 노사관계 분석 및 환류과정을 반영할 체계적인 시스템이 구축되어 있는지를 평가한다.

• **노사관계 전략의 이행 노력과 성과** : 노사관계 전략의 실천을 위한 구체적인 과제들이 제시되고 있는지, 제시된 과제들이 노사관계 전략 달성에 적합한지, 그리고 노사관계 성과지표들이 체계적이고 적절한지를 평가한다. 또한 제시된 과제들의 이행정도를 평가한다. 정기적으로 체계적인 분석 및 환류 과정을 통하여 노사관계 수준을 제기하기 위한 기관의 노력과 성과를 평가한다. 노사관계 전략 개발·분석·실행·환류 과정에서 대내외 전문가와의 협업 노력과 성과를 평가한다.

[노사관계 전략 수립 및 실행 관련 보고서 및 내부자료]
[노사관계 수준 제고를 위한 조직운영체계 및 운영실적]
[노사관계 전략 수립 및 운영에 있어 노동조합 및 직원 참여 실적]
[노사관계 전략 개발·분석·실행·환류 과정에서 대내외 전문가 참여 실적 등 노사관계 수준을 제고하기 위한 기관의 노력과 성과를 나타낼 수 있는 자료]

FAQ

• 중기 경영계획처럼 해마다 롤링을 해야 하는가? → (Yes, and Good)

• 내부평가에 반영해 성과관리체계와 연결하면 되는가? → (Yes, but~)

• 매년 신규지표 개발을 추진해 제시해야 하는가? → (No)

• 매년 신규과제 개발을 추진해 제시해야 하는가? → (No, but~)

• 반드시 외부전문가를 활용한 진단 내지 평가가 필요한가? → (No, but~)

[그림 3-36] 노사관계 선진화 전략

자료원: 위의 자료; JCDA 파트너즈 재구성

(35) 합리적 노사관계

노사관계 선진화 전략이 주로 계획에 관한 사항이라면, 합리적 노사관계는 달성한 성과에 관한 사항에 가깝습니다. 지금까지 평가위원들은 기관의 현안을 노사가 협력해 해결한 경우를 좋게 평가했습니다. 이러한 경향은 문재인정부에서도 유지될 전망입니다. 다만, 해결해야 할 기관의 현안 내지 현안 자체의 우선순위에 대해서는 내외부의 온도 차이가 클 것으로 보입니다.

평가착안사항	• **합리적인 노사관계 구축 및 운영** : 불합리한 노사관계 관행을 시정하고 노동관계법 등에서 정하고 있는 틀 속에서 합리적인 노사관계 구축 및 운영을 위한 기관의 노력과 성과를 평가한다. 노사관계 수준을 제고하기 위한 제도 구축 여부 및 운영실적과 성과를 평가한다. 대내외 환경변화에 따른 노사관계 변화를 예측하여 신속하고 정확하게 대응할 수 있는 시스템을 구축하고 있는지와 운영 성과를 평가한다. • **노사협력** : 노사협력 제고를 위한 기관의 노력과 성과를 평가한다. 노사협력 수준을 객관적으로 파악할 수 있는 지표관리 여부 및 성과를 평가한다. 기관의 목표를 달성하기 위해 노사간 공동으로 노력한 정도와 그 성과를 평가한다. 노사 간 상호신뢰 수준을 높이기 위한 기관장 및 노사 공동의 노력과 성과를 평가한다. • **노사갈등의 사전 예방 및 발생한 노사갈등에 대해 신속하고 합리적으로 대응하였는지의 여부 및 이의 노력과 성과를 평가한다.** [불합리한 노사관계 관행 및 제도 개선 실적 및 자료] [노사관계 수준 제고를 위한 조직운영체계 및 운영실적(노사전담조직 운영실적, 노사 파트너십 향상을 위한 조직운영 실적 등을 확인)] [대내외 노사환경 분석 자료 및 대응 실적 자료(노사관계 환경분석 및 대응 방안에 대한 객관성·체계성·정기성 등을 확인)] [노사협력 수준 정도를 파악할 수 있는 보고서 및 실적 자료(기관장·중간관리자 등 노사관계에 대한 인식 및 태도, 작업장 혁신에 관한 사항, 생산적 교섭에 관한 사항 등을 확인)] [노사공동 노력과 성과를 집중할 수 있는 실적 자료] [노사간 신뢰수준을 제고하기 위한 기관장의 노력 정도를 입증할 수 있는 실적 자료 및 기관 실적자료(노사 신뢰수준 측정의 객관성·체계성·정기성 등을 확인)] [노사갈등 사전예방 시스템 구축 여부와 운영성과 보고서 및 실적자료 등] [노사갈등 발생현황 및 갈등해소 실적자료 등]	**FAQ** • 정부방침 외 노사공동노력과 성과가 필요한가? → (Yes, and Good) • 기관장이나 관리자의 의식 수준은 별도 조사해야 하는가? → (Yes) • 작업장 혁신과 복리후생 축소가 양립 가능한가? → (Yes, and Good) • 상급노조에 기반한 갈등도 기관이 사전예방 해야 하는가? → (No, but~) • 반드시 외부전문가를 활용한 진단 내지 평가가 필요한가? → (No, but~)

[그림 3-37] 합리적 노사관계

자료원: 위의 자료; JCDA 파트너즈 재구성

(36) 노사 간 소통과 노사관계관리 역량 강화

'노사 간 소통의 활성화 내지 공감대 형성'은 [그림 3-38]에 제시된 바와 같이 ⓐ 노사 간 의사소통 활성화 노력과 성과, ⓑ 노사관계 관리역량 강화를 위한 교육 프로그램 개선 노력과 성과로 구성되어 있습니다.

먼저 노사 간 의사소통 활성화와 관련해서는 [그림 3-38]에 이슈로 제시한 것처럼 별도의 진단과 개선 프로그램의 운영이 요구됩니다. 소통 활성화 수준을 측정할 수 있는 객관적 방법이 없기 때문에 설문조사 등 정성적 방법을 이러한 진단과 개선 프로그램에 연동해야 합니다.

반면에 노사관계 관리 역량 강화와 관련해서는 ⓐ 노사관계 관리 역량 제고를 위한 교육 훈련 프로그램이 기관의 인적자원개발계획에 반영되어 시너지를 창출하고 있는지, ⓑ 당기 중 지원된 프로그램이 실질적인 성과를 나타나고 있는지, ⓒ 새로운 사업 및 경영 여건 변화에 맞추어 신규 교육 프로그램의 발굴과 교육과정 개선이 적절히 진행되고 있는지를 확인해 평가합니다.

| 평가착안사항 | • **노사간 공감대 형성을 위한 의사소통** : 노사간의 공감대 형성을 위한 노동조합과 조합원들에 대한 커뮤니케이션 시스템(커뮤니케이션 대상, 내용 및 채널의 다양성과 빈도 등)이 체계적이고 적절한지, 기관의 특성(조합원의 특성, 업무, 전국에 산재 정도 등)을 반영하고 있는지, 그리고 이를 통해 노사산의 공감대와 신뢰 형성의 정도(객관적인 측정 지표의 활용 여부 및 제고방안 모색 등)를 평가한다.
• **양방향적 커뮤니케이션 정도** : 노사간의 커뮤니케이션이 일방향적인 하향적 커뮤니케이션에 그치지 않고 현안에 대한 노동조합과 조합원들의 의견을 수렴하기 위한 상향적 커뮤니케이션이 활성화되어 있는 정도(객관적인 측정지표의 활용여부 및 제고방안 모색 등)를 평가한다.
[경영설명회, 노사공동워크숍, 노사공동위원회, 노사공동활동(사회공헌활동 등) 등 실적자료]
[노사간 커뮤니케이션 활성화 정도에 관한 분석보고서 내 내부자료]
[기관장 및 기관의 노사관계 공감대 형성을 위한 의사소통 실적자료]

• **노사관계 관리역량 강화** : 기관의 노사관계 관리역량을 강화하기 위한 노사관계 담당자, 일반관리자 및 전체 직원에 대한 장·단기 교육프로그램이 체계적으로 구축되어 있는지, 노사관계 관리역량 강화 프로그램이 기관의 인력개발(HRD) 체계와 연계되어 있는지, 실행하는 프로그램들이 노사관계 관리역량 강화에 어느 정도 효과적인지, 그리고 노사관계 담당자와 외부 전문가들의 중장기적인 활용체계가 구축되어 있는지 등을 평가한다.
[인력개발(HRD) 체계도 및 노사관계 관리역량 강화 체계도 및 운영실적 자료]
[노사관계 관리역량 강화 프로그램 보고서 및 운영실적 자료(실적 성과 문제점 및 개선방향 등을 확인)]
[대내외 노사관계 전문가 활용 실적자료(내부 노사관계 전문 인력의 적절한 활용 여부 및 실적, 객관적이고 종합적인 외부 노사전문가의 활용 여부 및 실적 등)] | **FAQ**

• 매년 별도의 진단과 개선 프로그램 운영이 필요한가? → (Yes, and Good)

• 별도의 지표 내지 측정모델 개발이 필요한가? → (Yes, and Good)

• 소통 채널, 빈도 등 양적 성과가 질적 성과보다 중요한가? → (No, but~)

• 주무부서가 다른데 반드시 HRD 체계와 연계해야 하는가? → (Yes)

• 노사관계 관리역량 교육 성과를 별도 측정해야 하는가? → (No, but~) |

[그림 3-38] 노사 간 소통과 노사관계관리 역량

자료원: 위의 자료; JCDA 파트너즈 재구성

(37) 단체협약의 개선

'단체협약의 개선'과 관련된 항목은 2016년도 평가 시 사용된 세부평가내용 ④와 ⑤를 통합해 변경된 항목입니다. 기존에 제시된 세부평가내용과 평가착안사항이 '단체협약의 내용이 경영·인사권을 침해할 우려가 없는가'에 초점이 맞춰진 반면, 새로운 세부평가내용하에서는 '노사 간 협력과 공감대 형성'이 중요한 잣대가 될 전망입니다.

(38) 주요사업별 추진계획(Plan)

앞에서 말씀드린 바와 같이 주요사업은 PDCAI(Plan, Do, Check, Act, Index) 관점에서 평가가 이루어지며, 경영실적보고서 역시 여기에 맞추어 작성해야 합니다. 이 중에서 가장 중요하고, 작성이 어려운 부분이 추진계획(Plan) 부분입니다.

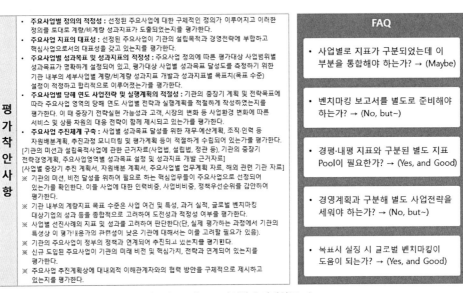

[그림 3-39] 주요사업별 추진계획(Plan)
자료원: 위의 자료; JCDA 파트너스 재구성

최근 몇 년 동안 주요사업 범주에 속한 비계량지표를 통합해 작성하다가 다시 분리되었습니다. 그래서 기관마다 다양한 형태로 보고서 작성이 이루어졌습니다. 그러나 평가위원들은 보고서의 구성이나 체계보다는 사업과 관련된 성과지표의 개발과 목표치에 많은 비중을 두었습니다. 이 점에 착안해 2017년도 평가 시에는 글로벌 벤치마킹과 단위사업의 성과를 객관적으로 전달할 수 있는 성과지표의 개발이 선행되어야 할 것입니다.

(39) 주요사업별 추진실적(Do)

주요사업별 추진실적은 앞에서 설명드린 주요사업별 추진계획에 맞추어 사업 추진이 이루어졌는가를 확인하는 부분입니다.

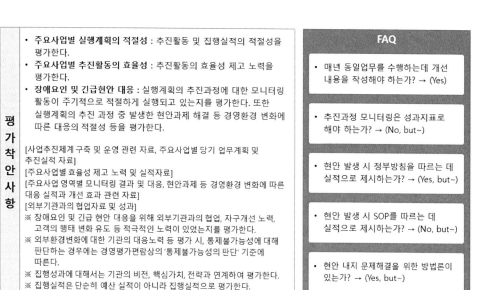

[그림 3-40] 주요사업별 추진실적(Do)

자료원: 위의 자료; JCDA 파트너즈 재구성

[그림 3-40]에 제시한 바와 같이 이 부분을 작성할 때는 반드시 2016년과 2017년 사이에 개선된 부분이 무엇인지를 명확히 제시해야 합니다. 또한 갈등이나 현안 등 문제가 발생할 때 어떤 노력을 기울였는지에 초점을 맞추어야 합니다. 어떤 업무는 매뉴얼에 따라, 어떤 업무는 현장의 판단에 따라, 어떤 업무는 고객 니즈에 맞춰 다양한 방식으로 해결해야 합니다. 평가위원은 다양한 문제해결 노력이 제시되기를 희망합니다. 보고서에 현장의 생생한 목소리를 담아 추진실적을 돋보이게 해야 합니다.

(40) 주요사업별 비계량적 성과(Check)

주요사업별 비계량실적 역시 앞에서 설명드린 주요사업별 추진계획에 맞춰 작성이 이루어져야 합니다.

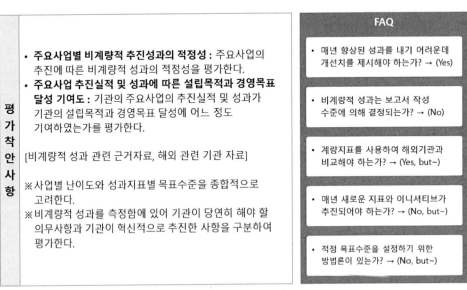

[그림 3-41] 주요사업별 비계량적 성과(Check)

자료원: 위의 자료; JCDA 파트너즈 재구성

[그림 3-41]에 제시된 바와 같이 주요사업별 비계량적 성과 부분에서도 지난해와 비교해 개선된 성과를 강조해야 합니다. 특히, 평가위원들은 해외 유사기관과의 비교치를 중요하게 생각합니다. 또한 이러한 해외 벤치마킹 결과가 주요사업별 추진계획, 비계량적 성과, 그리고 뒤에서 살펴볼 환류 활동에 유기적으로 연결되기를 희망합니다. 이 점을 감안해 주요사업별 추진계획과 비계량적 성과 부분을 작성할 때에는 반드시 해외 벤치마킹 자료를 활용하셔야 합니다.

(41) 주요사업별 환류 활동(Act)

주요사업별 환류 활동에 대해 평가위원들은 구체적 환류 내용과 함께 환류 체계(모니터링 방법, 주기, 참여자 등)가 적정한지를 평가합니다.

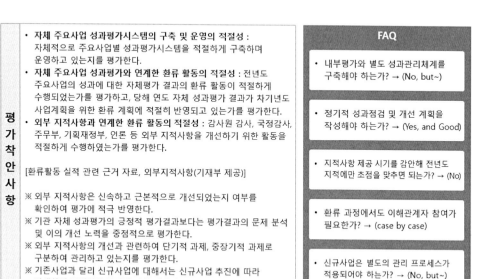

[그림 3-42] 주요사업별 환류 활동(Act)

자료원: 위의 자료; JCDA 파트너즈 재구성

그러나 평가 결과에 가장 큰 영향을 미치는 것은 환류 부분에 포함된 외부지적사항과 관련된 내용입니다. 평가위원은 환류 부분을 평가할 때 전년도 경영평가, 감사원 감사, 국정감사, 주무부처 감사 등에서 지적된 사항을 신속하고 충분히 개선했는가에 초점을 맞춥니다. 따라서 누락된 항목은 없는지 우선적으로 점검한 뒤, 지적사항이 의미하는 바에 맞추어 체계적 대응 노력이 있었다는 점을 강조해야 합니다.

(42) 주요사업 계량지표 관리(Index)

드디어 마지막 평가내용입니다.

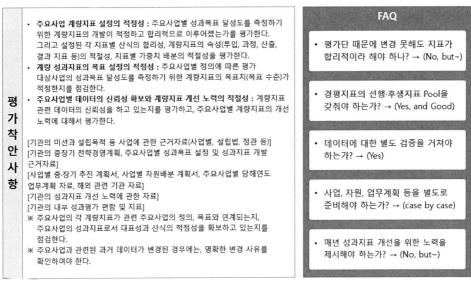

| 평가착안사항 | • **주요사업 계량지표 설정의 적정성** : 주요사업별 성과목표 달성도를 측정하기 위한 계량지표의 개발이 적정하고 합리적으로 이루어졌는가를 평가한다. 그리고 설정된 각 지표별 산식의 합리성, 계량지표의 속성(투입, 과정, 산출, 결과 지표 등)의 적절성, 지표별 가중치 배분의 적절성을 평가한다.
• **계량 성과지표의 목표 설정의 적정성** : 주요사업별 정의에 따른 평가 대상사업의 성과목표 달성도를 측정하기 위한 계량지표의 목표치(목표 수준)가 적정한지를 점검한다.
• **주요사업별 데이터의 신뢰성 확보와 계량지표 개선 노력의 적절성** : 계량지표 관련 데이터의 신뢰성을 하고 있는지를 평가하고, 주요사업별 계량지표의 개선 노력에 대해서 평가한다.

[기관의 미션과 설립목적 등 사업에 관한 근거자료(사업별, 설립법, 정관 등)]
[기관의 중장기 전략경영계획, 주요사업별 성과목표 설정 및 성과지표 개발 근거자료]
[사업별 중·장기 추진 계획서, 사업별 자원배분 계획서, 주요사업별 당해연도 업무계획 자료, 해외 관련 기관 자료]
[기관의 성과지표 개선 노력에 관한 자료]
[기관의 내부 성과평가 편람 및 지표]
※ 주요사업의 각 계량지표가 관련 주요사업의 정의, 목표와 연계되는지, 주요사업의 성과지표로서 대표성과 산식의 적정성을 확보하고 있는지를 점검한다.
※ 주요사업과 관련된 과거 데이터가 변경된 경우에는, 명확한 변경 사유를 확인하여야 한다. | **FAQ**

• 평가단 때문에 변경 못해도 지표가 합리적이라 해야 하나? → (No, but~)

• 경평지표의 선행·후생지표 Pool을 갖춰야 하는가? → (Yes, and Good)

• 데이터에 대한 별도 검증을 거쳐야 하는가? → (Yes)

• 사업, 자원, 업무계획 등을 별도로 준비해야 하는가? → (case by case)

• 매년 성과지표 개선을 위한 노력을 제시해야 하는가? → (No, but~) |

[그림 3-43] 주요사업 계량지표 관리(Index)

자료원: 위의 자료; JCDA 파트너즈 재구성

[그림 3-43]에 제시된 바와 같이 '주요사업 계량지표 관리'는 주요사업별 계량지표가 기관의 주요사업 범주의 대표성과라는 점을 강조하는 데 초점을 맞추어야 합니다. 매년 지표 개선 작업 시 이루어진 논의와 진행 상황에 대한 점검, 해외 벤치마킹, 내·외부 전문가 의견 수렴, 그리고 자원계획과의 연계 등 다양한 관점의 노력을 제시할 필요가 있습니다. 특히, 계량지표에 영향을 미치는 선행지표(Leading Indicator)와 계량지표에 의해 영향을 받는 후행지표(Lagging Indicator)에 대한 검토와 분석이 이루어지는 것이 좋습니다.

3. 현장평가(실사)

다음은 보고서를 제출한 이후의 준비입니다. 바로 현장평가(실사)에 효과적으로 대응하기 위한 방법입니다. 여기에는 현장평가 외에도 사전 설명회를 포함해 평가단의 기관방문 이전에 일어나는 활동들이 포함됩니다.

(1) 어벤져스를 찾아라

권투선수인 마이크 타이슨이 '누구나 얼굴에 한 방 맞기 전까지는 계획을 갖고 있다'라는 말을 했습니다. 현장평가에 딱 맞는 상황인 것 같습니다. 대부분의 기관에서 실적보고서까지는 잘 썼는데 휘청하는 경우가 있습니다. 준비가 덜 된 관리자들이 실사를 받으면서 평가위원들에게 맞아서 정신을 못 차리는 경우가 발생하기 때문입니다. 스파링을 충분히 하지 않고 링에 오른 탓입니다.

개인적인 경험에 비추어 본다면, 보고서가 전체 성과에 미치는 영향이 50% 정도라면 현장평가(실사)가 미치는 영향은 30% 정도 되는 것 같습니다. 현장평가를 담당하는 직원의 준비가 부족하면 몇 달 동안 공들여 만든 보고서의 가치가 하락해 버립니다. [그림 3-44]는 제가 그동안의 경험으로 현장평가를 담당하는 직원의 유형을 구분한 결과입니다. 여기서 Y축에 해당하는 전달력은 현장평가를 담당한 직원의 프레젠테이션 능력, 업무에 대한 지식과 노하우 등입니다. 현장평가 때 옆이나 뒤로 자주 돌아보게 되면 이 점수가 떨어지게 됩니다.

[그림 3-44] 현장평가(실사)를 담당하는 직원의 유형

자료원: 구글 검색 엔진(사진)

여기서 돌발퀴즈! X축에 해당하는 매력도에는 어떤 요인이 있을까요?

제가 경험해 본 바로는 크게 두 가지 요소에 의해 매력도가 달라집니다. 첫째, 평가위원이 던진 질문에 대한 이해도입니다. 달리 말하면, 평가위원이 질문한 사항에 대한 대답이 명쾌해야 합니다. 얼버무리거나 다른 이야기를 하면 신뢰성을 떨어뜨리게 됩니다. 둘째, 평가위원의 지적에 대한 수용도입니다. 무언가 배우고 조언을 구하는 태도를 보이는 것이 매우 중요합니다. 기관의 수용성(Coachability)을 보여줘야 합니다. 평가위원이 말할 때는 집중해 보거나 필기를 하시기 바랍니다. 제가 본 최악의 상황은 현장평가에 참여해 조는 사람이 있는 경우입니다. 기관의 성과평가 결과가 결정되는 자리에서 누가 졸겠냐고 하시겠지만, 실제로 몇 번 경험해 봤습니다.

차트에 제시된 네 가지 유형에 대해 잠시 살펴보겠습니다. 평가위원이 뽑은 최악의 수검자는 '아재 개그'를 하시는 관리자들입니다. 실적보고서와 다른 이야기를 하고, 평가위원의 이야기를 얼렁뚱땅 받아넘기려고 하는 분들이 있는데, 원래 보고서를 통해 받을 수 있었던 점수를 2개 등급 정도 떨어뜨리는 역할을 하시는 분들입니다. 우리 기관에 이런 분들이 있다고 생각하시는 분, 손들어 보시겠습니까? 실사 당일에 반드시 출장 보내시길 바랍니다.

아재 바로 위에 칸에는 '선생님' 같은 분들이 계십니다. 평가위원이 뭐라고 말씀하시면 일단 공격하고 보는 타입입니다. "그건 잘못 아신 거다", "그건 A가 아니고 B다"라는 방식으로 가르치려 드는 분이 꼭 계십니다. 기억하십니까? 금방 말씀드렸죠? 매력도! 배우려는 자세가 무엇보다 중요합니다.

아재 옆으로 가 볼까요? '걸그룹' 유형입니다. 대화를 나누기 전까지 최고입니다. 실사 이전에 기관장과 나눈 담소, 좋은 차(Tea), 실사장의 시설, 평가위원을 위해 준비한 물품과 다과, 평가를 위해 준비한 각종 자료와 근거서류, 그리고 기념품까지. 그런데 막상 뚜껑을 열었는데 알맹이가 실망스러운 경우가 여기에 해당합니다. 대부분의 기관이 이런 실수를 저지르는 이유는 리허설이 부족하기 때문입니다. 중요한 프레젠테이션일수록 많은 리허설이 필요합니다. 대부분의 기관이 예상 질문과 답변 자료를 만듭니다. 그리고는 실사 때 비슷한 질문을 찾기 위해 자료를 뒤적입니다. 평가위원 입장에서는 내 이야기를 듣지 않고 딴짓을 한다고 생각합니다. 선생님과 걸그룹 유형은 공히 원래 받을 수 있는 등급을 하나 정도 까먹게 됩니다.

마지막 유형은 '어벤져스', 정확히 어벤져스 팀입니다. 어벤져스 팀 멤버들은 평소에는 아웅다웅 다투지만, 공동의 적을 맞이해 각자의 역할을 성공적으로 수행합니다. 이 유형에 속한 관리자들은 바로 현장평가라는 공동의 위기상황에서 팀워크를 발휘합니다. 특히 자신이 맡은 지표에 대해서 확실히 책임집니다. 이 유형에 속한 관리자들은 자신이 맡은 지표의 핵심적인 내용만을 설명합니다. 실적보고서 내용을 먼저 1페이지로 포괄해 평가위원들에게 간략히 설명하고, 평가위원의 질의에 집중합니다. 그리고 평가위원들과 토론을 벌입니다. 대부분 이 과정을 지켜보는 직원들은 감동의 눈빛을 보냅니다. 실사를 담당한 경영진 혹은 관리자들이 이런 상황을 연출하려면 적어도 3차례 이상 모의 실사를 준비하셔야 합니다. 3차례 정도 모의 실사를 거쳤던 기관 중에서 문제가 발생했던 기관은 한 곳도 없었던 것 같습니다. 기자들에게 가장 사랑받았던 대통령이 누구죠? 아, 우리나라에는 그런 대통령 없죠. 제가 말씀드리고자 했던 대통령은 케네디입니다. 케네디는 항상 탁월한 커뮤니케이션 능력을 가진 지도자로 꼽히는데, 그가 그렇게 할 수 있었던 것은 사전에 참모들과 오랜 시간 동안 연습을 했기 때문입니다.

우리 기관에는 어벤져스 팀이 있습니까? 아닙니다. 지금 설명드린 내용을 이해하셨다면 여러분이 그렇게 되실 수 있습니다.

(2) 차이를 이해하라

어벤져스 팀원이 되려면 [그림 3-45]에 제시된 바와 같이 일반적 프레젠테이션과 현장평가의 차이점을 이해해야 합니다.

첫째, 현장평가에서는 프레젠테이션의 흐름이 평가위원에 의해 좌우됩니다. 오늘 제 강의는 내용이 정해져 있습니다. 자료를 미리 출력해 드리지 않았습니까? 이미 제가 구상했던 흐름에 따라 프레젠테이션이 진행됩니다. 그런데 경영평가는 그렇지 않습니다. 시간은 정해져 있지만 상황이 정해져 있지 않습니다. 여러분은 오늘 제가 준비한 자료에 근거해 판단합니다. 그게 맞는가 혹은 틀리는가와 상관없이 말입니다.

[그림 3-45] 현장평가와 프레젠테이션의 차이점

이러한 상황을 두고 '외삽(Extrapolation)에 의해 판단이 이루어지는 상황'이라고 합니다. 반면에 평가위원은 미리 읽고 온 경영실적보고서에 잠정적인 등급을 매겨 놓습니다. 그리고 총괄반과의 미팅, 평가위원 전체 회의 등을 통해 의견을 나눈 상태입니다. 여러분이 발표하고 답변하는 자료가 아니라 다른 근거에 의해 평가등급을 이미 결정한 상태에서, 확인 내지 참고를 위해 방문한 것입니다. 이때 평가위원이 판단을 내리는 방식을 '내삽(Interpolation)에 의한 판단'이라고 합니다. '내삽에 의한 판단'이란 어려운 우리말을 쉬운 일본어로 고쳐볼까요? 일본어로 이것은 '곤조(근성)'에 해당됩니다. 평가위원들은 '곤조'가 있어서 현장평가 시 '구라'만 가지고는 설득할 수 없다는 뜻입니다. 어떤 평가위원들은 아예 발표 기회도 주지 않습니다. "일단, 보고서 몇 페이지 펴시고요···", "일단 말은 내가 하는 겁니다"라고 시작하는 평가위원들도 종종 있습니다. 말솜씨만 믿고 큰소리치던 관리자들이 현장평가 과정에서 봉변당하는 일은 어느 기관에서나 쉽게 찾을 수 있습니다.

둘째, 일반적 프레젠테이션에서는 인식펌프(Intuitive Pump)라는 장치를 만들 수 있는데, 현장평가 시에는 이게 불가능합니다. 인식펌프는 특정한 상황이나 사실에 대한 설명을 통해 상대방이 공감할 수 있는 상황을 연출 또는 상기시키는 방법입니다. "지금부터 제가 놀랄 만한 이야기를 하나 들려 드리겠습니다. (물 한 잔 마시며, 5초 이상 시간을 끈다) 어떤 생각이 드셨습니까? 무슨 말인지 모르시겠습니까? 제가 놀랄 만한 이야기를 하나 들려 드린다고 했을 때 어떤 생각이 드셨냐고요? 제가 시간을 끄니까 뭔가 궁금해지시지 않으셨습니까?" 프레젠테이션을 잘하는 사람들은 중간중간에 이렇게 장난스러운 요소를 추가합니다. 집중력을 높일 수 있죠. 그리고 난 후 어떤 스토리 하나를 들려주면 상대방이 내 편으로 한 발 더 다가옵니다. 그런데 문제는 평가위원들에게는 이런 방식이 먹히지 않는다는 점입니다. 그들만의 동굴에 갇혀서 나오려고 하지 않습니다. 이들을 '플라톤의 동굴'에서 벗어나게 하려면 오로지 객관적인 데이터를 준비하는 방법밖에 없습니다.

셋째, 일반적인 프레젠테이션에서는 일정한 논거를 가지고 청중을 설득하는 일이 가능하지만 현장평가 때에는 설득의 기회를 거의 주지 않습니다. 오히려 평가위원들은 선심을 쓰듯이 변명의 기회를 줍니다. '내 마음속에 정해 놓은 등급은 이미 있는데, 한 번 올려 볼래?'라는 식으로 말입니다.

넷째, 일반적인 프레젠테이션은 선물과 같습니다. 제 강의가 비록 충분한 가치를 제공해 드리지 못했다고 해도, 그래도 무언가 도움이 되는 측면이 있을 겁니다. 그렇지 않다고 생각하시는 분은 이따가 강의 끝나고 남으세요. 소주나 한잔하러 가시죠. 현장평가는 일반적인 프레젠테이션과 차이가 있습니다. 경험해 보신 분은 아실 겁니다. 그야말로 숙제 검사를 받는 기분이 듭니다. 이때 뭐가 중요합니까? 앞에서 말씀드리지 않았습니까? 배우려는 자세!

다섯 번째 이슈는 일반적인 프레젠테이션과 마찬가지로 리허설이 중요하다는 점입니다. 다시 한 번 말씀드리지만 정말 정말 중요합니다. 보고서를 작성하는 과정에서도 마찬가지겠지만, 현장평가에서는 두 가지가 요구됩니다. 마셜 골드스미스가 변화를 이끌어 내기 위해 경영진과 관리자들이 갖추어야 할 자질로 강조했던, 자기훈련(Self-Discipline)과 자기조절(Self-Control)입니다. 비슷한 것 같지만, 마셜 골드스미스는 두 가지의 차이점을 이렇게 설명합니다. 자기훈련은 바람직한 행동을 하는 것을 의미하는 반면, 자기조절은 바람직하지 않은 행동을 피하는 걸 의미합니다.(마셜 골드스미스 외(2016), 『트리거』). 탁월한 경영자들과 관리자들이 가끔 이 두 가지 중 하나가 없어서 현장평가를 망치는 걸 자주 봐 왔습니다. 참을 때 참고, 지를 때 지르기 위해서는 연습이 필요합니다. 가장 잘 참아야 할 것은 평가위원에게 '욱'하시는 겁니다. 언성이 높아지는 것, 말이 짧아지는 것, 그리고 표정 등에서 평가위원들은 우리들을 직접 관찰합니다. 반대로 해야 힐 일은 평가위원의 잘못된 지적에 답변을 하는 것입니다. 이럴 때에도 전략이 있습니다. 우선 평가위원의 지적에 감사하고, 지적의 핵심을 다시 한 번 확인하는 질문을 던집니다. 평가위원이 지적한 내용이 맞는지 확인하는 것입니다. 평가위원도 순간적으로 내가 던졌던 질문이 맞는지 한 번 더 고민해 볼 수 있는 시간적 여유가 생기고 현장평가를 받는 여러분들도 시간적 여유가 생깁니다. 시간적 여유는 긴장과 스트레스 레벨을 약화시킵니다. 그리고 이렇게 한마디를 붙이시면 됩니다. '그런데 말입니다.' 맞습니다. 김상중 버전으로 진지하게. 그리고 다음과 같은 세 가지 유형 중 하나를 활용해 한마디를 덧붙입니다. 첫째, 우리도 평가위원님의 지적과 같은 고민을 했는데, 과거(직전년도면 더 좋습니다) 다른 평가위원이 이러한 방식을 권고해 폐기했습니다. 그리고 외부 전문가들의 의견을 들어 우리 기관에 맞는 최적의 대안을 찾았습니다. 모두가 이러한 방식을 권고했고, 우리는 이 방법으로 개선효과를 보았습니다. 둘째, 평가위원의 지적과 같은 고민을 했는데, 우리 기관은 '주무부처의 정책', '법령 및 정관', '이사회 반대', '감사원 감사 등 외부 이해관계자의 요구'에 비추어 형량을 한 결과 문제로 지적한 그 방법을 최적의 대안으로 선택했습니다. 셋째, 평가위원의 지적과 같은 고민을 했는데, 전 직원이 함께 이 문제를 해결하기 위해 고민해 본 결과 단기에는 이 방법이 적절하다고 판단했습니다. 만약 평가위원의 지적과 같은 고민을 정말로 한 번도 해 본 적이 없는 경우라면 어떻게 해야 할까요? 그렇다면 오히려 역공을 펼치시면 됩니다. "우선 이런 아이디어(이 경우에는 지적이라는 표현 대신 아이디어라고 해야 합니다)를 주셔서 감사합니다. 정말 좋은 아이디어 같은데 우리 기관에 적용할 수 있게 조금 더 자세히 말씀해 주시기 바랍니다." 여기에 더해 설명이 충분하지 않으면 추가 요구를 합니다. "전에 관련 분야에 대한 연구를 진행하셨던 내용 중 우리 기관에 도움이 될 만한 사례나 자료를 알려주시면 감사하겠습니다." 만약 이걸 제공해 주지 못할 평가위원이라면 당황하기 시작합니다. 여러분은 지적사항을 하나 지우셨습니다.

4. 매뉴얼 VS. Best Practice

'평소에 준비하자'는 취지에서 몇 가지 조언을 드리면서 오늘 강연을 마무리하고자 합니다.

여러분, 환자에게 좋은 의사, 환자에게 좋은 병원은 어떤 모습일까요? 퀴즈냐고요? 아닙니다. 이건 퀴즈는 아니고, 그냥 같이 한 번 생각해 봤으면 하는 문제입니다. 최근의 트렌드에 따르면 환자와 가족 중심의 진료를 제공하는 병원을 좋은 병원으로 평가하는 것 같습니다. 그런데 실제로 뚜껑을 열어 보면 그렇지 않다고 합니다. 진료와 관련된 소송을 줄일 수 있을지 모르지만, 진료 성과만 놓고 보면 이러한 진료방식이 오히려 부정적 영향을 미친다고 합니다. 선무당이 사람 잡는다고, 이상한 사례와 경험을 적용하다 보면 부작용이 따르기 마련입니다. 약은 약사에게, 진료는 의사에게. 어릴 때부터 배운 게 진리라는 사실을 잊지 마시기 바랍니다. 제가 이 이야기를 왜 하느냐고요? '다른 기관에서 이렇게 해서 점수를 잘 받았다'는 이야기를 곧이곧대로 믿지 말라는 설명을 드리기 위해서였습니다.

(1) 균형을 유지하라

'연목구어緣木求魚'라는 말이 있습니다. 모든 일을 적합한 상황과 순서에 맞추어 처리해야 한다는 의미입니다. 여러분이 보고서를 쓰기 시작하면서 가장 먼저 준비하는 것은 무엇입니까? 내부평가 관련 자료. 좋습니다. 그리고 전년도에 좋은 평가를 받은 타 기관의 보고서, 전년도 지적사항에 대한 내외부 의견수렴 결과, 언론보도실적, 신년사 및 간담회 등 경영진 말씀 정도. 보통 그 정도 자료를 기본적으로 준비했던 것 같습니다. 중요한 자료 중 빠진 게 있습니까?

가장 중요한 사실은 경영평가가 결국 평가 매뉴얼에 따라 진행된다는 점입니다. 평가 매뉴얼을 숙지한 상태로 실적보고서 작성 작업에 들어가는 게 무엇보다 중요합니다. 경영실적보고서를 작성한 직원이 매년 교체되어 평가 매뉴얼에 대한 이해가 부족한 상태에서 보고서 작성에 들어가는 기관들이 있습니다. 이런 기관들은 올해 무엇으로 평가받는지 제대로 이해하지 못한 상태에서 전년도 보고서 내지 타 기관 보고서를 카피하는 데 시간을 보넙니다. 이런 기관들은 보통 적게는 한 달에서 많게는 두 달까지 헛고생을 하게 됩니다.

(2) 무엇을 준비할 것인지 명확히 하라

문제는 평가 매뉴얼이 빨리 안 나온다는 점입니다. 그래서 불안한 심리에 이번 과정 같은 프로그램에 참여하게 됩니다. 경영평가에 효과적으로 대응하는 기관들은 보통 전년도 매뉴얼, 전년도 경영실적평가보고서를 기초로 자체 분석을 실시해 스스로 평가착안사항을 정리합니다. 어떤 내용으로 보고서를 작성할지 미리 계획을 세우는 것입니다. 여기에 제가 한 가지 더 추가해 드리고 싶은 게 있는데, 인터넷에서 우리 구글신께 빌면 자료를, 그것도 무료로 내려 주십니다. 기획재정부는 매년 공공기관 경영평가제도 개선을 위해 연구용역을 진행합니다. 이번 과정에 참여하신 교수님들을 포함해 주로 경영평가단에서 활동하시는 분들이 이 용역을 수행합니다. 그리고 연구결과 중 일부는 차년도 평가편람의 개정과 당해년도 평가 매뉴얼에 반영됩니다.

(3) 피할 수 없다면 즐겨라!

강원랜드에서 오신 분 계십니까? 강원랜드에서는 해마다 대한민국 프레젠테이션 대회를 주최합니다. 사실 기기서 이루어지는 평가 방식을 경영평가에 그대로 쓰면 어떨지 생각도 해 봤습니다. 열 명이 넘는 심사위원들이 발표를 듣고 바로 그 자리에서 평가를 합니다. 그러면 화면에 점수가 집계되어 바로 순위를 확인할 수 있습니다. 너무 잔인한가요?

제 딸아이 이야기를 드리려고, 대한민국 프레젠테이션 대회 이야기를 했습니다. 제 딸이 2014년과 2015년에 두 번 이 대회에 참가했습니다. 2014년에 처음 이 대회에 나간다고 해서 당시 초등학교 5학년인 딸아이와 친구들을 앉혀 놓고 프레젠테이션 강의를 했습니다. 논리적으로 사고하는 법, 차트의 구성방법, 마스터 파일의 활용, 참고문헌을 다는 법, 그리고 스토리텔링까지. 거의 컨설턴트들이 배우는 내용을 초등학생들에게 전수했습니다. 그러한 노력에도 불구하고 겨우 본선에만 진출했습니다. 그런데 2015년에 또 나간다고 하는 겁니다. 다른 친구들하고. '이거 어쩌지. 또 강의를 해야 하나' 하고 고민을 했습니다. 다행히 딸아이가 제 부담을 면제해 주었습니다. 도대체 왜 또 도전하는 거냐고 물어봤더니 뭐라고 한 줄 아십니까? "친구들하고 강원랜드에서 먹은 식사가 맛있었다"였습니다. 어처구니가 없었습니다. 거기 쫓아다니면 100만 원 넘게 깨지는데 그 돈이면 서울에 좋은 호텔에서 더 맛있는 식사를 하고도 남거든요. 딸아이에게 한 가지를 조언했습니다. "그래, 친구들하고 신나게 놀다 와라. 대회라고 생각하지 말고 캠프에 놀러 갔다고 생각해라."

딸아이는 신나게 놀았고, 2015년에 초등학교 부문에서 1등을 했습니다. 심지어 대학생 부문에 참가했던 팀들보다 더 높은 점수로 말입니다. 경영평가와 관련해 많은 기관과 일을 하면서 느꼈던 한 가지가 있습니다. 아마 오늘 이 자리에 참석하신 분들의 주된 역할이 될 것 같습니다.

피할 수 없다면 즐길 수 있게 전담반을 운영하라는 것입니다. 함께 일했던 기관 중에서 최상위 수준의 점수를 받았던 기관들은 준비과정이 즐거웠습니다. 그게 어떻게 가능할까요? 경영진과 성과관리부서의 역할이 컸습니다. 그래서 이 자리에 계신 분들의 역할이 크다고 말씀드렸습니다. 여러분은 이제 몇 달 동안 힘든 여정을 시작하시게 됩니다. 부디 지치지 마시고, 즐긴다는 기분으로 여러분의 여정을 헤쳐나가시길 기원합니다. 오늘 제가 준비한 강의는 여기까지입니다. 궁금하신 점이 있으시면 질문해 주시기 바랍니다.

시간이 충분하지 않다고 생각되시면 samuel@jcda.co.kr로 문의해 주시면 답변드리겠습니다.

Chapter 2

쟁점이슈와 대응과제

안녕하십니까? '2017년도 공공기관 경영평가의 쟁점이슈와 대응과제'란 주제로 강의를 맡게 된 JCDA 파트너즈의 최은석이라고 합니다.[61]

오늘 제가 말씀드릴 내용은 크게 네 가지입니다. 2016년도 공공기관 경영평가결과, 평가지표별 우수사례(Best Practice), 2017년도 공공기관 경영평가 시 예상되는 쟁점이슈, 그리고 평가위원들이 강조하는 보고서 작성 시 유의할 사항들입니다.

1. 2016년도 평가 결과

2016년도 경영평가는 평가단 구성 단계부터 여러 가지 어려움이 있었습니다. 개인적으로는 평가 결과를 보고 너무 실망을 했습니다. [표 3-1]을 보면 그 이유를 알 수 있습니다.

[표 3-1] 2016년도 공공기관 경영평가 결과(지표별 득점률, 강소형 제외)

평가지표	최고치	최저치	평균	표준편차	변동계수
전략기획 및 사회적 책임	90.000	60.000	68.065	7.648	0.112
기관의 경영혁신	80.000	50.000	70.161	8.197	0.117
국민평가	100.00	73.050	94.815	5.511	0.058
정부 3.0	97.700	46.533	83.339	8.967	0.108
경영정보공시 점검	100.00	66.667	83.352	8.534	0.102
정부권장정책	100.00	69.600	93.619	6.640	0.071
업무효율	100.00	20.00	78.428	24.297	0.310
조직·인적자원·성과관리	80.000	60.000	69.355	6.983	0.101
(재무)예산관리	80.000	50.000	68.548	8.067	0.118
자구노력 이행성과	80.000	50.000	70.313	8.975	0.128

‖‖‖‖‖‖‖‖‖‖‖‖‖‖‖‖‖‖‖‖‖‖‖‖‖‖‖‖‖‖‖‖‖

61 제2장에서는 2017년 7월과 11월 사이에 공공기관에서 강연을 했던 내용을 일부 편집해 옮겼습니다.

기금운용관리 및 성과	88.480	67.560	75.952	6.571	0.087
부채감축 달성도	100.00	41.900	93.461	12.375	0.132
중장기 재무계획 이행실적	100.00	20.000	89.963	24.310	0.271
보수 및 복리후생	80.000	50.000	64.032	7.120	0.111
총인건비 인상률	100.00	-	91.129	27.941	0.307
노사관리	80.000	50.000	66.935	8.014	0.120
주요사업 비계량	90.000	40.000	63.697	9.545	0.149
주요사업 계량	100.00	20.000	81.234	18.388	0.226

자료원: 기획재정부·공기업·준정부기관 경영평가(2017.8.),
2016년도 공기업·준정부기관 경영실적평가보고서; JCDA 파트너즈 분석

국민평가, 정부권장정책, 부채감축달성도, 총인건비 인상률의 경우는 거의 모든 기관이 만점에 가까운 득점률을 기록했습니다. 2015년도와 큰 차이가 없는 부분입니다. 제가 분석한 결과 중 관심을 가져 주셔야 할 부분은 변동계수와 관련된 부분입니다. 표준편차를 평균으로 나눠서 계산된 수치인데, 특정한 지표가 어느 정도 변별력이 있는가를 비교해 볼 수 있는 지표입니다. 보통 변동계수가 0.1 미만이면 변별력이 없다고 봅니다. 쉽게 말해 고생만 하는 지표라는 뜻입니다. 2016년도 평가에서 특징적인 부분은 경영관리 범주의 변동계수가 많이 줄어들고, 주요사업 계량지표의 변동계수가 커졌다는 점입니다. 주요사업 계량지표는 항상 기관 간 형평성 문제로 논란이 있었습니다. 2016년도 평가 시에는 범주를 구분해 평가 결과를 구분하기도 했지만, 여전히 지표의 난이도를 둘러싸고 기관 간 갈등과 불만이 해소되지 않는 부분입니다. 중요한 점은 주요사업 범주가 매우 중요하다는 점입니다. 주요사업 범주의 성과가 결국 기관의 종합성적을 좌우한다는 의미입니다.

2016년도 평가를 분석한 결과, 경영관리 범주의 평가지표별 득점치는 2~3개 등급 범위로 매우 좁게 나타났습니다. 반면에 주요사업 범주의 지표들은 분포가 넓게 나타나 [표 3-1]에서 보신 바와 같이 변동계수가 크게 나타났습니다. 공공기관 경영평가는 상대평가 방식을 따르지는 않지만 이 정도로 실적의 차이를 두지 않고 중앙에 집중화되는 평가를 실시하게 된다면 문제가 심각합니다. 지표 하나에서 잘못된 평가가 이루어지면 매우 적은 점수로 기관의 종합등급이 바뀔 수 있기 때문입니다. 중앙 집중화된 평가 결과가 나왔다는 의미는

두 가지로 해석해 볼 수 있습니다. 첫 번째 가설은 누군가 최종 결과를 의도적으로 바꾸기 쉽게 하기 위해 중앙 집중화를 유도했다는 것입니다. 두 번째 가설은 평가자들의 역량이 역대 최하로 떨어졌다는 것입니다. 제가 만나 본 평가위원들과 공공기관의 담당자들은 후자에 무게를 두고 있습니다. 후자의 경우는 단기에 쉽게 고치기도 어렵습니다. 그래서 평가를 받는 기관 입장에서는 힘들겠지만 개별 지표마다 정성을 기울일 수밖에 없습니다.

2. BP 2016

이제부터는 2016년도 공공기관 경영평가 결과를 주요 지표 단위로 구분해 살펴보겠습니다. 각 지표마다 어떤 실적이 베스트 프랙티스로 선정되었고, 평가위원들이 강조했던 점은 무엇인지 설명드리겠습니다.

(1) 전략기획 및 사회적 책임

'전략기획 및 사회적 책임'에서는 과거와 달리 윤리경영 및 동반성장과 관련된 착안사항이 평가 결과에 많은 영향을 미친 것으로 분석되었습니다. [그림 3-46]에는 이 지표에서 유일하게 'A0' 등급을 받은 한국중부발전의 지적사항이 제시되어 있습니다. '우수기관'에 제시된 내용은 한국중부발전이 잘한 점이고, '긍정적 기대'에 제시된 내용은 평가위원들이 한국중부발전에게 앞으로 더 좋은 성과를 거두라고 조언한 내용입니다. 2017년도 평가를 준비하실 때 '우수기관' 칸에 제시된 내용과 '긍정적 기대' 칸에 제시된 내용을 같이 반영해 활용하실 필요가 있습니다.

2016년도 평가 시 평가위원들이 강조했던 사항은 크게 세 가지로 구분할 수 있습니다.

첫째, 평가위원들은 2015년도와 마찬가지로 기관의 중장기 경영전략을 수립하는 과정에서 이해관계자로부터 다양한 의견수렴 노력을 기울일 것을 강조했습니다. 이 부분에 대해서는 설명할 필요가 없을 것 같습니다.

둘째, 평가위원들은 성과지표 및 목표치 설정에 대해서도 2015년도와 동일한 지적을 했습니다. 기관에서 제시한 전략에 합당한 성과지표를 설정하고, 목표치 설정이 타당하게 이루어졌다는 근거를 제시하라는 것입니다.

전통적으로 강조해 왔던 사항	우수기관	긍정적 기대

• 이해관계자 니즈의 체계적 분석과 관리
• 다양한 제약조건과 문제해결 전략
• **경영계획 수립 시 내외부의 다양한 의견을 수렴하고, 집행 및 모니터링 단계에서 참여 확보**
• 기관의 경영환경 변화에 대한 이해의 명확성
• 기관의 업(業)의 특성 반영
• 기관이 지닌 강점, 약점, 전략의 개선방안이 명확하게 제시
• **성과지표 및 목표치 설정의 합리성과 타당성**
	• **대외수상실적 등 기록**
	  - 국정원 정보보안평가 최고등급
	  - 권익위 청렴도 평가 공기업 1위
	  - 동반성장평가 우수등급 등
	• **전략 실행 강화를 위해 조직 개편을 추진**
	• **감사자문위원회, 외부기관과의 민관 청렴협업체제 구축**
	• **지역사회 소통을 위한 다양한 협력 활동 추진**
	• **발전소 건설에서 분리발주를 확대해 중소기업 직접참여 증가**
	• **종합심사낙찰제로 덤핑입찰 방지 등 적정 하도급률 보장**
	• **협력기업 재해방지를 위해 '위험작업거부권' 도입 등 추진**
		• 신사업을 성공적으로 수행하기 위한 필요역량 강화 도모
		• 신성장 분야에 대해서는 지속적 투자가 요구되므로, 타 사업과 다른 탄력적 평가제도 필요
		• 의사소통 활성화와 별도로 비전 및 전략 공유도를 측정
		• **지역사회 소통 촉진 노력을 평가할 수 있는 지표 개발**
		• **재해가 발생하지 않게 지속적 원인분석과 학습 수행 필요**
		• **상위부처 중심 점검과 진단에 그치지 말고 기관 자체 진단을 통한 능동적 보안관리 필요**
		• **하도급 업체와 현장 안전관리 강화를 위한 휴먼 에러 예방**

[그림 3-46] 전략기획 및 사회적 책임

자료원: 위의 자료; JCDA 파트너즈 분석

셋째, 문재인정부가 강조하는 국정철학과 국정과제 이행을 위해 적극 동참하라는 것입니다. 윤리경영과 동반성장이 큰 비중을 차지하게 된 것을 이러한 차원에서 이해하시면 됩니다. 2017년도 평가에서는 국정과제 이행 노력이 별도 세부평가내용으로 분리되었습니다. 이에 따라 2016년도에 비해 국정철학과 국정과제 이행을 위한 노력이 더 중요하게 다뤄질 전망입니다.

(2) 기관의 경영혁신

'기관의 경영혁신'은 2015년도 평가에 비해 '혁신과제의 발굴 방법과 범위 확대', '혁신과 관련된 정성 및 정량적 성과'가 중요한 영향을 미친 것으로 분석되었습니다. 이 지표에서는 인천국제공항공사, 한국도로공사 등 총 19개 기관이 'B+' 등급으로 최고 성적을 기록했습니다.

2015년도 경영실적평가	우수기관	긍정적 기대
• 구성원들의 참여를 통해 다양한 혁신과제 발굴 • 혁신과제의 발굴 및 선정과 관련된 체계적인 프로세스와 기준 정립 • 기관의 미래를 대비하기 위한 기능과 사업 재편방향 설정 • 사업 포트폴리오에 대한 체계적 분석과 시나리오에 연계한 미래 변화상 명확화 • **업(業)의 특성을 감안한 기관의 기능 및 서비스 고도화 방향 제시**	• **혁신과제 발굴과 실행력 제고를 위해 개방형 혁신 플랫폼 구축** • **미래과제 발굴을 위한 체계적 프로세스와 기준 운영** • **미래과제와 연계한 투자계획을 수립해 추진** • **신성장 사업 모델을 위한 포트폴리오 수립 및 KPI 설정과 관리가 체계적으로 진행** • 선제적 제도 개선으로 재정절감 및 국민부담 완화 성과 창출 • 효율화와 혁신역량 강화를 위해 조직편제를 개편 • 서비스 혁신으로 정부3.0 경진 대회 최우수상 수상	• 기관의 사업 포트폴리오 변화에 연계해 조직 및 인력 구조를 재설계하기 위한 방안 제시 • **발굴된 혁신과제를 실행과제로 전환하기 위해 과제의 기대효과, 타당성 검증, 환경 및 투입자원 분석 등을 추진** • **도출해 추진한 혁신과제 외에도 기관의 혁신성(혁신문화)을 평가하기 위한 노력 병행 필요** • 미래사업과 관련된 로드맵 상의 단계 구분을 명확화 • **만족도 조사에 그치지 말고 VOC 분석으로 임의성 극복** • **제도 및 프로그램 혁신에 그치지 말고 혁신문화로 승화**

[그림 3-47] 기관의 경영혁신

자료원: 위의 자료; JCDA 파트너즈 분석

우수한 평가를 받은 기관들은 공통적으로 기관의 미래과제를 적극적으로 발굴하고, 발굴된 과제 수행을 위한 투자계획과 구체적인 실행계획을 제시했습니다. 또한 미래과제 수행에 필요한 역량을 확보하기 위해 조직개편, 전문인력 채용, 시스템 및 인프라 보완 등을 추진했습니다. 이러한 노력을 높이 평가하면서, 평가위원들은 과제 중심의 혁신보다는 직원들의 인식과 조직문화 차원의 혁신을 통해 혁신이 기관 내 내재화될 수 있도록 방안을 강구하라는 주문을 했습니다. 경영실적평가보고서에 나타난 평가위원들의 지적을 보면, 노무현 정부 시절의 혁신평가가 떠오르는 대목이 많았습니다. 따라서 2017년도 경영평가를 준비하면서 현재와 같은 과제 발굴 및 추진 노력과 함께 혁신 수준에 대한 정기적 진단과 공감대 형성에 노력을 기울일 필요가 있습니다.

(3) 조직, 인적자원 및 성과관리

'조직, 인적자원 및 성과관리'는 세부평가항목에 새롭게 추가된 개방형 계약직과 전문직 위제와 관련된 지적이 많았습니다. 반면에 그동안 강조되어 왔던 성과·능력 중심 인사제도 운영과 관련된 사항은 크게 변동이 없었습니다. 조직개편 이전과 이후를 비교해 구체적인 성과를 제시하라는 권고가 있었고, 전결권 확대 등을 통해 책임경영체제를 강화하라는 권고도 있었습니다.

전통적으로 강조해 왔던 사항	우수기관	긍정적 기대
• 전사 경영전략을 지원하기 위한 조직 개편 및 조직역량 강화 • 조직의 신설, 통합, 폐지와 관련된 기준의 타당성 • 권한위임 및 책임경영 확대를 위한 제도 개선 노력과 성과 • 기관의 비전 및 설립목적과 직원 인재상 • 인적자원개발계획의 수립 및 경력개발제도 운영 수준 • 성과와 능력 중심의 인사제도 구축 및 개선 노력 • 사회형평적 채용 확대 및 유연근무제 확대를 통한 일과 가정 균형 달성 지원	• 경영전략 실행을 위해 조직 개편을 추진해 성과를 창출 • 실·팀장 전결권 확대 등을 통해 책임경영체제 강화 • NCS 적용 확대로 인사제도 전반 제도 개선 추진 • 경영전략에서 HRD 시사점을 도출해 역량모델을 정립하고 교육과정을 재설계 • 개방형 계약직 보수의 합리적 설정을 위해 직무평가 실시 • 전문직위제 확대를 위한 직무 발굴과 인센티브 부여 • 직원 채용 시 외부전문가를 과반수 이상으로 구성해 공정성 확보	• 상세직무분석을 토대로 NCS 기반 채용 및 인사관리 강화 • 여성 근로자 및 관리자 비율 확대(비교그룹 평균 이상) 필요 • 신규 채용 시 경력직 채용을 확대할 필요 • 출자회사 경영성과 제고 필요 • 육아휴직 관련 대체인력 제도 활성화를 위해 지속적 관심과 노력 필요 • 장애인 고용이 정부의무고용 기준에 미달 • 사후만족도 조사에 그치지 말고 교육과목 신설 시 사전에 직원 의견을 충분히 수렴

[그림 3-48] 조직, 인적자원 및 성과관리

자료원: 위의 자료; JCDA 파트너즈 분석

'기관의 경영혁신' 지표와 마찬가지로 'A0' 등급을 받은 기관은 없고, 한국도로공사, 한국전력공사, KOTRA, 한국산업인력공단 등 13개 기관이 'B+' 등급을 받았습니다. 이들 우수기관에 대해 요구했던 평가위원들의 추가적 기대사항은 크게 두 가지 정도입니다. 우선, 채용 등과 관련해서는 정부의 가이드라인을 준수하는 차원에서 벗어나 선도적인 혁신을 추진해 주기를 기대했습니다. 특히, 상세직무분석 등을 통해 기존 인사제도를 고도화할 것을 권고했습니다. 인적자원개발과 관련해서는 교육과정에 대한 만족도 조사를 통해 수정·보완하는 방식에서 벗어나기를 기대했습니다. 평가위원들은 교육과정의 효과적 설계와 운영을 위해 사전에 충분한 수요조사를 추진하라고 권고했습니다.

(4) (재무)예산관리

'(재무)예산관리'에서도 '기관의 경영혁신', '조직, 인적자원 및 성과관리'와 마찬가지로 'B+'

등급이 가장 높은 점수였습니다. 인천국제공항공사, 한국도로공사, KOTRA, 국민건강보험공단 등 14개 기관이 'B+' 등급을 받았습니다. 2015년도 평가와 마찬가지로 다양한 분석과 지표를 활용해 체계적인 원가 절감에 성공한 기관과 주요 재무지표의 개선이 뚜렷하게 나타난 기관이 우수한 평가를 받았습니다. 특히 대부분의 기관에서 직원의 고령화가 진행되고 있어 퇴직급여부채가 이슈가 되고 있었으며, 퇴직급여부채를 효과적으로 관리하기 위한 방안을 마련하라는 평가위원들의 요구가 많았습니다. 2017년도 평가 시 보수체계 개편을 위한 다양한 논의가 이루어질 예정인데, 이러한 보수체계 개편과 연계해 기관의 중장기 재무계획을 수립하는 게 중요해질 전망입니다.

전통적으로 강조해 왔던 사항	우수기관	긍정적 기대
• 재무 상황에 실질적 영향을 미치는 변수를 반영한 시나리오 플랜 수립 및 관리 • 사업 수요에 대한 정확한 예측으로 불필요한 투자 및 낭비 방지 • 리스크 관리를 내실화하여 단기 유동성 확보 • 예산 및 투자 심의위원회 운영을 내실화 • **다양한 기법을 동원해 원가절감 성과를 창출** • **매출 감소 및 손실 발생에 대비 적정 유동·당좌 비율 관리**	• 기관 특성을 반영한 재무지표 개발 및 중장기 재무목표 설정 • 기관 특성을 반영한 기법을 적용해 자금운용수익 극대화 • 시나리오 기법을 도입해 합리적 재무목표 수립 및 관리 노력 • **원가분석 기반의 사업타당성 평가 체계 구축으로 예산편성 합리성 제고** • **다양한 경영개선과 신기술·신공법 도입으로 원가절감 달성** • **예산심의 절차를 6단계에서 7단계로 늘려 강화**	• **미래 신성장사업 발굴과 관련된 특화된 대안지표 발굴 모색 필요** • **근속연수 증가에 대한 퇴직급여 부채 지속 증가에 대응한 부채 관리방안 마련** • **원가변동 요인을 수수료에 적시 반영할 수 있는 체계 마련 필요**

[그림 3-49] (재무)예산관리

자료원: 위의 자료; JCDA 파트너즈 분석

(5) 자구노력 이행성과

'자구노력 이행성과'도 'B+' 등급이 가장 높은 점수였습니다. 한국전력공사, 중소기업진흥공단, 한국자산관리공사 등 12개 기관이 'B+' 등급을 받았습니다. 우수기관들은 대부분 구분회계정보를 적극적으로 활용해 책임경영 기반을 강화하고, 이를 토대로 적극적인 재무개선 노력을 추진했습니다. 또한 다양한 리스크 분석 결과를 토대로 사업구조 개선을 추진했습니다. 평가위원들은 자산매각이나 사업시기 조정에 따른 부채감축 활동이 기관 본연의 기능과 사업에 영향이 없도록 체계적 분석과 관리계획하에 추진할 것을 요구했습니다.

전통적으로 강조해 왔던 사항	우수기관	긍정적 기대
• 체계적 부채 감축을 위해 부채 증가원인 및 전년도 성과분석 내실화 • 사업조정, 경영효율화, 자산매각, 자본확충 등 다각적 노력으로 실질적 추진성과 달성 • 적극적으로 매각 가능한 자산을 발굴해 조기 매각을 추진 • **구분회계 시스템을 통해 부채 관리를 위한 제도적 기반 마련** • **구분회계 재무정보를 기준으로 사업구조 개선 및 사업단위별 책임경영 강화**	• 객관적 통계기법을 토대로 위험 요인 민감도 사후검증 실시해 리스크 분석의 타당성 제고 • 비핵심자산 발굴을 위한 자산실사 정례화 • 사업조정 실시간 모니터링으로 부진사업 사업비 회수 • **분기별로 구분회계 정보를 활용해 부채발생 원인 파악 및 개선 추진** • **벤치마킹을 토대로 기관 특성에 맞는 사업/지역/기능별 구분 회계제도 도입** • **사업 성과에 영향이 없는 전략적 부채 감축 목표를 설정**	• **사업조정이 부채감축의 핵심 수단이 되지 않도록 주의** • 개발된 성과지표의 적정성을 검증하기 위한 조치 필요 • 사고발생률이 높아지지 않게 선제적 관리시스템 마련

[그림 3-50] 자구노력 이행성과

자료원: 위의 자료; JCDA 파트너즈 분석

(6) 보수 및 복리후생

'보수 및 복리후생'은 2016년도 평가에서 가장 많은 혼란이 있었던 지표였습니다. 박근혜 정부가 무리하게 추진한 공공기관 성과연봉제 확대 권고(안)이 백지화되면서 계량지표에서 성과연봉제 관련 내용이 삭제되었고, '보수 및 복리후생'을 평가하는 과정에서도 성과연봉 제를 포함한 보수체계보다는 복리후생에 초점이 맞추어졌습니다. 쉽게 납득할 수 없는, 공 무원 수준 이하로 복리후생을 축소해야 한다는, 기준을 토대로 직원 1인당 복리후생비 비 교가 이루어졌고, 타 기관 평균보다 높은 기관은 낮은 평가를 받았습니다. 이 지표에서는 한국수자원공사, 한국가스안전공사, 한국전기안전공사 3개 기관만이 'B+' 등급을 받았습니 다. 평가착안사항의 중복 때문에 대부분의 지적사항은 평가지표 및 평가절차의 개선을 통 해 성과·능력 중심 보수체계에 대한 수용성을 높이라는 것이었고, 임금피크제 적용 직원의 복무관리에 대한 지적도 많이 나왔습니다. 2017년도 평가 시에는 새로운 보수체계에 대한 논의(직무급 등)가 이루어질 예정인데, 이를 감안해 기관 특성에 맞는 보수체계의 탐색과 직원 간 공감대 형성을 위한 노력이 선행되어야 좋은 결과를 얻을 수 있을 것 같습니다.

전통적으로 강조해 왔던 사항	우수기관	긍정적 기대
• 보수체계 단순화를 토대로 성과연봉제 확대 기반 조성 • 직원 니즈에 부합한 다양한 비금전적 복리후생제도 마련 • **정부의 성과연봉제 권고안에 따라 보수체계 개편** • **정규직, 무기계약직, 계약직 간 보수 및 복리후생 격차 해소** • **방만경영 정상화 차원에서 직원 1인당 복리후생비를 절감**	• 직원 1인당 복리후생비를 427천원 감축 • 방만경영 사후관리 체계를 고도화하여 정상화 지속 추진 • 조직문화 혁신을 위해 조직문화 혁신실을 설치하고, 다양한 비금전적 프로그램을 개발 • 공무원과 다르게 되어 있는 각종 복리후생 제도를 정비 • 정규직과 무기계약직, 비정규직 간 동일 복리후생제도 적용 • 신인사관리기준 정립으로 직무관리 고도화 및 생산성 제고를 위해 노력	• 공로연수 등 일부 방만경영 요소가 아직 정비되지 못함 • **직무난이도를 감안해 정규직-비정규직 간 보수 차등 개선** • **동일직무-동일임금 적용을 위한 직무분석 추진** • **보수 및 복리후생 제도 개선 시 만족도 조사에서 벗어나 직원 니즈를 다양한 각도에서 분석** • **임피제 적용 및 고연령 직원에 대한 생산성 제고 등 조직 기여도 제고 방안 마련**

[그림 3-51] 보수 및 복리후생

자료원: 위의 자료; JCDA 파트너즈 분석

(7) 노사관리

'노사관리' 역시 'B+' 등급이 가장 높은 점수였습니다. 한국전력공사, 한국수력원자력㈜, 교통안전공단 등 9개 기관이 'B+' 등급을 받았습니다. '보수 및 복리후생' 지표와 마찬가지로 성과연봉제 권고(안) 폐지와 함께 노사관계에 대한 평가착안사항도 혼란을 겪었습니다. 기존에는 노사협력을 통해 파업 없이 다양한 제도적 변화를 창출한 기관이 높은 평가를 받았는데, 성과연봉제 도입을 둘러싼 노사갈등이 문재인정부 등장으로 봉합되면서 노사갈등이 평가 결과에 영향을 미치지 못했습니다. 다만, 평가위원들의 지적사항 자체는 2015년도 평가와 다르지 않았습니다. 노사관계 선진화 전략의 이행 수준을 측정할 지표를 설정하고, 현장 노무관리 내실화를 위한 조직 및 인력을 확충·지원하며, 노사 공동으로 추진하는 사회공헌활동을 내실화하라는 것이었습니다. 한 가지 특징적인 것은 문재인정부가 강조하는 차별과 불공정해소를 위해 노사 간 공동으로 노력하라는 내용이 등장한 점입니다. 비정규직의 보수 및 복리후생 수준을 개선하기 위해 정규직 직원의 희생을 강요하면서, 이를 위해 노사가 공동으로 노력하라는 것인데, 2017년도 평가편람(수정)에 해당 내용이 보다 구체적으로 반영되었습니다. 현재까지 이 문제로 노사 간 심각한 갈등이 빚어진 경우는 없는 것 같습니다. 기관마다 갈등이 증폭될 것인지 혹은 노사관계 안정화의 길로 들어설 것인지는 의문입니다.

전통적으로 강조해 왔던 사항	우수기관	긍정적 기대
• 경영권 침해 소지가 있는 협약 및 규정 개정 • 합리적 노사관계 정립을 위해 정례화된 다양한 소통 채널 운영 • 현장 직원의 고충을 파악하고 해소하는 다양한 채널 운영 • 노사관계 선진화 전략 수립 시 다양한 참여와 의견수렴 • **노사관계 선진화 전략 이행을 모니터링할 성과지표 개발** • **노사관계 역량 진단 결과에 기반한 체계적 교육훈련** • **HRD 전략 및 교육과 노사관리 프로그램 간 연계**	• 기관 특성을 반영해 노사관계 전략 재편 추진 • 노사관계특별위원회를 상설화하여 대내외 협업전문가 대응 • 노사공동위원회를 중심으로 1사 2노조를 안정적으로 운영 • 노사관계 위기 대응 매뉴얼을 개정해 취약 부분을 보강 • **대내외 전문가 협업으로 노사관계 성과지표를 재설정하고 외부전문가 활용 성과 측정** • **다수의 노무관리 지원 프로그램 통해 현장 노무조직 지원** • **고충요인별 데이터 분석 및 담당자 워크숍 등을 통해 노사 갈등 사전 예방**	• 상시 직원 의견수렴 채널을 운영해 직원 고충을 적시 처리 • **직원 고충이 특정 이슈에 집중되어 분석의 신뢰성 결여** • **노사관계 성과지표 및 설문이 지나치게 단순해 보완이 필요** • **노무역량 강화 교육에 대한 구체적 진단과 재편 추진** • **노사 공동의 노력이 사회공헌에 그치지 말고 비정규직 차별해소 등 사회적 책임 영역으로 확대**

[그림 3-52] 노사관리

자료원: 위의 자료; JCDA 파트너즈 분석

(8) 주요사업 성과관리의 적정성

'주요사업 성과관리의 적정성'에서는 전체 지표 중 한국전력공사의 '미래성장사업 성과관리의 적정성' 1개 지표에만 'A0' 등급이 부여되었습니다. 2015년도 평가와 마찬가지로 주요사업 추진계획 부분에 대한 지적이 많았습니다. 전략과제의 실행을 점검할 타당한 지표의 개발과 해외 벤치마킹을 통해 현재의 상황과 미래의 발전방향을 명확히 제시하라는 지적도 있었습니다. 우수기관으로 평가된 한국전력공사의 경우 글로벌 격차 해소를 위한 전략 지표를 선정해 관리했는데, 이러한 형태의 벤치마킹과 역량 격차 해소를 위한 노력을 보여 달라는 것은 평가위원들이 지난 몇 년 간 지속적으로 요구했던 사항이기도 합니다.

전통적으로 강조해 왔던 사항	우수기관	긍정적 기대
• 환경변화에 맞추어 법령 개정 내지 기능 조정을 효과적으로 추진 • 기관의 설립목적과 경영목표에 맞추어 조직, 인력, 자원(예산)이 적정하게 배분 • **전략과제 실행 여부를 점검할 수 있는 타당한 성과지표 개발** • **글로벌 벤치마킹 결과를 토대로 자사의 역량을 명확히 진단하고 이를 토대로 도전적 목표 설정** • **미래사업 수행에 필요한 필요 역량을 명확히 하고, 이를 확보하기 위한 다각적 투자와 노력이 전개**	• 해외사업 매출과 순이익 증가 • 신재생사업 해외진출 성과 확대 • 해외자원사업 출구전략 마련을 위해 자산매각 추진 • 2025년까지 미래성장 분야에 인력 20%, 투자 26% 확대 계획 • **연구개발 투자 확대 및 에너지 신산업 분야 핵심기술 확보** • **전략 연계성, 통제 가능성 등을 고려한 종합분석으로 핵심성과 지표를 선정** • **글로벌 격차 평가를 위한 전략 지표를 선정**	• **글로벌 기업과 차이가 있는 분야의 도전적 목표 설정 필요** • 전년도와 동일한 지표를 다른 기준으로 평가 • 원전 추가 수주가 정체되어 있어 사업성과 제고 필요 • **미래사업으로 선정한 것 중 사업화에 이른 것이 소수에 불과해 개발 기술의 지속적인 사업화 노력 필요** • **다양한 노력의 성과를 경제적 가치로 평가할 수 있는 방안 마련이 요구**

[그림 3-53] 주요사업 성과관리의 적정성

자료원: 위의 자료; JCDA 파트너즈 분석

3. 지표별 쟁점 이슈

이제부터는 2017년도 경영평가에 대응하여 지표별로 보고서 작성 시 염두에 두어야 할 쟁점 이슈와 관리 포인트에 대해 설명드리겠습니다.

(1) 전략기획 및 사회적 책임

그동안 명칭은 다양하게 바뀌어 왔지만 전통적으로 1번 지표로 평가되었던 것은 기관의 경영전략이었습니다. 경영전략은 기관 전체의 성과이면서 동시에 기관장의 리더십을 평가하는 지표이기도 합니다. 그래서 세분화되어 있는 다양한 평가착안사항보다는 기관의 성과를 종합해 판단해 왔습니다. 기관의 성과를 종합할 때 가장 중요하게 반영했던 것은 기관의 설립목적과 연계된 핵심사업의 성과였습니다. 그런데 2016년도 공공기관 경영평가에서는 변화가 있었습니다. 윤리경영이 ᄀ 어느 때보다 강조되었습니다. 이른바 '직폐청산' 기치하에 채용과 관련된 비리가 있는 기관이 검찰에 고발을 당하고, 청렴도나 동반성장과 관련된 평가 결과가 하락한 기관은 다른 우수한 성과에 불구하고 고배苦杯를 마셔야 했습니다.

이러한 경향은 2017년도에 평가 시에도 유지될 전망입니다. 다만, '적폐청산'이 '사회적 가치'로 확대되면서 윤리경영을 평가하는 방식에 다소 변화가 있을 전망입니다. 특히, 별도의 가점 평가로 진행되는 일자리 창출과 관련된 노력이 '전략기획과 사회적 책임'에서도 중요한 영향을 미칠 것으로 보입니다. 따라서 기관 입장에서는 12월 말까지 사회형평채용과 비정규직의 정규직 전환 등에서 성과를 최대한 달성하기 위해 노력할 필요가 있습니다.

2016년	2017년	당기 쟁점이슈
경영전략	경영전략	• 신정부 출범 후 나타난 정책 변화와 리스크 • 새로운 법·제도 변화 대응 • 새로운 사업 내지 서비스 가시화(4차 산업혁명 등)

윤리경영
(적폐청산)
	윤리경영
	(사회적 가치)
		• 국정과제 1호 '적폐청산' 기조 유지
		• 기관 내외부에서 '사회적 가치' 실현을 위해 노력
		  - 동반성장을 위한 노력(외부평가 연계)
		  - 내·외부 인식 및 조직문화 변화(외부평가 연계)
		  - 사회적 책임(사회형평채용 등) 구현 노력

일자리 창출	일자리 창출	• 고용 창출 규모 및 성과 • 비정규직의 정규직 전환 등 사회적 책임성 연계
국정과제	국정과제	• 적폐 청상 및 고용 창출 등 국정과제 구현 노력 • 소관 국정과제 이행(타당한 지표＋가시적 성과)
정보보안	정보보안	
재해·재난관리	재해·재난관리	

[그림 3-54] 전략기획 및 사회적 책임

자료원: 위의 자료; JCDA 파트너즈 분석

(2) 기관 경영혁신

'기관 경영혁신'에서는 '미래 대비', '경영 효율화', '서비스 개선'이라는 3개 주제 영역이 고르게 평가 결과에 반영되었습니다. 3개 세부평가내용을 균형 있게 반영했다는 의미는 아닙니다. 평가위원들이 기관의 특성을 감안하기 위해 어떤 영역의 혁신이건 좋은 사례를 만들어 낸 경우를 높게 평가했다는 것입니다. 다만, 2016년도 평가 시 평가위원들이 명확히 지적했던 것처럼, 2017년도 평가 시에는 계획이 아니라 구체적인 성과를, 단순한 프로세스의 변화보다는 재무적 가치의 제고 수준을 명확히 할 필요가 있습니다.

대부분의 기관이 연초에 기관의 경영혁신계획을 수립하고 추진해 오다가, '열린 혁신'이 추가되면서 혼란을 겪었습니다. '미래 대비' 영역을 제외하고는, '기관 경영혁신'과 '열린 혁신'의 평가내용이 상호 중복되기 때문입니다. 다만, 기존에 이 지표에서 우수한 평가를 받았던 기관들은 양자를 서로 보완하기 위한 수단으로 보아 준비작업을 진행해 오고 있습니다.

2016년	2017년	당기 쟁점이슈
미래전략 설정 (계획)	미래전략 이행 (착수)	• 미래전략 이행을 위한 로드맵 점검 강화 • 수립된 미래전략 이행을 위해 투자계획을 마련 • 미래전략 수행에 필요한 기관·직원의 역량을 진단하고, 채용 내지 협업 전략을 변경
경영 효율화 (전·후 변화)	효율성 제고 (경제적 성과)	• 프로세스 개선 등 경영효율화 통해 창출된 가시적 성과 측정을 위한 타당한 지표와 과학적 분석 • 경제적 가치로 환산된 혁신의 성과 • 조직문화 차원의 혁신으로 승화
서비스 개선 (사용자 중심)	고객가치 제고 (수요자 중심)	• 고객 니즈에 대한 체계적인 정보 수집과 데이터 기반의 과학적 의사결정(분석) • 민원처리 내지 만족도 중심에서 선제적 서비스 제공으로 서비스 제공 방식 변환 • 고객·이해관계자 범위/참여 확대(열린혁신 연계)

[그림 3-55] 기관 경영혁신

자료원: 위의 자료; JCDA 파트너즈 분석

(3) 조직 및 인적자원관리

'조직 및 인적자원관리'는 과거 공공기관의 다양한 경영혁신 노력을 확인할 수 있는 지표였습니다. 그런데 가중치가 축소되고, 정부에서 시달한 각종 지침의 이행 여부가 평가에서 중요한 비중을 차지하면서 오히려 혁신 노력의 퇴보를 초래한 지표입니다.

2016년	2017년	당기 쟁점이슈
조직·인력운용	조직·인력운용	
정부방침 이행 (구 방침)	정부방침 이행 (구 방침)	• 비교기관(동일유형 내 경쟁기관) 대비 이행 수준 - 비정규직 정규직 전환 및 차별 해소 - 사회형평적 인력 활용 확대 실적 - 직무분석 및 직무평가에 연계한 직무급 확대 - 여성/고졸자/장애인/지역인재 인센티브 확대 - 유연근무제 및 일/가정 양립 지원 확대
인적자원개발		
전략적 성과관리	인적자원개발	
출자회사 관리	전략적 성과관리	
	출자회사 관리	
정부방침 이행 (신 방침)	정부방침 이행 (신 방침)	• 비교기관(동일유형 내 경쟁기관) 대비 이행 수준 - 개방형 계약직 채용 확대(관리자 5%) - 전문직위제 적용 및 인원 확대(전 직원 10%) - NCS 활용 범위 확대로 인사제도 선진화

[그림 3-56] 조직 및 인적자원관리

자료원: 위의 자료; JCDA 파트너즈 분석

이 지표에서 좋은 평가를 받기 위해서는 정부방침을 제대로 이해하고, 가이드라인을 준수하는 게 중요합니다. 문재인정부가 강조하는 ⓐ 비정규직 정규직 전환, ⓑ 여성, 고졸자, 장애인, 지역인재 등에 대한 인센티브 확대, ⓒ 유연근무제 확대, ⓓ 합리적이고 공정한 보수체계 설계 등이 지속적으로 강조될 전망이며, 2016년도 경영평가 시 신설된 ⓔ 개방형 계약직 채용 확대, ⓕ 전문직위제 인원 확대 등도 지속적으로 강조될 전망입니다.

(4) (재무)예산관리

앞에서 살펴본 바와 같이 2016년도 평가 시 '재무예산관리'는 특별한 강조점이 없었습니다. 2017년도 평가 시에도 큰 변화가 없을 것 같습니다. 다만, 세부평가내용이 변경되었기 때문에 이 부분에 대한 준비가 중요해졌습니다.

2016년	2017년	당기 쟁점이슈
재무관리 (기금·자산)	재무관리 (기금·자산)	• 경영 여건 변화를 감안한 체계적 리스크 관리 - 문재인정부 경제정책 - 한중관계 정상화 및 한미 FTA 재협상 - 시중금리 변동 - 직원 고령화에 따른 급여성부채 증가 억제 • 비교기관(동일유형 내 경쟁기관) 대비 이행 수준 - 재무관리 기법 및 핵심성과지표 등
예산관리 (편성 및 집행)	예산관리 (편성 및 집행)	• 비교기관(동일유형 내 경쟁기관) 대비 이행 수준 - 예산편성 및 집행 관련 프로세스 개선 - 예·결산 차이 분석 - 계약제도 개선을 통한 사회적 가치 실현
	효율화 [신규] (원가·경비 절감)	• 비교기관(동일유형 내 경쟁기관) 대비 이행 수준 - 전년 대비 관리업무비 절감 수준 - 원가 및 경비 절감을 위한 체계적 진단과 분석 - ZBB, TDB 등 예산제도 개편과 연계 노력 등

[그림 3-57] (재무)예산관리

자료원: 위의 자료; JCDA 파트너즈 분석

원가 및 경비 절감을 위한 노력에서는 ⓐ 관리업무비의 절대적 감소 수준, ⓑ 원가 및 경비 절감을 위한 방법론의 개발과 적용; ⓒ 예산제도 개편 등 지속가능한 원가·경비 절감 기반 구축 등이 중요하게 평가될 전망입니다. 따라서 이 부분에 대한 제도적 보완과 변화 노력이 이루어져야 할 것입니다.

(5) 자구노력 이행성과

'자구노력 이행성과'는 부채감축을 위한 내부 통제기구(각종 위원회 등), 리스크 관리체계(지표, 프로세스 등), 구분회계 정착 및 활용 등을 중심으로 평가됩니다. 2016년도 평가 결과에 나타난 것처럼 부채감축 계획상 목표 달성이 다른 어떤 실적보다 우선시되었습니다. 당연히 부채비율이나 중장기 재무계획 이행실적 등 계량지표에서 달성한 실적치가 중요한 고려사항이 되었습니다. 2017년도 평가 시에도 여전히 부채비율 축소와 중장기 재무계획 이행실적이 가장 중요한 이슈가 될 전망입니다.

2016년	2017년	당기 쟁점이슈
관리체계	관리체계	• 유가, 환율, 금리 등 시장 환경변화 반영 • 중기 재무계획과 부채감축계획 롤링 • 리스크 관리 고도화(관리지표, 점검·관리 기법 등)

부채감축 성과	부채감축 성과	• 부채감축 계획 대비 이행성과
		  - 사업조정, 경영효율화, 자산매각, 수익성 확대,
		    자본확충 등 분야별 계획 대비 실직
		  - 부채비율 개선도
		• 사업조정 관련 이슈 점검 등 부채감축 관련
		  과제의 적정성 진단 및 개선
		• 자산매각 시 손실 최소화
		• 공사채 총량제 위반 여부

구분회계	구분회계	• 구분회계 정보 및 관리 프로세스 고도화 • 책임경영 단위 연계를 위한 조직·인사 상 조치

[그림 3-58] 자구노력 이행성과

자료원: 위의 자료; JCDA 파트너즈 분석

(6) 보수 및 복리후생

'보수 및 복리후생'은 2017년도에 다양한 변화가 예상되는 지표입니다. 2016년도 평가 시 강조된 차별 해소 노력은 2017년도에도 기조가 유지될 전망입니다. 하지만 임금피크제는 임금피크제 적용 직원에 대한 관리 강화에 초점을 맞춰 평가에서 강조·확인하는 내용이 보완될 예정입니다. 이에 반해 보수체계의 경우는 2017년도 평가편람(수정)에 신규 반영된 것으로 기존의 성과연봉세 권고안을 내체해 기관 특성에 맞는 보수체계를 발굴하기 위해 기울인 노력과 성과에 초점이 맞춰질 전망입니다.

2016년	2017년	당기 쟁점이슈
성과연봉제 **(단기, 지침 준수)**	**보수체계 개편** **(직무/능력/성과)**	• 성과평가·보수제도 자체 진단과 개선 과제 도출 • 기관 특성에 부합한 보수체계 발굴 및 개편 추진 • 내부 직원의 공감대 형성 및 중장기 개선 로드맵
복리후생	**복리후생**	• 직원 1인당 복리후생비 절감 노력과 성과 • 정규직-비정규직, 대졸자-고졸자 간 차등 해소 노력과 성과
임금피크제 **(제도 중심)**	**임금피크제** **(현황관리 중심)**	• 임금피크제 운영 상 나타난 문제와 해결 노력 • 임금피크제 포함 고연령 직원의 체계적 성과관리 및 동기부여 방안
차별 해소 **(계량 실적)**	**차별 해소** **(합리적 근거)**	• 고졸자, 무기계약직, 비정규직의 합리적 보수 산정 (직무급 등 공정임금제도 도입 및 구현 노력)

[그림 3-59] 보수 및 복리후생

자료원: 위의 자료; JCDA 파트너즈 분석

정부에서 새롭게 제시할 가이드라인은 2018년에 구체화될 전망인데, 2017년도에 이러한 혁신 작업을 대표할 보수체계 혁신 성과를 창출한다면 2017년도 평가와 2018년도 평가에서 모두 우수한 평가를 받을 수 있을 것 같습니다. 다만, 이 부분은 내부의 갈등 및 이해관계가 엇갈려 쉽게 접근하기 어려운 사항이기도 합니다. 그래서 직원들의 다양한 의견수렴과 자체적인 연구를 토대로 사전에 보수체계 개편을 위한 내부의 공론화 과정을 거치는 게 무엇보다 중요할 것 같습니다.

(7) 노사관계

'노사관계' 역시 문재인정부의 노사정책에 맞추어 평가 기조가 크게 변화될 전망입니다. 평가의 기조가 가장 크게 바뀔 부분은 단체협약과 관련된 부분입니다. 기존에는 경영 및 인사권 침해가 우려가 있는 조항을 개정하는 데 평가의 초점을 맞추었습니다. 그러나 개정된 편람을 감안하면, 2017년도 평가 시에는 노조의 참여와 공감대 형성을 위한 적극적 노력이 평가의 핵심이 될 전망입니다. 또한 노동이사제 등 최근 논의되고 있는 노사관계 관련 이슈에 대해 사전 의견수렴과 검토 작업을 진행해 이를 선진화 전략에 반영하기 위한 노력이 쟁점이 될 전망입니다. 그뿐만 아니라 2016년도 평가에 이어 2017년도 평가에서도 노사협력을 통해 사회적 가치 창출을 위해 공동으로 기울인 노력이 평가 시 중요하게 고려될 전망입니다.

2016년	2017년	당기 쟁점이슈
선진화 전략 (참여+지표)	선진화 전략 (참여+지표)	• 신정부의 노사정책 반영 • 성과평가·보수제도 자체 진단과 개선 과제 도출 • 내부 직원의 공감대 형성 및 중장기 개선 로드맵

노사협력 성과	노사협력 성과	• 노사협력 확대를 위한 다양한 의사소통 활동
		• 노사공동의 노력을 통한 경영성과 창출
		  - 기관 내부 : 사회적 책임 이행(보수/복리/인사)
		  - 기관 외부 : 사회적 가치 창출 선도

노무역량 강화	노무역량 강화	• 보유 역량에 기반한 교육 프로그램 적용
단체협약 조항	단체협약 조항 (노조 참여 확대)	• 단체협약 및 보충협약 개정의 합리성 • 노조의 경영 참여 확대를 위한 노력과 성과

[그림 3-60] 노사관계

자료원: 위의 자료; JCDA 파트너즈 분석

(8) 주요사업 성과관리의 적정성

'주요사업 성과관리의 적정성'은 다른 지표에 비해 2015년도 평가와 2016년도 평가 결과에 큰 차이가 없었습니다. 평가위원의 지적사항은 추진계획 부분에 집중되었습니다. 2017년도 평가 시에도 유사한 경향이 나타날 전망입니다. 이를 감안해 글로벌 벤치마킹과 사업구조에 대한 체계적 진단, 주요사업과 관련된 다양한 성과지표 발굴 및 개선 노력이 지속되어야 합니다. 주요사업 계량지표 관리와 관련해 지난해 대부분의 기관이 지표 개선을 추진했으나 의견이 반영되지 않았습니다. 2018년도에 예고된 지표체계 변동이 어떤 영향을 미칠지 알 수 없습니다. 그러나 2016년도 평가 시 계량지표 관리와 관련된 부분에서는 인력 및 예산 비중과 개별 지표의 가중치 문제가 많이 지적되었기 때문에, 지표별 가중치의 적정성을 설명하기 위한 노력이 보완되어야 할 것으로 보입니다.

2016년	2017년	당기 쟁점이슈
추진계획 (지표/로드맵 등)	추진계획 (지표/로드맵 등)	• 문재인정부 국정과제 및 주무부처 정책 변동에 연계한 사업 및 기능 조정 • 사업 여건을 반영한 성과지표와 목표치 설정 • 글로벌 벤치마킹 등에 연계한 사업구조 진단과 성과·역량 향상 계획 • 성과지표 발굴 및 분석 방법의 고도화
추진실적 (지적사항개선 포함)	추진실적 (지적사항개선 포함)	• 전기 대비 개선 성과 • 신규 도입된 과제 및 서비스 성과 • 지적사항 개선 수준
비계량적 성과	비계량적 성과	• (계획과 연계해 종합판단)
환류활동	환류활동	• 성과지표 내지 프로세스 개선 사항 점검
계량지표 구성	계량지표 구성	• 주요사업 계량지표와 사업지표 Pool 간 정합성 • 인력 및 예산 비중에 기초한 지표 설정의 적정성

[그림 3-61] 주요사업 성과관리의 적정성

자료원: 위의 자료; JCDA 파트너즈 분석

4. 경평 십팔사략十八史略

끝으로 평가위원들이 조언하는 몇 가지 보고서 작성을 위한 팁을 정리해 드리고 오늘 강의를 마치고자 합니다. 제가 거창하게 '경평 십팔사략十八史略'이란 표현을 썼습니다. 원래 십팔사략은 원나라 때 나온 역사서인데, 처음 역사 공부에 입문하는 사람들을 위한 입문서였다고 합니다. 그래서 저도 공공기관 경영평가에 입문하시는 분들을 위해 그동안 평가위원님들께서 들려주신 이야기를 두서없이 모아 봤습니다.

(1) 보고서는 성과목표-성과지표-목표치 등 Top-Down 형태의 계층구조를 전제로 작성되어야 합니다. 너무 복잡하게 혹은 너무 단순하게 구성하지도 말고, 보고서 작성지침에 제시된 수준에 준하여 작성하되 논리적 흐름에 맞게 작성해 달라는 게 평가위원들의 요구입니다.

(2) 계획 단계에 성과지표와 세부실행계획이 명확히 제시되고, 중장기 전략방향과 개별 전략과제가 유기적으로 연계되어야 합니다.

(3) 글로벌 벤치마킹을 추진할 때 비교대상과 기관의 성과 내지 역량 간 갭을 분석하고, 분석 결과를 바탕으로 성과목표, 성과지표 및 세부실행계획을 수립하기 위해 노력했다는 것을 보여주어야 합니다.

(4) 전략의 달성을 위한 기관의 관심과 노력은 자원의 배분으로 나타나기 때문에, 자원배분계획을 기관의 전략 방향에 맞추어 제시해야 합니다.

(5) 사용된 분석과 의사결정의 근거를 제시해야 합니다. 어떤 프레임워크를 사용했고, 자료원과 작업에 참여한 대상은 누구이며, 그러한 활동이 언제 이루어졌는가 등에 대한 정보를 간략히 제시해, 보고서에 제시된 내용이 소설이 아니라는 깃을 입증해야 합니다.

(6) 목표는 수치로 명확하게 제시하고, 상황은 구체적이고 분명하게 설명해야 합니다. 평
가위원들은 보고서를 보고 평가해 등급을 부여합니다. 보고서의 내용만으로 성과가
전달되지 못한다면, 그것은 온전히 보고서를 작성한 사람의 책임입니다. 따라서 보고
서의 내용이 부실해지지 않도록 끝까지 최선을 다해야 합니다.

이상과 같은 6가지의 내용은 경영관리 및 주요사업 범주에 공통적으로 적용되는 내용입
니다. 반면에 이하에 제시되는 (7)~(18)의 내용은 '주요사업 성과관리의 적정성'에 적용될 내
용입니다.

(7) 주요사업에는 SWOT 분석이 사용되는데 개별 요인(강점, 약점, 기회, 위협)을 도출하는 과
정 못지않게 도출된 결과(전략과제)가 중요하다는 점을 잊지 말아야 합니다. 평가위원
들은 평가편람에 제시된 '지표의 정의'에 제시된 내용을 '사업의 목표'로 간주합니다.
따라서, SWOT 분석을 통해 도출된 전략에는 '지표의 정의'에 제시된 내용이 포함되어
야 합니다.

(8) 개별 사업의 중장기 전략과 관련해 단기, 중기, 장기 로드맵을 제시하게 되는데, 이때
지나친 비약이 이루어지지 않도록 해야 합니다. 따라서 단기와 중기에 포함되는 전략
은 현재 실행 중이거나 실행이 예정(예산이 배정된)된 경우에 한정하는 것이 좋습니다.

(9) 계획(Plan) 부분을 작성하는 데 가장 많은 노력을 기울여야 합니다. 계획 단계에 대해
긍정적인 평가를 받지 못하면, 실행(Do) 단계 이후의 내용은 아예 읽히지 않을 수도
있습니다. 세부적인 사업 내용에 대해서는 평가위원이 여러분들보다 전문성이 낮습니
다. 평가위원들도 그 점을 알고 있습니다. 그래서 계획 단계에 많은 비중을 두고, 여러
분이 작성한 내용이 논리적인가를 확인하는 것입니다.

(10) 실행(Do) 부분에 불필요하게 많은 내용을 담지 않아야 합니다. 어느 평가위원이 이
런 말씀을 하시더군요.

"목표와 직접적으로 연계되지 않은 실적은 사탕에 설탕을 입히는 것이다."

계획 단계에서 중요한 것은 논리성과 체계성입니다. 그리고 실행도 당연히 계획에 맞추어 논리적이고 체계적이어야 합니다. 부서장들 입장에서는 자기 부서 업무가 기관 평가에서 빠지는 것을 원하지 않을 겁니다. 하지만 공공기관 경영평가는 기관이 평가받는 것이지, 특정 부서가 평가받는 게 아닙니다. 따라서 모든 내용을 넣으려 하지 말고, 논리적 일관성이 있는 내용만 추려서 보고서에 담아야 합니다.

(11) 기관의 노력이 달성되었다고 인정할 수 있는 직접적이고 구체적인 성과에 초점을 맞추어야 합니다. 특히 실행(Do) 단계에 제시되는 성과 내지 결과물은 구체적이어야 합니다. 구체적이어야 다음 단계에서 점검해 수정(Check)할 수 있고, 추가적인 자원배분도 모색(Action)할 수 있기 때문입니다.

(12) 점검(Check) 단계에서는 반드시 원인과 문제점이 제시되어야 합니다. 계획과 실행 간의 차이가 발생한 원인이 무엇인지를 명확히 제시할 수 있어야 합니다.

(13) (12)가 효과적으로 이루어지기 위해서는 점검의 내용을 계획과 실행에 제시된 내용에 맞추어야 합니다. 다만, 실행 단계에서 미리 예상할 수 없었던 돌발상황이 생긴 경우라면 예외입니다. 그 외에는 체계, 내용, 비교대상이 모두 일치해야 합니다. 극히 일부 기관의 예이지만, 점검 단계에 와서 삼천포로 빠지는 경우가 있습니다. 예를 들어, 계획 단계에서는 미국과 영국을 벤치마킹해 특정 사업의 개선 계획을 제시해 놓고, 점검 단계에서는 호주나 일본과 비교하는 식입니다. 이렇게 되면 계획과 실행 부분에서 좋은 인상을 심어주었던 게 모두 물거품이 됩니다. 평가위원 입장에서는 '내가 착각할 뻔했네. 모두 허구였어'라고 판단하게 됩니다.

(14) 환류(Action) 단계에서는 '누구를' 내지 '무엇을' 대상으로 피드백을 했는지가 명확히 제시되어야 합니다.

(15) 환류 단계에서는 학습과 공유, 개선 방안의 실행을 위해 '어떤 조치'가 이루어졌는지를 명확히 제시해야 합니다. 대부분의 기관이 페이지 분량 때문에 1페이지 내에서 관련된 내용을 기술합니다. 그래서 이 부분은 형식적인 경우가 많습니다. 이렇게 되면 마지막에 와서 좋은 인상을 유지하기 어렵게 됩니다.

(16) 전년도 지적사항 개선 실적을 소홀히 하지 말아야 합니다. 평가위원이 확인하는 것도 있지만, 총괄반과 기획재정부에서 평가위원들에게 전년도 지적사항 이행 여부를 확인하도록 요구하기 때문입니다. 지적사항이 옳고 그른지는 상관없습니다. 어떤 형태로든 답변을 하지 않으면 지적사항을 무시해 버린 게 되고, 올해 다시 지적을 받게 될 것입니다.

(17) 사업의 성과를 제시할 때 설문조사에만 의존하지 말아야 합니다. 우리 기관에서 100% 통제할 수 없는 지표라도 괜찮습니다. 우리가 수행하는 사업과의 관련성이 있다면, 해당 지표를 전략적으로 사용할 수 있습니다. 예컨대, '안전사고 교육의 성과'를 측정할 때 교육생을 대상으로 '만족도 조사결과'를 사용할 수도 있지만, 교육 후 수강생들의 '안전사고 비율 개선도'를 측정하면 사업이 의도한 본원적 목표를 측정할 수 있게 됩니다. 고민하시기 바랍니다. 고민하면 답이 나옵니다.

(18) 어느 부분이건 상관없이 단순 나열을 지양해야 합니다. 단어가 되었든, 문장이 되었든, 실적이 되었든 단순하게 나열하지 마시기 바랍니다.

지루한 강의, 끝까지 경청해 주셔서 감사합니다, 궁금하신 점 질의해 주시기 바랍니다.
시간이 충분하지 않다고 생각되시면 samuel@jcda.co.kr로 문의해 주시면 답변드리겠습니다.

Chapter 3

경영실적보고서의 효과적 작성

안녕하십니까? '경영실적보고서의 효과적 작성'이란 주제로 강의를 맡은 JCDA 파트너즈의 최은석입니다. 오늘 제가 진행할 강의는 2017년도 경영실적보고서 작성과 관련해 '누가', '어떻게', '무엇을' 쓸 것인가에 대한 내용입니다. 그리고 중간에 잠시 쉬어 가는 차원에서 그게 왜 마음대로 안 되는지를 살펴보도록 하겠습니다.

1. 누가 쓸 것인가?

먼저 '누가 쓸 것인가'의 문제입니다. '누가 쓸 것인가'의 문제는 보고서 작성을 위해 '전담을 어떻게 꾸릴 것인가'와 같은 의미입니다. 모든 인사가 마찬가지겠지만, 전담반을 구성할 때도 보고서 작성에 요구되는 역량을 갖춘 인재들이 필요합니다. 전담반에 참여하는 인력에게 요구되는 역량은 크게 네 가지입니다.

먼저 ① 보고서에 제시할 적절한 콘텐츠를 발굴하는 기술과 ② 평가위원의 관심사를 이해하는 능력이 요구됩니다. 이 두 가지는 컨설팅이나 자문을 통해 부분적으로 보완될 수도 있겠으나, 대체로 보고서 작성자의 지식에 전적으로 의존하게 됩니다. 물론 보고서 작성 과정에서 관리자들이 많이 살펴서 지도해 주시는 방안도 있지만, 보고서 작성자가 업무에 대한 기본지식과 경험이 없다면 보고서를 효과적으로 작성하는 게 사실상 불가능합니다.

전담반에 참여하는 인력에게 요구되는 다른 두 가지 역량은 ③ 개조식 보고서를 효과적으로 작성하는 능력과 ④ 보고서 작성에 필요한 기본 문장력입니다. 이 두 가지는 오늘 강의를 포함해 교육과 시행착오를 거치면서 단시간에 향상될 수 있는 역량입니다. 오늘 강의는 주로 이러한 역량 향상에 필요한 기술과 노하우에 관한 내용으로 구성되어 있습니다.

(1) 열정으로 불타게 하라

전담반에 어떤 직원을 참여시킬 것인가에 못지않게 전담반 직원에게 적절한 동기를 부여하는 것도 중요합니다. 저희 고객사인 K사는 과거에도 그랬고 지금도 우수한 평가 결과를 유지하고 있는 기관입니다. K사는 사업 여건의 변화로 전담반 참여 기간이 줄었습니다. 그럼에도 불구하고 몇 가지 방법을 동원해 이러한 제약조건을 완화시키고 있습니다.

먼저 전담반이 구성되면 전년도에 보고서 작성에 참여했던 직원을 소환해서 보고서 작성 과정에서 겪었던 경험과 주의사항, 일정계획 등에 대해 듣고 의견을 나누는 시간을 갖습니다. 그리고 순환보직이 많은 K사의 경우 전담반에 참여하는 직원들에게 희망하는 부서에 우선 배치를 해줍니다. K사의 직원들은 다른 어떤 인센티브보다 이 방법을 가장 좋게 생각합니다. K사의 특징 중 다른 한 가지는 경영진과 관리자들이 끊임없이 전담반 사무실을 찾는다는 점입니다. 전담반 사무실 탁자에 앉아서 직원들이 작성 중인 보고서를 보면서 수정도 해주고, 각 부서의 연락을 취해 데이터나 자료 지원을 요청해 줍니다. 전담반에 참여하는 직원들을 단순히 격려하는 게 아니라 도와주는 역할을 하시는 거죠. 경영진과 관리자들이 자주 찾아와 필요한 지원을 해주면 현업에서도 전담반 참여 직원들을 적극적으로 지원할 수밖에 없습니다. 이런 상황을 알기 때문에 경영진과 관리자들은 더 열심히 전담반을 찾아와 도와주는 방법을 택한 것입니다.

(2) 절대 이적移籍시키지 마라

반면에 저희 고객인 E사는 약간 접근방식이 다릅니다. 경영실적보고서 작성에 참여한 직원에게 인센티브를 주는 건 같습니다. E사는 전담반에 참여할 핵심인력에 대해 순환보직을 원천적으로 차단해 버립니다. 전문직위제 도입 전부터 실질적으로 전문직위를 운영한 셈입니다.

『공공기관 경영평가』라는 제 책에도 한 분이 등장하는데, 처음 과장 때 보고서 작성에 참여했다가 차장에서 부장으로 승진을 했는데도 계속 경영실적보고서 작성을 맡으셨던 분이 있습니다. 주무부처를 조르고 졸라서 파견을 나가면서 해방되셨는데, 7년 동안 보고서 작성을 담당했었습니다.

일부 기관에서 이런 형태로 우수인력이 보고서 작성에 계속 참여하도록 하는 방안을 강구하고 있습니다. 어느 부서에 배치되었든 돌아와 보고서를 작성하는 거죠. E사 역시 최근까지 계속 우수한 등급을 유지하고 있습니다.

(3) 매일 2시간 30분을 확보하라

K사나 E사처럼 여러분이 소속된 기관의 인사나 제도를 바꾸라고 말씀드리고 싶지는 않습니다. 기관마다 상황과 여건이 매우 다르기 때문입니다. 그러나 꼭 한 가지 말씀드리고 싶은 것은 사전에 경영진과 각 부서장에게 동의를 얻어 전담반에 참여한 인력이 경영실적 보고서 작성에 집중할 수 있는 시간을 제공하라는 것입니다. 스티븐 킹이 쓴『유혹하는 글쓰기』에는 영국의 작가 앤서니 트롤로프의 일화가 등장합니다. 트롤로프는 우체부였는데, 매일 아침 2시간 30분씩 글을 쓰고 출근을 했다고 합니다. 트롤로프가 1년이 넘게 걸려 장편소설을 완성한 어느 날 아침, 시계를 보니 30분이 남았답니다. 일어나 글을 쓰기 시작한 지 2시간 만에 소설을 완성했던 겁니다. 그런데 트롤로프는 30분 동안 새로운 소설을 썼답니다. 그가 훌륭한 작품을, 그것도 많이 남길 수 있었던 핵심성공요인은 생계를 위한 현업에 쫓기면서도 규칙적으로 글을 쓰는 데 집중한 것입니다. 저는 여러분이 소속된 기관이 K사나 E사처럼 하지는 않더라도 전담반에 참여하는 직원들에게 매일 2시간 30분을 보장해 주는 조치를 취해 주셨으면 합니다. 현업에 쫓기다 보면 결국 보고서 작성이 제대로 이루어지기 어렵습니다. 기관장들에게 이 말씀 꼭 전해 주셔서 성공하시기 바랍니다.

2. 어떻게 쓰는가?

두 번째 검토할 주제는 '어떻게 쓰는가'입니다. 저는 항상 고객들에게 아래와 같은 네 가지를 강조해 말씀드렸습니다.

○ **문장을 간결하게 작성하라.**
○ **문장을 읽기 쉽게 작성하라.**
○ **문장을 적절한 어휘로 구성하라.**
○ **문장을 읽는 독자를 고려하라.**

그런데 이 요구가 쉬운 것 같은데도 어렵습니다. 하나씩 설명드리겠습니다.

(1) 간결한 문장

간결한 문장을 작성하기 위해 제가 추천하는 방법은 다섯 가지입니다.

○ **한 문장에는 한 가지 내용만 적어라.**
○ **장황하게 늘어놓지 마라.**
○ **중복되는 내용을 없애라.**
○ **수식어를 절제하라.**
○ **논리적으로 작성하라.**

제가 말씀드린 다섯 가지는 어느 정도 경영실적보고서 작성에 익숙한 직원들은 거의 실수하지 않는 부분입니다. 대체로 전담반 참여 직원이 대규모로 변동한 경우 실수가 많아지는 부분입니다. 먼저, '한 문장에 한 가지 내용만 적어라'와 관련된 사례를 살펴보겠습니다.

나. 조직과 제도 개선으로 윤리경영 이행 인프라 구축

□ 윤리비전의 경영전략화를 위한 추진조직 정비

추진배경	추진조직 정비	기대효과
• 운영지원실에서 윤리경영 총괄, 공단 사업전반에 윤리 비전을 제시·통제하는 기능적 한계	• 윤리경영 총괄과 실행 분리 → 총괄(경영기획실), 실행(운영지원실)	• 新 비전·전략체계에 윤리경영 핵심가치 반영, 공단사업에 윤리경영 내재화 기반 마련
• 청렴도평가의 지속적 하락에 따른 청렴업무 역량집중 요구	• 감사실 청렴감찰팀(4명)을 전담조직으로 신설	• 대내외 청렴도 향상을 위한 종합적인 대책으로 실효성 제고

○ 윤리경영에 관한 사항을 공단 미션 달성을 위한 12개 전략과제 중 하나로 반영하여 新 비전·전략체계를 재수립 선포('16.7.28)하고 공단 중·장기 전략 개발 중

□ 윤리기준 제·개정으로 제도적 실행력 강화

○ 「청탁금지법」 관련 행동강령 개정('16.3.29, 10.12), 감사헌장 제정('16.12.12) 등 제도 개선
  - 금품 등 수수금지·외부강의 신고제도 조항 등 개정, 감사의 독립성 및 객관성 강화

[그림 3-62] 2016년도 경영실적보고서 작성사례 1
자료원: 한국산업안전보건공단(2017.3.), 2016년도 경영실적보고서(본보고서)

[그림 3-62]에는 2016년도 보고서 작성사례가 제시되어 있습니다. 점선으로 표시된 부분의 내용을 한 번 읽어 보시기 바랍니다. '윤리경영에 관한 사항을 공단 미션 달성을 위한 12개 전략과제 중 하나로 반영하여 新 비전·전략체계를 재수립 선포하고 공단 중·장기 전략 개발 중' 숨이 차시죠. 읽어 봤을 때 숨이 차면 잘못 작성된 문장입니다. 어떻게 수정하면 좋을까요? 먼저 문장을 분해해 볼 필요가 있습니다. 또 여러분도 계속 자신이 소속된 기관의 보고서를 분해해 간략히 작성하는 방법을 익히셔야 합니다. 사례에는 1) 윤리경영이 전략과제로 반영되었고, 2) 비전 및 전략체계를 재정립했고, 3) 공단이 중장기 전략을 개발하고 있다는 내용이 제시되어 있습니다. 경영평가는 기관 간 비교와 전년 대비 개선도를 중심으로 평가가 진행됩니다. 따라서 공단이 중장기 전략을 개발하고 있다는 내용은 오히려 마이너스 요소입니다. 비전 및 전략체계를 재정비한 일은 힘이 드는 일이었겠지만, 윤리경영에 제시된 평가착안사항과 관련이 없습니다. 가점 요소가 전혀 없다는 이야기입니다. 따라서 이 문장에서는 윤리경영이 기관의 전략과제로 반영된 사실만 기록해도 무방합니다. 물론 그게 중요한 성과인가는 별개의 문제입니다.

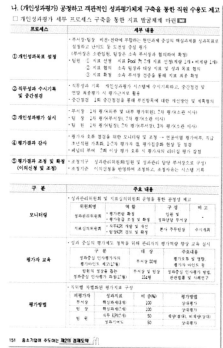

[그림 3-63] 2016년도 경영실적보고서 작성사례 2

자료원: 한국수력원자력(주)(2017.3.), 2016년도 경영실적보고서(본보고서);
중소기업진흥공단(2017.3.), 2016년도 경영실적보고서(본보고서)

두 번째는 '장황하게 늘어놓지 말라'와 관련된 사례입니다. 장황하게 늘어져 있는 보고서는 두 가지 형태로 나뉩니다. 하나는 문장을 간략하게 작성하지 못해 발생하는 경우이고, 다른 하나는 [그림 3-63]에서 보시는 바와 같이 표를 사용해 엄청나게 많은 내용을 한꺼번에 제시하는 경우입니다. 두 가지 모두 평가위원들을 짜증나게 하지만, 후자의 경우는 거의 고문에 가깝습니다. 이렇게 되면 평가위원들이 보고서를 제대로 읽지 못하게 됩니다. 저희 고객사인 K사에서도 과거에는 문장을 의도적으로 장황하게 늘리거나, [그림 3-63]에 제시된 것처럼 내용이 꽉 차 있는 표를 많이 사용했습니다. 평가위원에게 지적을 받기 싫어서 보고서를 의도적으로 장황하게 작성했다고 합니다. 그런데 여러분이 생각하셔야 할 중요한 포인트가 있습니다. 평가위원은 소비자와 같다는 점입니다. 여러분이 제공하시는 서비스나 제품을 소비자가 외면하면 어떻게 되겠습니까? 맞습니다. 망하는 거죠. 뒤에서 계속 설명드리겠지만, 제가 강조하는 가장 중요한 포인트는 평가위원 입장에서 보고서를 작성해야 한다는 것입니다. 또한 평가위원들은 장황하게 부풀린 보고서에는 뭔가를 감추려는 의도가 담겨져 있다고 생각합니다. 너무 많은 내용을 담으면 실수를 하게 되는데, 일부 편집증에 가까운 평가위원에게 걸리면 줄초상이 나기 마련입니다. 그래서 장황하게 늘어놓지 말라고 말씀드리는 것입니다.

표를 작성하는 한 가지 팁을 드리겠습니다. 표는 사실의 나열이 아니라 시간의 흐름과 전·후 간 변화를 설명할 때 가장 유용합니다. 이미 거의 모든 기관이 보고서를 그렇게 작성하고 있습니다. 좌측에는 2016년도 실적과 제도, 우측에는 2017년도에 달라진 실적과 제도를 제시하는 방식입니다. 이런 형태의 표는 평가위원들이 대부분 눈여겨보게 됩니다. 평가위원들은 전년도에 비해 달라진 사항을 찾아서 지적을 해야 하는데, 이런 표들이 평가위원의 고민을 해결해 주기 때문입니다.

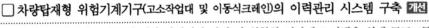

□ **차량탑재형 위험기계기구**(고소작업대 및 이동식크레인)의 **이력관리 시스템 구축** [개선]

○ 위험기계기구의 소유주에 대한 안전검사 안내 및 원활한 검사제도 시행을 위해 국토교통부 자동차등록정보 시스템과의 연계를 통한 차량탑재형 위험기계기구 이력관리 시스템 구축

○ 민간 검사기관 및 차량 소유주가 위험기계기구 이력관리 시스템에 접근하여 정보를 공유하고 안전검사 주기도래 안내·신청·접수·결과통보 등 One-stop 서비스 제공

- **차량탑재형 위험기계기구 현황**(45,499대)* 및 검사이력 등 정보공유로 안전검사 누락 방지·제도권내로 유입
  - 이동식크레인(22,399대), 고소작업대(13,942대), 이삿짐 운반용리프트(9,158대)

종 전 ('15년)	개 선 ('16년)
• 차량탑재형 위험기계기구 정보 파악불가 • 안전검사 대상품 및 변동현황 관리 시스템 부재	• 차량탑재형 위험기계기구 **정보 확보** • 매매 등 **변동현황 실시간 확인** • 안전검사 **신청·주기도래 안내**

[그림 3-64] 2016년도 경영실적보고서 작성사례 3

자료원: 한국산업안전보건공단(2017.3.), 2016년도 경영실적보고서(본보고서)

세 번째는 '중복되는 내용을 없애라'와 관련된 사례입니다. [그림 3-64]에 제시된 내용을 살펴보시기 바랍니다. 네모로 이루어진 헤드라인 부분, 동그라미로 구성된 첫 번째와 두 번째 단락, 그리고 아래 제시된 표에 이르기까지 실질적인 개선 내지 변화보다는 '이력관리시스템 구축'이라는 사실만 계속해 중복 나열되고 있습니다. 평가위원들은 특정한 시스템이나 제도가 도입된 것만으로 전년도와 달라진 성과가 창출되었다고 생각하지는 않습니다.

구체적 수치나 상황의 변화가 설명되지 않으면 개선된 성과로 인정하기 어렵습니다. 그리고 한 가지 기억해 주셔야 할 사항이 있는데, 여러분이 작성하시는 보고서는 개조식 보고서라는 점입니다. 개조식은 보고서를 하향식(Top-down)으로 전개해 작성하는 게 일반적입니다. 즉, 네모(사람) 밑에 동그라미(남자와 여자)는 네모를 설명하는 내용으로 구성되어야 합니다. 서로 다른 이야기를 하거나, 같은 이야기를 반복하는 것은 개조식 보고서 작성원칙에 위배됩니다.

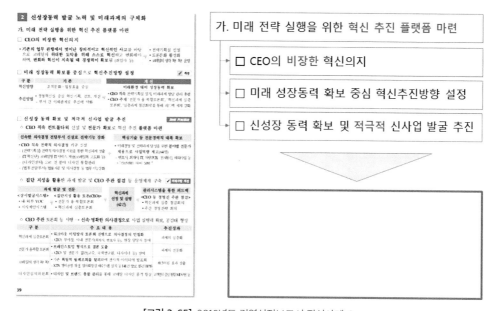

[그림 3-65] 2016년도 경영실적보고서 작성사례 4

자료원: 한국철도공사(2017.3.), 2016년도 경영실적보고서(본보고서)

네 번째는 '수식어를 절제하라'와 관련된 사례입니다. 장사를 하시는 분들이 가장 많이 하는 상투어가 '밑지고 판다'라는 말이죠. 이런 이야기를 들으면 물건을 사는 사람 입장에서 짜증이 납니다. 평가위원들도 마찬가지입니다. 상투적인 수식어를 붙이면 짜증이 나기 시작하고, 보고서에 제시된 내용을 삐딱하게 보게 됩니다.

[그림 3-65]도 형용사나 부사를 많이 쓰지는 않았지만, 눈에 거슬리는 표현들을 사용했습니다. 앞에서 개조식 보고서는 하향식 전개로 구성된다고 말씀드렸습니다. [그림 3-65]에 제시된 보고서는 혁신 추진 플랫폼 마련의 하부요소가 'CEO의 비장한 의지', '혁신추진방향

설정', '신사업발굴'입니다. 어떤 생각이 드십니까? 맞습니다. 보고서를 이렇게 작성하면 망한 겁니다. 상사가 이런 보고서를 여러분에게 주었다고 생각해 보시기 바랍니다. 여러분은 이 한 페이지를 어떻게 재구성하시겠습니다. 짜증나는 수식어를 버리고, 평가위원들에게 논리적으로 접근하기 위한 방법을 중심으로 생각해 주시기 바랍니다.

개조식 보고서는 앞에 말씀드린 것처럼 합에 해당되는 부분이 나오고, 세부항목을 전개하는 방식으로 구성됩니다. 여기에 한 가지 유형을 더할 수 있는데 시간적 순서에 따라 구성하는 방식입니다. 만약 제가 이런 상황에 놓인 경우라면 보고서의 구조를 크게 4단계로 나누어 볼 것 같습니다. 시간적 순서에 따라 문제인식, 공감형성, 과제발굴, 그리고 사업화의 4단계로 내용을 구분해 재구성하는 것입니다. 평가위원들의 선호에 맞추어 핵심만 제시하면 이렇습니다.

○ (문제인식) SRT 도입과 코레일에 대한 변화 요구가 증대하는 상황
○ (공감형성) CEO 주도로 전 직원이 위기상황 공유
○ (과제발굴) 전 직원이 미래 먹거리에 대해 함께 고민해 신성장동력을 발굴
○ (사업화) 2017년에 프로젝트 X를 추진, 이사회 승인으로 2018년부터 본격화

어렵습니까? 전혀 그렇지 않습니다. 다만, 연습이 약간 필요할 뿐입니다. 평가위원들은 어떤 수식어를 사용했느냐보다는 어떤 프레임워크를 가지고 접근했느냐를 더 중요하게 생각합니다. 4단계로 실적으로 구분해 설명하면서 괄호 4개를 사용했는데 이런 게 프레임워크가 됩니다. 보고서를 잘 쓰는 기관과 그렇지 못한 기관을 보면 이런 프레임워크를 사용하는 수준에서 큰 차이가 나타납니다.

다섯 번째는 '논리적으로 작성하라'와 관련된 사례입니다. 시간적 순서와 함께 보고서를 구성하면 보고서에 생동감이 살아납니다. 스토리텔링이 가능한 보고서가 됩니다. 하지만, 공공기관의 업무 특성상 전년도와 차이가 날 정도의 변화 스토리가 있는 경우가 많지 않습니다. 그래서 논리적 구성을 감안해 보고서를 작성하는 게 중요합니다. 앞에서 설명드렸던 바와 같이 하향식 전개방식을 따르되 중복과 누락이 없도록 구성해야 합니다. 저희 컨설턴

트들은 이것을 'MECE'라고 부릅니다. 실적을 구성하는 세부항목이 모든 성과를 설명할 수 있어야 하고, 같은 레벨에 제시된 성과 간에는 중복이 없어야 한다는 뜻입니다. 보고서 작성 시 MECE한 기준을 유지하기 위해 컨설턴트들은 학자들이 만들어 둔 프레임워크를 활용합니다. 3C분석이니 7S 분석이니 하는 것들이 그런 전형적인 사례들입니다. 그러나 각 기관이 수행하는 사업으로 내려가면 그런 프레임워크를 적용하기 어려운 경우가 많습니다. 그럴 경우 사용할 수 있는 게 '가치사슬'입니다. 어렵게 생각할 필요가 전혀 없습니다. 가치사슬의 기본은 여러분이 수행하는 업무 프로세스입니다. 어떻게 일을 시작해 결과를 만들어 가는지를 생각하시면 됩니다.

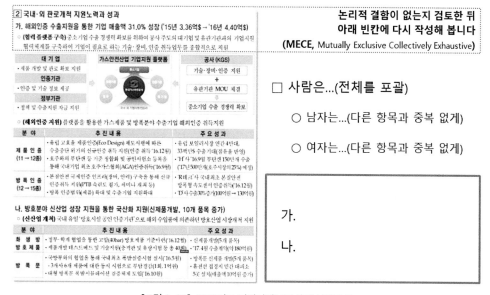

[그림 3-66] 2016년도 경영실적보고서 작성사례 5

자료원: 한국가스안전공사(2017.3.), 2016년도 경영실적보고서(본보고서)

[그림 3-66]에 제시된 사례를 보면 가장 위에 제시된 헤드라인은 '국내외 판로개척 지원 노력과 성과'인데, '가'와 '나' 항목에 해외인증지원과 방호산업 분야 신제품개발 지원을 성과로 제시했습니다. 인증지원과 신제품개발은 판로개척과 다릅니다. 헤드라인과 상관없는 내용으로 보고서를 작성한 셈입니다. 본인이 중소기업의 해외 판로개척 업무를 수행하는 직원이라고 가정해 보시기 바랍니다. 이 헤드라인을 유지하면서 실적을 제시한다면 어떤 내용이 포함되어야 하겠습니까?

제가 해외 판로개척을 지원하는 직원이라면 다음과 같이 업무를 처리할 것 같습니다. 먼저 제가 지원할 고객이 생산하는 제품이 어느 시장에서 판매 가능한지를 탐색할 것 같습니다. 그리고 구매 의향을 지닌 바이어와 지원대상 중소기업이 만날 수 있는 자리를 마련할 것 같습니다. 그리고 계약을 지원하고, 통관을 포함해 물류지원을 제공할 것 같습니다. 그렇다면 괄호에 해당하는 부분에는 (바이어 발굴), (상담 지원), (계약 및 물류 지원) 등의 형태로 구분해 실적을 제시해야 합니다.

논리적으로 보고서를 구성하는 게 생각처럼 쉽지는 않습니다. 그러나 [그림 3-67]에 제시된 바와 같이 논리적으로 작성된 보고서와 그렇지 않은 보고서는 처음 보는 순간부터 느낌이 다릅니다.

[그림 3-67] 2016년도 경영실적보고서 작성사례 6

자료원: 한국남동발전(주)(2017.3.), 2016년도 경영실적보고서(본보고서);
건강보험심사평가원(2017.3.), 2016년도 경영실적보고서(본보고서)

좌측의 보고서는 처음 보는 순간부터 프레임워크가 명확히 제시되어 보고서가 논리적으로 보입니다. 반면에 우측의 보고서는 처음 보는 순간 가슴이 콱 막히는 느낌을 받습니다.

'국가 환자안전 관리', '보건안보', '중환자 치료' 등 다른 기관에서 찾기 어려운 '센' 단어들이 나오는데, 각 단어가 주는 어감에 상관없이 전혀 연계되어 있는 느낌을 줄 수 없습니다. 헤드라인에 '국가 환자안전 관리 체계 강화'를 제시했는데, 환자 안전관리 체계와 관련된 타이틀이 네모 부분에 언급되지 않기 때문입니다.

저는 고객들에게 좌측에 있는 보고서와 같이 프레임워크를 제시하라고 조언을 드리면서, 괄호 안에 제시되는 내용이 보고서의 내비게이션(길도우미)을 달아 주는 작업이라고 설명합니다. 여러분 보고서에 친절한 내비게이션을 달아 평가위원들에게 호감을 제공해 주시기 바랍니다.

(2) 읽기 쉬운 문장

'읽기 쉬운 문장'을 작성하는 방법으로 아래와 같은 네 가지를 말씀드리려고 합니다.

○ **소리 내어 읽어라.**
○ **주어와 서술어를 일치시켜라.**
○ **대등성을 살려라.**
○ **단어를 효율적으로 배치하라.**

이 중에서 '소리 내어 읽어라'는 모든 글을 쓰는 사람이 공통적으로 가져야 할 자세인데, 경영실적보고서 작성 시에는 거의 지켜지지 않는 방법입니다. 글을 쓰는 것과 눈으로 보는 것은 다릅니다. 그리고 눈으로 보는 것과 소리 내어 읽으면서 귀로 듣는 것 사이에는 더 큰 차이가 있습니다. 좋은 문장이 되려면 키보드를 두드리는 손, 생각하는 머리, 바라보는 눈 이외에도 여러분의 입과 귀를 같이 사용하는 게 좋습니다. 더 많은 감각기관을 동원할수록 더 향상된 능력으로 보고서를 작성할 수 있게 됩니다. 평가위원의 입장이 되어 보는 간접경험을 하기 때문입니다. 보고서를 작성하면서 눈으로 볼 때는 보고서 작성자의 시각에서 벗어나기 어렵습니다. 반면에 소리 내어 읽게 되면 평가위원과 같은 제3자적 입장에 가깝게 됩니다. 읽었을 때 막힘이 없고, 스스로 위안이 되는 보고서를 작성하시면 평가위원에게도 효과적으로 전달할 수 있습니다.

□ **차량탑재형 위험기계기구**(고소작업대 및 이동식크레인)**의 이력관리 시스템 구축** `개선`

○ 위험기계기구의 소유주에 대한 안전검사 안내 및 원활한 검사제도 시행을 위해 국토교통부 자동차등록정보 시스템과의 연계를 통한 차량탑재형 위험기계기구 이력관리 시스템 구축

○ 민간 검사기관 및 차량 소유주가 위험기계기구 이력관리 시스템에 접근하여 정보를 공유하고 안전검사 주기도래 안내·신청·접수·결과통보 등 One-stop 서비스 제공

• **차량탑재형 위험기계기구 현황**(45,499대)* 및 검사이력 등 정보공유로 안전검사 누락 방지·제도권내로 유입
  • 이동식크레인(22,399대), 고소작업대(13,942대), 이삿짐 운반용리프트(9,158대)

종 전 ('15년)	개 선 ('16년)
• 차량탑재형 위험기계기구 정보 파악불가 • 안전검사 대상품 및 변동현황 관리 시스템 부재	• 차량탑재형 위험기계기구 **정보 확보** • 매매 등 **변동현황 실시간 확인** • 안전검사 **신청·주기도래 안내**

[그림 3-68] 2016년도 경영실적보고서 작성사례 7

자료원: 한국산업안전보건공단(2017.3.), 2016년도 경영실적보고서(본보고서)

[그림 3-68]은 '주어와 서술어를 일치시켜라'와 관련된 사례입니다. 제시된 내용 중 두 번째 동그라미로 시작되는 부분을 같이 살펴보겠습니다. '민간 검사기관 및 차량 소유주가 위험기계기구 이력관리 시스템에 접근하여 정보를 공유하고 안전검사 주기도래 안내·신청·접수·결과 통보 등 One-stop 서비스 제공'이라고 실적이 제시되어 있습니다. 소리 내어 읽어 보시기 바랍니다. 숨이 차시죠. 앞에서 설명드렸습니다. '읽을 때 숨이 차는 문장은 잘못 작성된 것이다'라고 말입니다. 이 문장은 길어서 생기는 그 문제 말고도 치명적인 결함을 갖고 있습니다. 주어와 서술어가 혼란스럽다는 것입니다. 맨 뒤에 제시된 서술어는 'One-stop 서비스 제공'인데 서비스를 제공하는 당사자가 문장에 없습니다. 문장에서 사용된 주어는, 문장의 실제 의도를 감안할 때 목적어 내지 보어가 되어야 하는, '민간 검사기관 및 차량 소유주'입니다. 무슨 말인지는 알겠는데 평가위원 입장에서는 감흥을 잃을 수밖에 없습니다. 같이 한 번 고쳐 보시겠습니까?

○ (공단이) **원스톱 서비스로 민간 검사기관 및 차량 소유주의 불편 해소**(좋은 예)

○ (공단이) **원스톱 서비스로 서비스 대기시간이 15% 단축**(더 좋은 예)

평가위원 입장에서는 결과를 알고 싶어 합니다. 더 많은 고객에게 서비스를 제공한 것도 좋은 성과로 보이겠지만, 시스템 구축이나 프로세스 효율화를 추진한 뒤에는 대기시간 단축 등 고객의 입장에서 봤을 때 드러나는 성과를 부각시키는 것이 더 좋습니다.

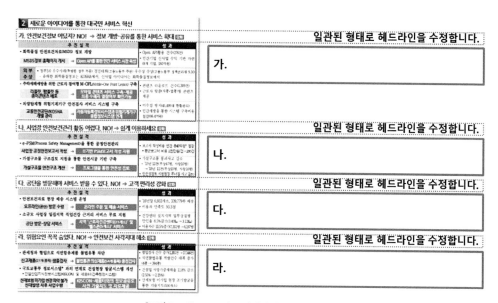

[그림 3-69] 2016년도 경영실적보고서 작성사례 8

자료원: 한국산업안전보건공단(2017.3.), 2016년도 경영실적보고서(본보고서)

세 번째는 '대등성을 살려라'와 관련된 사례입니다. 여기서 제가 말씀드리고자 하는 대등성은 문장의 구조와 표현방식을 의미합니다. 적게는 5명에서 많게는 50명에 이르는 직원들이 전담반에서 보고서를 작성합니다. 그러다 보니 보고서에 사용되는 문장의 구조나 표현방식이 일관성을 갖기 어렵습니다. 대부분의 기관에서는 경영평가 대응을 총괄하는 팀에서 이러한 문제를 해결하기 위해 노력합니다. 전담반에 참여하는 직원들도 각자 자신이 작성하는 보고서 내에서 대등성을 유지하기 위해 노력해야 합니다.

[그림 3-69]는 딱딱한 보고서의 내용을 슬로건 형태로 재미있게 표현했습니다. 그런데 말씀드린 대등성이 깨졌습니다. 어떤 문제가 생길까요? 평가위원들이 싫어하는 보고서는 앞뒤에 맞지 않아 신뢰성을 상실한 보고서입니다. 신뢰성을 상실한 보고서보다 더 싫어하는 보고서는 성의가 없어 보이는 보고서입니다. [그림 3-69]에 제시된 사례도 그런 유형에 속합니다. 보고서를 장난처럼 작성하거나, 너무 내용이 없어 벙벙한 보고서를 보면 평가위원들

은 일단 짜증이 나기 시작합니다. 개조식으로 보고서를 작성하면 누구나 감동할 스토리를 전달하는 게 사실상 불가능합니다. 그러나 개조식 보고서로 누군가를 짜증나게 만들 수는 있습니다. 그런 최악의 상황에 빠지기 않기 위해서 매 페이지마다 적절한 대등성을 살리기 위해 노력을 기울여야 합니다. 일관된 형태로 헤드라인을 재작성해 보시기 바랍니다.

네 번째는 '단어를 효율적으로 배치하라'는 것입니다. 보고서 각 페이지의 가장 첫 줄은 평가위원이 해당 페이지를 읽고 싶게 만드는 키워드가 있어야 합니다. 평가위원들은 경영평가의 특성상 효율성, 생산성, 수익성, 고객만족도, 부가가치 등 성과와 관련된 내용이 명확히 제시되기를 기대합니다. 특히 전기에 비해 성과가 얼마나 개선되었는지를 알고 싶어 합니다. 그 다음에 그걸 어떻게 달성했는지를 알고 싶어 합니다.

나. 감정노동자 건강보호 지원 강화 강화

○ 소비자교육지원센터 등 민간단체 협력을 통한 **교육 및 캠페인 확대**

교육 및 상담지원	소비자캠페인	우수사례 발굴 및 확산
· 감정노동서포터즈단 구성·컨설팅 시범지원(65개소) · 감정노동교육(237회/10,338명) · 심리상담(49,081명)	· 소비자단체 등과 MOU 체결 ('15년 20개 → '16년 25개 기관) · 전국캠페인(28회)을 통한 소비자 인식개선	· 감정노동 보호 우수사업장 발굴(20개소) · 우수사례발표대회('16.11.18) 개최를 통한 사례 확산

○ 대국민 인식개선을 위해 한국방송광고공사와 협업하여 감정노동을 **공익광고 주제로 선정·방송*, 감정노동 문제를 사회적 해결과제**로 **공론화**('16.1월-3월, 2,271회)

* 광고내용 : 신(新)놀부전(30초), KBS·MBC·SBS 등 지상파 TV 공익광고 → **약 40억원 예산 절감 효과**

○ 고객응대 근로자용 가이드라인(4종), OPS(4종) 개발·보급 및 제도개선 연구 확대

* 가이드라인 : 호텔, 보육, 배달, 자살예방 / OPS : 패스트푸드원, 금융사무원, 아파트경비, 톨게이트수납원

** '고객응대 건강장해예방 제도개선' 연구 등을 통한 제도개선(업무상질병인정기준 확대, '16.3월)

*** '직장인 정신건강증진방안' 등 포괄적 정신건강 기초연구 지속 확대('16년, 4건)

○ 고객응대 근로자(업무의 1/2 이상) 개념을 도입하여 감정노동 건강보호 대상 명확화

- '고객응대 근로자 건강보호 컨설팅' 신 사업 개발 및 추진('17년, 3.9억 1,000개소)

☞ 기획재정부 선정 **"2017년 이색사업 50선(選)" 선정**

[그림 3-70] 2016년도 경영실적보고서 작성사례 9

자료원: 한국산업안전보건공단(2017.3.), 2016년도 경영실적보고서(본보고서)

[그림 3-70]에 제시된 사례를 살펴보시기 바랍니다. 가장 위에 제시되어 있는 헤드라인은 '감정노동자 건강보호 지원 강화'입니다. 그야말로 밋밋합니다. 보고서 내에서는 필요한 내용이 모두 담겨 있습니다. 여러분도 같이 수정해 보시기 바랍니다. 제가 만약 보고서를 수정한다고 했을 때 이 정도면 어떨까 생각해 보았습니다.

나. 감정노동자 건강보호 사업 기재부 이색사업 50선 선정

○ (위기 인식) 선제적 지원을 통해 위기에 있는 근로자를 보호할 필요성 증대

○ (공론화) 감정노동 문제를 사회적 해결과제로 공론화

○ (개선 모색) 감정노동자를 위한 제도 개선안 발굴 및 확산

○ (사업화) 감정노동자 건강보호 컨설팅을 신사업으로 발굴

사례를 한 가지 더 살펴보겠습니다. [그림 3-71]에 4개 메시지를 골라서 번호를 붙였습니다. 1번에서 4번까지 제시된 항목 중에서 어떤 메시지가 가장 성과가 좋아 보입니까?

제시된 사례는 대체로 다 좋은 성과입니다. 하지만 메시지를 구성할 때 단어들을 조금만 더 잘 배치했으면 좋았겠다는 생각이 듭니다. 저는 고객들에게 헤드라인이나 헤드라인 바로 아래에 해당되는 메시지에는 꼭 수치를 넣으라고 말씀드립니다. [그림 3-71]에 제시된 4개 메시지를 수치를 사용해 바꿔 보시기 바랍니다.

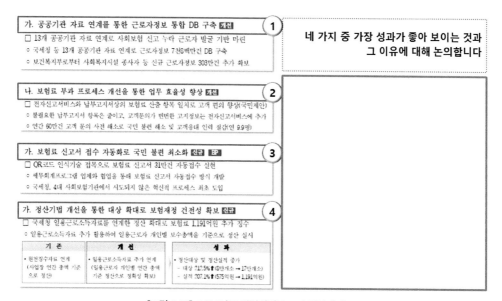

[그림 3-71] 2016년도 경영실적보고서 작성사례 10

자료원: 근로복지공단(2017.3.), 2016년도 경영실적보고서(본보고서)

1번. 통합 근로자 DB 구축으로 13개 유관기관 간 협업 촉진과 업무 효율화

2번. 보험료 부과 프로세스 개선으로 연간 60만 건의 고객문의 사전 해소

3번. 연 31만 건의 신고서 접수 자동화로 고객 불편 해소

4번. 정산기법 개선으로 보험료 1,191억 원 추가 징수

여기서 주의할 점은 강조하고 싶은 성과를 문장 뒤로 배치하라는 것입니다. 2번에서 4번까지는 그런대로 괜찮습니다. 강조하고 싶은 성과가 뒤에 나오기 때문입니다. 다만, 수치를 같이 제시했으면 좋았을 것입니다. 반면에 1번은 성과의 범위를 좁혔습니다. 말하고 싶은 성과가 DB를 구축한 것은 아니었다고 생각합니다. 경영실적보고서는 전산담당자의 성과가 아니라 기관 전체의 성과를 담아야 하기 때문입니다. 순서만 바꿔 볼까요?

'근로자정보 통합 DB 구축으로 공공기관 자료를 연계'라고 고치면 DB를 구축한 목적이 공공기관 자료의 연계에 있다는 점이 강조됩니다. 처음보다 성과가 더 잘 보입니다. 단어를 어떻게 배치하느냐는 평가위원을 설득하는 데 매우 중요한 역할을 합니다. 평가위원들은 매우 많은 보고서를 단시간에 읽어야 하기 때문에 보고서에 제시된 헤드라인과 메시지들을 읽으면서 쉽게 판단해 버립니다. 문장을 읽고 직관적으로 '좋은 성과'와 '나쁜 성과'를 구분합니다. 그래서 보고서의 헤드라인과 메시지에 성과가 잘 보이도록 작성해야 합니다.

(3) 단어 사용 시 유의점

다음은 단어 사용 시 유의할 점입니다. 앞에 내용과 일부 중복되는 측면도 있습니다. 단어 사용과 관련해 제가 말씀드리고 싶은 것은 다음의 다섯 가지입니다.

○ 전문용어 내지 약어 사용에 주의해라.

○ 단어를 일관되게 쓰라.

○ 명사를 지나치게 나열하지 마라.

○ 정확한 단어를 쓰라.

○ 아무 숫자나 사용하지 마라.

우선, 전문용어 내지 약어 사용에 주의하라는 것입니다. 평가위원들은 전공 분야가 다양합니다. 따라서 여러분이 속한 기관의 업무를 A에서 Z까지 다 알고 있는 경우는 발생하기 어렵습니다. 따라서 전문용어나 약어는 가급적 사용하지 않는 게 좋습니다. 부득이하게 사용할 경우는 동일 페이지 내에 반드시 해당 내용을 설명해야 합니다.

누가 보더라도 [그림 3-72]에 제시된 'SSO-FM'이라는 단어가 마음에 걸립니다. 보고서를 작성한 사람 빼고는 말입니다.

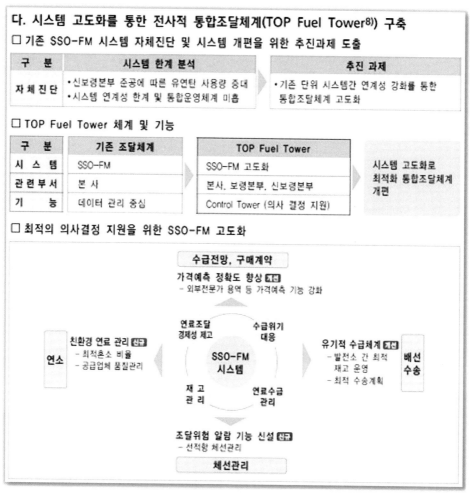

[그림 3-72] 2016년도 경영실적보고서 작성사례 11
자료원: 한국중부발전(주)(2017.3.), 2016년도 경영실적보고서(본보고서)

헤드라인에 제시되어 있는 전사적 통합조달체계 뒤에 제시된 괄호 안의 내용도 걸립니다. 저는 개인적으로 'TOP Fuel Tower'라는 말이 무슨 말인지 모르겠습니다. 전사적 통합조달체계가 아니라 다른 말인 것 같습니다. 페이지 내에 어떤 설명도 없기 때문에 사실 관계를 확인할 수 없습니다. 일단 평가위원이라면 기분이 안 좋습니다. 그리고 추가요청자료에 적습니다. '근거자료를 보완해 제출하라'고 말입니다.

둘째, 단어를 일관되게 쓰라는 것입니다. [그림 3-73]을 보시면 '직원 Needs'와 '직원니즈'가 같은 페이지 내에 제시되어 있습니다. 또 경영현안을 '타결'하기도 하고 '해결'하기도 합니다. 같은 보고서 내에서 다른 내용이나 표현이 나오면 읽는 사람, 즉 평가위원이 불편해집니다.

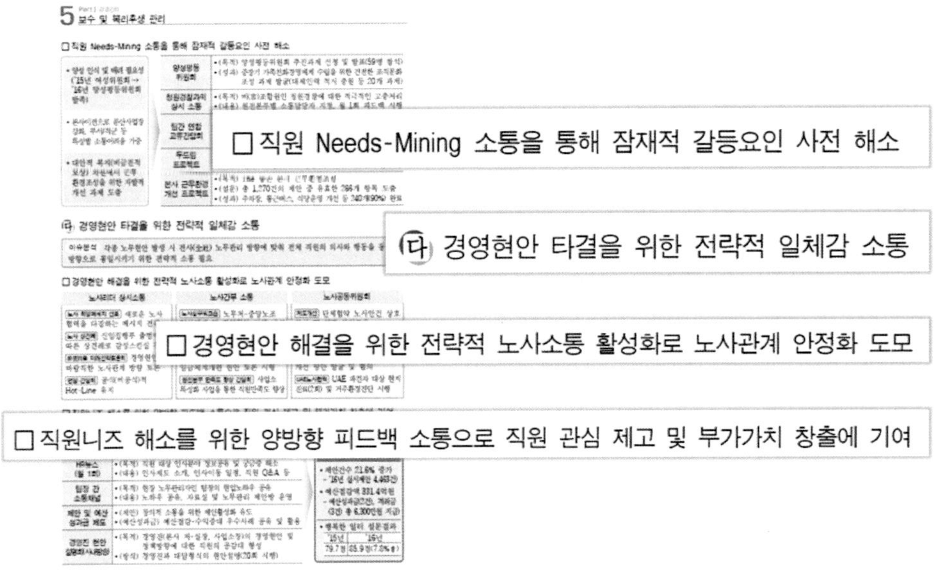

[그림 3-73] 2016년도 경영실적보고서 작성사례 12
자료원: 한국수력원자력(주)(2017.3.), 2016년도 경영실적보고서(본보고서)

앞에서 설명드렸던 K사는 전담반 사무실 벽에 보고서 작성자들이 따라야 할 공통표기 방법을 적어 놓습니다. 단어는 물론이고, 화폐의 단위와 표시형식 등이 통일될 수 있도록 사전에 보고서 작성자들에게 교육을 실시하기도 합니다.

셋째, 명사를 지나치게 나열하지 말라는 것입니다. [그림 3-74]에 제시된 헤드라인을 살펴보시기 바랍니다. 명사가 계속 이어지고는 있는데, 누가 봐도 불필요한 단어들이 많아 보입니다. 최대한 줄여서 문장을 완성해 보시기 바랍니다. 제가 강의할 때 [그림 3-74]에 제시된 사례를 주로 사용하는데, 강의를 들었던 고객들은 대부분 11자까지 줄이는 데 성공하셨습니다.

나. 부탄캔 가스안전기술 해외 전파에 따른 국내 제품 해외수출 장벽 제거 신규

- ○ (추진배경) 호주 내 약 90%의 점유율을 차지하고 있는 부탄캔 및 이동식부탄연소기 사고증가로 소비자 안전확보가 필요
- - 부탄캔 사고 지속 시 호주정부에서 자국 내 한국 제품 유통금지 가능성 시사
- ○ (추진내용) 국내업체 보유 안전장치 신기술을 호주 가스안전 정책에 반영하도록 선제적 대응
- - AGA초청 산업포럼에 참가하여 한국의 안전기준 및 가스제품 우수성 소개

추진 실적	추진 성과
• 한국 이동식부탄연소기 및 부탄캔 안전관리 추진사항 발표 - 사고감소를 위한 제도개선 및 국내기준 현황 소개 • 국내 부탄캔 제조업체의 안전장치(스프링, CRV타입 등) 및 이동식부탄연소기 제품 안전성 홍보	• 국내 부탄캔 가스안전기술 호주 가스안전기준에 반영 • 국내 기업의 호주수출 기술장벽을 제거, 지속적인 해외 시장확보가 용이

[그림 3-74] 2014년도 경영실적보고서 작성사례

자료원: 한국가스안전공사(2015.3.), 2014년도 경영실적보고서(본보고서)

'부탄캔 가스안전기술'은 하단에 관련 내용이 계속 중복해 나오기 때문에 '기술'로 줄일 수 있습니다. 수출과 관련된 지원을 했으니까 '해외'란 단어는 제외해도 의미가 바뀌지 않습니다. 마찬가지로 '국내 제품 해외' 역시 삭제해도 무방합니다. 국내 제품이 수출되는 것이고, 수출이야 해외로 되지 국내로 수출하지는 않으니까요. 그래서 최종적으로 '기술 전파로 수출장벽 제거'로 수정이 가능합니다. 마음에 드십니까? 앞에서 배웠던 내용을 생각해 본다면, 이렇게 밋밋하게 끝나서는 안 되겠죠. 적어도 '수출장벽 제거로 ○○억 불 수출 달성에 기여' 식으로 정리해서 조금 더 성과를 명확하게 제시할 필요가 있습니다.

넷째, 정확한 단어를 사용하라는 것입니다. [그림 3-75]에 제시된 내용 중에는 오자가 있습니다. 찾으셨습니까? 네, 맞습니다. '제재'로 사용되어야 할 단어가 '제제'로 표기되어 있습니다. 제가 평가위원이라면 이렇게 생각했을 것 같습니다. '제재의 〈재(裁)〉 자도 모르는데 제재를 제대로 했겠어?'라고 말입니다. 앞에서 설명드렸던 바와 같이 평가위원들은 신뢰성을 상실한 보고서와 성의 없이 작성된 보고서를 싫어합니다. 숫자가 틀리면 신뢰성을 잃습

니다. 그리고 오자가 나오면 성의가 없어 보입니다. 그래서 보고서가 인쇄되어 배포되기 전까지 반드시 수치상 오류나 오자가 없는지 점검하고 또 점검해야 합니다. K사의 경우 매년 보고서 마무리 단계에 신입사원들을 투입합니다. 오자를 찾는 역할, 숫자상 오류를 찾는 역할, 그리고 논리적으로 이해가 되지 않는 부분을 찾는 역할을 신입사원들이 수행합니다. 보고서를 작성하거나 옆에서 검토 작업을 하는 관리자들 눈에는 잘 안 보이던 것들이 신입사원들에게 보입니다. 꼭 신입사원들을 동원하라는 뜻은 아닙니다. 다만, 그런 방법을 참고하셔서 많은 사람들에게 확인하는 작업을 거쳐야 한다는 점은 기억해 주시기 바랍니다.

□ **행정처분 기준 개선 추진** **지적사항 개선**

○ 현실을 반영한 행정처분 양정기준의 합리적 개정과 위반내용의 동기·목적 등을 고려한 감경기준 개선으로 의료기관의 수용성 및 행정처분 책임성 제고('17.4월 완료 목표)

  - 처분기준을 현실화하는 동시에 조사거부 의료기관에 대해서는 현 수준보다 제제 강화

기 존	개 선
• 최초 제정 이후 별도의 개성내용 없음 • 부당청구 유형별 처분의 차별성 부족 • 조사거부기관에 대한 제제장치 미흡	• 진료수가 인상률 반영, 현실적 기준 설정 • 착오, 부당, 거짓 구분 및 처분수위 재조정 • 조사거부 시 행정처분 강화

추진성과	• 현지조사제도 운영에 대한 외부이해관계자 참여 확대로 절차적 정당성·투명성 강화 • 행정처분의 합리성 제고 및 조사거부 제제 강화로 보다 실효성 있는 행정처분 기대

[그림 3-75] 2016년도 경영실적보고서 작성사례 13

자료원: 건강보험심사평가원(2017.3.), 2016년도 경영실적보고서(본보고서)

다섯째, 아무 숫자나 사용하지 말라는 것입니다. [그림 3-76]에는 4개의 그래프가 제시되어 있습니다. 내용을 자세히 살펴보시기 바랍니다. 몇 번이 가장 좋고, 몇 번이 가장 나쁜지 확인해 주시기 바랍니다. [그림 3-76]에 제시된 4개 그래프와 같은 방식을 활용해 보고서를 작성하시면 망합니다. 보통 그래프는 성과가 잘 전달될 수 있도록 하기 위해 보조적으로 사용됩니다. 1번은 제시된 메시지와 아래 그래프가 상관이 없습니다. 그런데 전년도에 비해 실적이 하락되어 보고서를 작성한 의도와 관계없이 평가위원들에게 지적받을 수 있는 빌미를 제공했습니다. 2번 그래프도 마찬가지입니다. 선진국 7개국과 비교자료를 쓰면 경쟁

우위에 있다는 느낌을 줄 수 있었는데, 그래프에는 과거 실적과 비교치를 제시했습니다. 1번과 마찬가지로 2번 그래프도 전년도에 비해 실적이 하락했습니다. 3번 그래프 역시 위에 제시된 메시지로 충분한 내용을 담았습니다. 4번 그래프도 마찬가지입니다. 메시지를 보완하거나 메시지의 근거를 제시하기 위해 그래프를 사용해야 하는데, 4번 그래프는 메시지와 무관하게 미래 추정치를 담았습니다.

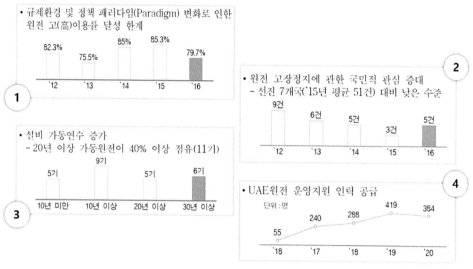

[그림 3-76] 2016년도 경영실적보고서 작성사례 14

자료원: 한국수력원자력(주)(2017.3.), 2016년도 경영실적보고서(본보고서)

숫자와 그래프는 성과를 효과적으로 제시하는 가장 좋은 방법입니다. 그런데 잘못 제시하면 역풍을 맞습니다. 숫자와 그래프를 사용하실 때에는 이 내용을 보고 평가위원이 어떤 것들을 생각할지 한 번쯤 고민을 해 주시기 바랍니다. 그런 고민들이 선행된다면 1개의 숫자 혹은 1개의 그래프는 백 마디의 말보다 강하게 평가위원의 뇌리에 남을 것입니다.

(4) 독자를 고려

앞에서 저는 고객들에게 보고서를 효과적으로 작성하기 위해 네 가지를 강조해 왔다고 말씀드렸습니다. 기억이 나십니까?

○ 문장을 간결하게 작성하라.

○ 문장을 읽기 쉽게 작성하라.

○ 문장을 적절한 어휘로 구성하라.

○ 문장을 읽는 독자를 고려하라.

이 중에서 지금까지 설명을 드린 세 가지는 잊어도 마지막 한 가지는 꼭 기억해 주셨으면 합니다. 바로 '독자를 고려'하라는 것입니다. 독자를 고려하는 것은 경영실적보고서뿐만 아니라 모든 글쓰기 작업에 공통적으로 요구되는 사항입니다. 쉬어 가는 의미에서 일화를 하나 들려 드리겠습니다.

뉴욕에서 길을 잃고 헤매던 할머니가 음악가로 보이는 두 젊은이에게 길을 물었습니다.

"실례지만 카네기홀로 가는 길을 아시는지요?"

그러자 두 음악가는 서로 바라보면서 웃더니 할머니에게 말했습니다.

"꾸준히 연습하는 것입니다."

열심히 연습하면 언젠가는 카네기홀에 설 수 있겠죠. 하지만 할머니가 알고 싶은 대답은 그게 아니었습니다.

[표 3-2]에 제시된 바와 같이 모든 보고서에는 각기 다른 목적이 있습니다. 경영실적보고서는 달라진 사항을 전달하는 데 초점을 맞추어야 합니다. 경영평가는 전년도와 비교해 올해 어떤 점이 달라졌는지를 평가해 거기에 상응하는 조치를 취하는 것이 목적입니다. 따라서 모든 내용이 전년도에 비해 달라진 사항을 중심으로 기술되어야 합니다.

[표 3-2] 보고서의 유형과 작성내용

구분	작성내용
고객 대상 제안	사용하는 제품과의 비교 우위
벤치마킹 보고	당사와의 차이점과 즉시 적용 가능한 항목
문제해결	문제에 대한 새로운 발견과 사실
업무개선 제안	개선 효과
의사결정	(각 대안에 대한)객관적인 평가
상품기획	트렌드에 맞춘 진단과 전망
신사업	지속적인 경쟁우위 확보 가능성
M&A	기존 전략과 연계 및 시너지 전망
경영실적보고서	**전년 대비 개선도(달라진 사항) 및 향후 개선계획**

여기에 더하여 해외 유사(경쟁)기관에 비해 어느 정도 경쟁우위에 있는지를 강조해야 합니다. 경영실적보고서 속에서 기관은 과거의 기관과도 경쟁을 해야 하고, 해외의 유사(경쟁) 기관과도 경쟁을 합니다. 이 점을 꼭 기억해 두시기 바랍니다.

3. 왜 안 되는가?

오늘 강의의 세 번째 주제는 '왜 안 되는가?'입니다. 효과적으로 보고서 작성이 이루어지지 못하는 이유에 대해 설명하고자 합니다. 망하는 이유를 알면 망하지 않게 피해갈 수도 있지 않겠습니까? 여러분이 소속된 기관에서 비슷한 상황이 벌어지지 않도록 사전에 준비를 해야 할 사항입니다. 퀴즈를 하나 내겠습니다. 괄호 안에 들어갈 단어를 맞추시는 것입니다.

○ 대리 때는 보고서 작성 능력 때문에 (   )을 늦게 하고
○ 과장 때는 보고서 작성 능력 때문에 (   )을 늦게 하고
○ 부장 때는 보고서 작성 능력 때문에 (   )을 일찍 한다.
그래서 보고서 작성은 조직에서 인정과 사활이 걸린 문제이다.[62]

첫 번째 괄호에는 '퇴근', 두 번째 괄호에는 '승진', 세 번째 괄호에는 '퇴직'이 들어갑니다. 민간기업에 적용되는 기준이기는 하지만 퇴직 빼고는 공공기관에서도 큰 차이가 없는 것 같습니다. 보고서 작성 능력이 떨어져서 퇴근이나 승진을 늦게 하면 덜 억울합니다. 그런데 자신의 의지와 상관 없이 보고서 작성이 어려워진다면 이것보다 억울한 일이 또 있겠습니까? 제가 경험한 바로는 네 가지가 이러한 억울함을 초래합니다.

○ 사전 준비 부족
○ 논리적 사고 부족
○ 보편성의 함정
○ 너무 많은 사공

---

[62] 김용무(2012), 누드 글쓰기: 핵심을 찌르는 비즈니스 문서 작성법

(1) 사전 준비 부족

먼저 전담반의 사전 준비가 부족하면 보고서 작성자들이 어려움에 빠집니다. 전담반 사무실에는 항상 다음과 같은 몇 가지가 구비되어 있어야 합니다.

○ 다른 기관의 2016년도 경영실적보고서
○ 우리 기관의 과거 경영실적보고서(최근 10년)
○ 우리 기관의 2017년도 내부평가보고서
○ 2016년도 경영실적평가보고서(평가 매뉴얼 포함)
○ 내부 각종 연구용역/컨설팅 자료
○ 2017년도 개정판 공공기관 경영평가

이 중에서 가장 중요한 게 뭐죠? 저는 고객들에게 두 번째 항목을 준비해 두라고 제안해 왔습니다. 평가위원은 2017년도 보고서를 중심으로 봅니다. 아주 꼼꼼한 일부 평가위원만 전년도 보고서와 비교를 하고 옵니다. 그래서 조금 더 오래된 보고서를 보고 참조하시라고 권해 드립니다. 과거 선배들이 고민했던 것도 알 수 있고, 여러분이 작성할 보고서의 흐름이나 프레임워크를 구성할 때 매우 유용한 자료가 됩니다. 특히 주요사업 범주에서는 참조할 자료가 없습니다. 바로 여러분의 선배들이 남기신 자료 외에는 말입니다.

『황무지』를 쓴 엘리엇은 "아마추어 작가는 빌리고, 직업 작가는 훔친다"고 했습니다. 스티브 잡스는 이를 약간 변형해서 "유능한 예술가는 모방하고, 위대한 예술가는 훔친다"고 했습니다. 저는 위대한 예술가가 되실 여러분에게 이렇게 조언하고 싶습니다. "딴 집에서만 훔치지 말고, 자기 집에서 먼저 훔쳐라"라고 말입니다.

경영실적보고서 작성과 관련해 가장 좋은 참고자료는 과거에 선배들이 작성했던 보고서입니다. 성과를 제시하기 위해 사용했던 방법, 단어와 데이터, 프레임워크 등을 차용하시면 짧은 시간 안에 좋은 보고서의 형태를 갖출 수 있습니다. 사전 준비가 완벽할 수는 없습니다. 하지만 선배들이 고민했던 것을 사전에 보고 들으며 작업에 참여하는 직원들이 대부분이라면 크게 걱정할 필요는 없을 것입니다.

(2) 논리적 사고 부족

두 번째 이슈는 논리적 사고의 부족입니다. 앞에서 보고서 작성과 관련해 설명을 드린 것 중에 유사한 내용이 많았습니다. 다만, 앞에서 제시한 내용이 보고서를 작성하는 개인의 문제였다면, 지금부터 말씀드리고자 하는 것은 전담반에서 공통양식을 작성할 때 논리적 사고를 하지 못해 어려움을 겪는 경우입니다. 경영실적보고서를 작성하기 시작하면 전담반에서 제일 먼저 실적보고서 작성양식을 보내 줍니다. 동일한 편집과 디자인을 유지해야 일관성 있는 보고서를 작성할 수 있기 때문입니다. 이때 주의할 점이 보고서 작성자들이 논리적으로 보고서를 기술하도록 가이드라인을 제공해 주는 것입니다.

[그림 3-77]에 제시된 좌측의 나쁜 예와 우측의 좋은 예를 보면, 공통양식을 제공할 때 몇 가지 항목을 추가한 것만으로 보고서의 작성 수준이 크게 달라진다는 것을 알 수 있습니다.

[그림 3-77] 2016년도 경영실적보고서 작성사례 15

자료원: 한국승강기안전관리원(주)(2017.3.), 2016년도 경영실적보고서(본보고서);
한국중부발전(주)(2017.3.), 2016년도 경영실적보고서(본보고서)

전담반에서 가이드라인을 줄 때 표현방식 등을 사전에 정리해 주는 것도 논리적 구조를 유지할 수 있는 방법입니다.

대부분의 작가는 글을 쓸 때는 [표 3-3]에 제시된 바와 같이 4개 정도의 단계로 자신의 글을 구분해 작성합니다. 경영실적보고서도 마찬가지입니다. 시에 기-승-전-결, 소설에 발단-전개-절정-결말이 있듯이, 경영실적보고서에도 배경-변화-노력-성과의 단계가 있습니다. 그리고 [표 3-3]에 제시된 바와 같이 각 단계에 흔히 등장하는 표현이 있습니다. 소설에 플롯이 있듯이, 경영실적보고서에도 실적을 기술하는 일반적인 표현들이 있습니다. 보고서 작성 이전에 이런 부분들을 공유하고 나면, 보고서를 작성하는 과정에서 전담반에 참여한 직원들이 혼란을 겪지 않고 논리적으로 보고서를 작성할 수 있습니다.

[표 3-3] 글쓰기의 유형별 논리구조

시	소설	보고서	주요내용
기	발단	배경	특정 사업·과제를 추진·도입하게 된 배경 설명 ~요구 증가　　　　~이 지속적으로 발생 ~문제 가속화　　　~에 반영(입법·정책 등)
승	전개	변화	사업 수행방법, 프로세스 내지 전략을 변화시킴 ~에서 ~으로　　　~를 통합·조정·수정 ~의 도입　　　　　~를 모색
전	절정	노력	이해관계자 간 갈등 내지 문제해결을 위한 노력 ~을 공론화　　　　~에 대한 공감대 형성 ~을 타결　　　　　새로운 ~을 시도·도전
결	결말	성과	변화 내지 노력으로 달성된 혹은 기대되는 성과 ~원 절감(~원 창출)　　~% 향상·개선 ~에 기여　　　　　~기반 조성

(3) 보편성의 함정

효과적인 보고서 작성을 어렵게 하는 세 번째 요인은 보편성의 함정입니다. 벤치마킹의 덫에 빠지면 제대로 된 보고서를 쓰기 힘들어집니다. 다른 기관 사례에 매력을 느낀 나머지 따라 하라고 요구하는 경영진과 관리자들을 종종 발견할 수 있었습니다. 모든 성공한 혁신은 다 이유가 있습니다. 그리고 실패한 혁신도 나름대로 이유가 있습니다. 그 이유들을 정확히 모르는 상태에서 벤치마킹을 하게 되면 동일한 결과를 얻을 수 없습니다. 평가위원들이 기대하는 것도 기관의 특성을 감안해 최적의 대안을 발굴해 문제를 해결하려고 한 기관의 노력입니다. 단순히 타 기관에서 성공한 사례라고 그대로 답습하는 건 오히려 부정적 평가를 받을 우려가 있습니다. 앞에서 훔치라고 말씀드렸는데, 벤치마킹을 해 훔쳐야 할 것은 새로운 방법론이나 제도가 아닙니다. 문제를 해결하기 위한 어떤 고민들이 있었고, 그 것을 구조화해 제시한 프레임워크입니다. 스토리를 전개하는 방식을 보고 배우라는 것이지, 비슷한 스토리를 만들기 위해 애쓰지는 마시기 바랍니다.

(4) 너무 많은 사공

보고서를 작성하는 과정에 많은 사람들이 참여해 의견을 제시해야 좋은 보고서가 됩니다. 앞에서 말씀드린 K사는 CEO, 본부장, 각 실·팀장이 모두 경영평가에 과도한 관심을 갖고 있습니다. 그래서 2월 중순까지 다른 기관에 비해 매우 좋은 보고서가 만들어집니다. 그런데 2월 중순을 넘겨 보고서를 마무리 하는 단계에서도 일부 관리자들이 지나치게 관심을 가지면서 오히려 부작용이 발생하는 경우가 있었습니다. 보고서의 내용과 틀을 2월 중순을 넘겨 바꾸게 되면 전담반이 일대 혼란에 빠지게 됩니다. 보고서 앞과 뒤에 제시된 수치나 용어가 달라지고, 오자도 급증하게 됩니다. 가급적이면 2월 중순을 넘긴 뒤에는 빼는 것은 가능해도 새롭게 추가하거나 있는 내용을 변경하는 것을 막아야 합니다. 하지만 상사가 요구하는 것을 묵살하고 보고서를 그대로 작성할 직원은 많지 않습니다. 생각보다 많은 기관이 마지막에 보고서가 틀어져 노력한 만큼 성과를 거두지 못하고 있습니다.

4. 무엇을 담는가?

제가 오늘 강의할 마지막 주제는 '무엇을 담는가?'입니다. 기관이 2017년도에 달성한 성과 중 대표적인 성과를 도출해 전달하는 방법입니다. 먼저 말씀드리고 싶은 것은 보고서에 작성할 대표성과를 선정하신 뒤 성과의 성격을 감안해 가장 효과적으로 전달할 수 있는 방법을 결정하는 것입니다. 저는 성과를 효과적으로 전달하는 방법을 사례가 지니는 특성에 따라 [그림 3-78]에 제시된 것처럼 다섯 가지로 구분합니다.

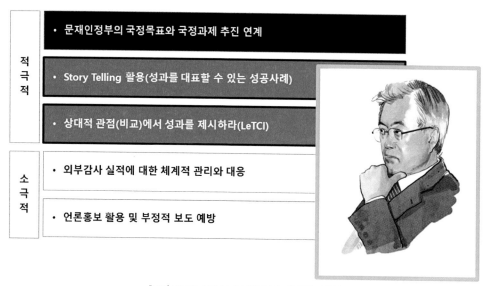

적극적	• 문재인정부의 국정목표와 국정과제 추진 연계
	• Story Telling 활용(성과를 대표할 수 있는 성공사례)
	• 상대적 관점(비교)에서 성과를 제시하라(LeTCI)
소극적	• 외부감사 실적에 대한 체계적 관리와 대응
	• 언론홍보 활용 및 부정적 보도 예방

[그림 3-78] 성과를 효과적으로 제시하는 방법

이 중에서 좋은 평가를 받기 위해서는 위에 제시된 세 가지 항목이 중요합니다. 이 세 가지를 간략히 살펴보시겠습니다.

(1) 대통령을 팔아라

가장 좋은 사례는 국정과제와 연계된 과제를 성공적으로 이행해 정부가 먼저 보도자료를 내고 있는 경우입니다. 일자리 창출이 우수한 기관이라면 모르겠지만 사실상 여기에 해당

되는 사례는 많지 않습니다. 해외에서 원전을 수주하거나 공항이나 철도를 민영화하는 일은 말처럼 쉽지 않기 때문입니다. 이런 유형의 성과를 달성하는 기관은 'S' 등급을 받았고, 그런 사례가 많지 않았다는 것은 이 자리에 계신 모든 분들이 알고 계실 것 같습니다.

(2) 다윗과 골리앗을 찾아라

두 번째 방법은 스토리텔링입니다. 오늘 강의 전반부에 설명했던 '시간적 순서에 따른 논리적 구성'이 여기에 해당합니다. 필립 코틀러는 위대한 성공 스토리의 공통점을 분석했습니다. 여기에는 세 가지 유형이 있는데, '캐릭터', '은유', 그리고 '플롯'이 해당됩니다. 필립 코틀러는 위대한 성공 스토리에 사용되는 '플롯'을 도전, 창의, 연결로 구분했습니다. 우리가 경영실적보고서 작성에 활용할 수 있는 방법은 '도전'의 유형입니다.

많은 기관들이 경영실적보고서에 실적을 기술할 때 당기 중 실시한 사업이나 활동들을 나열하는 데 그칩니다. 일부는 전년도에 비해 개선된 노력과 성과를 기술하기도 합니다. 하지만 실제로 그러한 변화가 얼마나 어렵고 고통스런 작업이었는지 전달하지 못합니다. 이 때문에 앞에서 설명드린 것처럼 배경-변화-노력-성과의 구조가 필요합니다. 이 중에서 변화에는 사업의 수행방법이나 프로세스가 어떻게 바뀐 것인지를 전년도와 비교해 제시하면 됩니다. 반면에 노력에는 2017년에 발생한 구체적인 상황 설명이 필요합니다. 어떤 어려움과 갈등이 있었으며, 문제해결을 위해 어떤 방법이 동원됐는지를 설명해야 합니다. 변화에는 전년 대비 개선 실적을 제시하지만, 노력에는 무찔러야 할 문제·갈등·위기 등의 상황(골리앗)과 문제·갈등·위기 등의 상황을 해결하는 직원들(다윗)이 등장합니다. 그래서 스토리텔링으로 경영실적보고서를 멋지게 써 내려가는 것은 매우 어려운 일입니다.

(3) LeTCI(Level, Trends, Comparison, Integration)

[그림 3-79]에 제시된 바와 같이 LeTCI는 Level, Trends, Comparison, Integration의 약자입니다. 말콤 볼드리지 모델에서 응모한 기업이나 기관의 성과를 분석할 때 사용하는 분석도구입니다. 이 방법들은 여러분이 2017년도에 달성한 성과를 평가위원들에게 쉽게 전달

할 수 있는 방법이기도 합니다.

먼저 레벨(Level)은 인증 등 외부에서 별도의 측정이 이루어지고, 해당 결과를 확보할 수 있을 때 사용하는 방법입니다. 연구사업 등에서 실용화 수준을 기준으로 TRL 단계를 구분하는 것과 같습니다. 다만 이 방법은 출연연구기관들이 흔히 사용하지만, 기획재정부 평가를 받는 공기업 및 준정부기관들은 거의 사용하지 않습니다.

트렌드(Trends)는 현재 공공기관들이 가장 일반적으로 사용하는 방법입니다. 평가 매뉴얼에서도 실적을 제시할 때 최근 3개년 자료를 함께 제시하도록 요구하고 있습니다. 친숙한 방법이라 별도 설명이 필요 없을 정도입니다.

비교치(Comparison)는 평가위원들이 특별히 선호하는 방법입니다. 특히 주요사업 범주의 지표들은 이 방법을 이해해 적용할 필요가 있습니다. 추진계획을 수립하고, 성과점검과 개선계획을 수립하는 단계에 이르기까지 해외 유사(경쟁)기관과 비교를 요구합니다. 추진계획을 수립하는 단계에서는 벤치마커 대비 80% 수준에 있었는데, 점검 단계에서는 확인한 결과 격차가 10%P 내외로 줄었다는 식으로 보고서가 작성되는 것이 가장 이상적입니다.

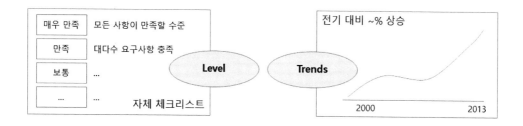

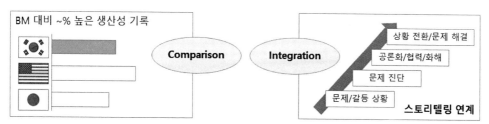

[그림 3-79] 성과분석을 활용하는 방법: LeTCI

마지막 방법은 통합적 접근(Integration)입니다. 이 방법은 [그림 3-79]에 제시된 바와 같이 스토리텔링 방식으로 진행되는 것이 일반적입니다. 보고서 작성 역량에 의존하는 부분이라 다른 세 가지 유형에 비해 매우 어렵습니다.

네 가지 중 어떤 유형을 사용하든지 충분한 데이터를 확보하는 게 중요합니다. 데이터는 기관 입장에서 성과를 객관적으로 바라볼 수 있게 해주고, 평가위원 입장에서 성과에 대한 신뢰를 갖게 하기 때문입니다.

끝까지 경청해 주서서 감사합니다, 궁금하신 점 질의해 주시기 바랍니다.

시간이 충분하지 않다고 생각되시면 samuel@jcda.co.kr로 문의해 주시면 답변드리겠습니다.